현대의 종교 담론과 종교철학의 변형

이 저서는 2014년 정부(교육부)의 재원으로 한국연구재단의 지원을 받아 수행된 연구임 (NRF-2014S1A6A4026056)

현대의 종교 담론과 종교철학의 변형

최신한 지음

서광사

현대의 종교 담론과 종교철학의 변형

최신한 지음

펴낸이 | 김신혁, 이숙
펴낸곳 | 도서출판 서광사
출판등록일 | 1977. 6. 30.
출판등록번호 | 제 406-2006-000010호

(10881) 경기도 파주시 회동길 77-12 (문발동)
대표전화 (031) 955-4331   팩시밀리 (031) 955-4336
E-mail : phil6161@chol.com
http://www.seokwangsa.co.kr | http://www.seokwangsa.kr

제1판 제1쇄 펴낸날 — 2018년 10월 20일

ISBN 978-89-306-2329-2   93110

여러 문헌이 말하듯이 종교철학에 대한 정의는 통일되어 있지 않다. 칸트, 헤겔, 슐라이어마허 같은 큰 철학자의 경우 그 입장은 분명하다. 그러나 이들도 종교철학에 대해 같은 정의를 내리지 않으며 문제에 따라 상충적 입장을 갖는다. 종교철학은 종교 자체가 아니고 종교에 대한 철학적 반성이다. "종교철학은 종교적인 믿음들을 분석하고 비판적으로 평가하는 시도이다."[1] 영미권 종교철학자 가운데 우리에게 많이 알려진 존 힉도 비슷한 주장을 편다. "종교철학은 하느님, 거룩함, 구원, 경배, 창조, 희생, 영생과 같은 종교적인 개념을 분석하고 이와 같은 종교적인 언사들의 본질을 인간의 일상적인 삶, 과학적인 발견, 예술적인 상징과 같은 표현들과 비교 고찰하는 학문이다."[2] 독일 철학자 벨테에게 종교철학은 인간의 사유에 주어져 있는 종교에 대한 숙고로서 종교의 본질과 존재 방식을 사유를 통해 밝히려고 노력하는 철학적 활

---

[1] B. Reichenbach, D. Basinger, M. Peterson, W. Hasker, *Reason and Religious Belief*, 1991, Oxford. 하종호 옮김, 『종교철학』, 이화여자대학교 출판부, 1994, 17.

[2] J. H. Hick, *Philosophy of Religion*, 1973, Prentice-Hall. 황필호 역편, 『종교철학개론』, 종로서적, 1992, 22.

동이다.[3]

그동안 종교철학은 다소간의 차이가 있긴 하지만 대체로 공통적인 주제를 다루어 왔다. 종교의 중심점인 신, 신앙의 주체인 인간, 신앙인이 사용하는 종교언어, 신과 인간의 관계에서 난문으로 남아 있는 악 등이 그것이다. 이것은 19세기 이후 종교철학자들의 공통 주제라 할 수 있다. 그동안 시대가 바뀌고 종교에 대한 이성적 관점도 바뀌었다. 그러나 한국 학계에서는 종교철학이나 종교이론에 대한 단행본이나 번역본이 별로 출간되지 않았다.[4] 필자는 변화된 시대에 걸맞게 종교를 논의하고 성찰한다는 뜻에서 이 책에 '종교철학의 변형'이라는 타이틀을 붙였다. 이것은 현대에 소개된 다양한 종교 담론들을 토대로 한 것으로 표면적으로는 전통 종교철학의 주제와 다른 것으로 보인다. 그러나 신과 인간의 관계 및 삶의 현장에서 부딪치게 되는 실질적인 종교 문제를 다룬 것으로서 내용에서는 전통적 주제와 크게 다르지 않다.

여기서 '변화된 시대'로 이름 붙인 것은 탈형이상학의 시대 또는 포스트모던의 상황을 가리킨다. 인간의 삶이 이론을 따라가는 것은 아니지만 이론은 변화된 삶을 반영해야 한다. 그리고 변화된 시대의 이론이 삶에 영향을 미치는 것도 사실이다.(프롤로그) 그래서 이 책은 '전통적 종교 담론의 한계와 새로운 종교철학의 요구'로부터 시작한다. 오늘의 종교 담론은 더 이상 형이상학의 한 분과인 자연신학일 수 없으며 신과 영혼에 대한 사변적 담론에 머물 수 없다. 종교 담론은 분명 '초월'에

---

3 B. Welte, *Religionsphilosophie*, Freiburg, 1978, 오창선 옮김, 『종교철학』, 분도출판사, 1998, 27 참조.
4 2000년대 이후 출간된 번역본으로는 프리도 릭켄의 『종교철학』(F. Ricken, 이종진 옮김, 하우, 2010)이 있으며, 저술로는 황필호의 『종교변호학·종교학·종교철학』(철학과현실사 2004)과 배국원의 『현대종교철학의 프리즘』(대장간, 2013)이 있다.

대한 이론이지만 이 초월은 현실과 무관한 초월이어서는 안 된다. 현실을 변화시키며 현실의 문제를 해결하는 '현실 속의 초월'이어야 한다.

　새로운 종교철학 또는 변형된 종교철학은 탈형이상학의 시대를 반영한 종교 담론이다. 따라서 새로운 종교철학의 과제(제1부)는 하늘을 땅에 도래하게 하는 이론, 즉 현실 속에 초월이 임하게 하는 이론을 정립하는 데 있다. 이것은 세속주의와 구별되는 세속화이며 초월의 입장에서 현실을 비판하는 작업이다. 이러한 맥락에서 필자는 슐라이어마허를 따라 '성스러움'을 현실에 대한 영원한 논박으로 간주하고 이로부터 종교적 초월에서 나오는 새로움을 논증한다. 이런 의미에서 변화된 종교철학은 사실세계를 넘어가는 반사실적 의미를 창출해야 한다.

　제2부는 새로운 종교철학을 위한 방법을 다룬다. 종교철학은 철학인 한에서 이성의 작업에 속한다. 근대의 최고봉을 이룬 헤겔의 사변적 방법을 통해 종교를 철학으로 번역하는 작업을 다루며 이를 현대의 맥락에 적용한 하버마스의 관점을 논증한다. 신앙인은 기존의 가르침에서 의미를 찾아내는 길과 더불어 전혀 새로운 체험을 통해 종교적 의미를 발견할 수 있다. 이를 위해 종교적 체험의 해석학을 다루고 이를 토대로 종교적 언어형성을 해석학적 개념형성의 차원에서 논증한다. 종교적 체험을 통해 전혀 새로운 의미를 발견하는 것은 기존의 가르침에 대한 파악과 다르다. 여기서 새로운 종교철학과 해석학의 연관이 분명하게 드러난다.

　제3부는 전통 종교철학과 구별되는 새로운 종교철학의 전망을 비판적 종교철학에서 찾는다. 비판적 종교철학은 내면의 차원을 넘어서 생활세계에서 접하게 되는 종교의 새로운 면모를 탐구한다. 생활세계의 종교는 추상적 교리의 종교가 아니라 일상인의 삶과 함께 호흡하는 생활종교(gelebte Religion, lived religion)이다. 따라서 생활종교를 시민

종교 및 문화종교와 접목하여 논의하고 이들의 공조를 통해 삶 속에서 종교의 진정한 의미를 추구하려고 한다. 이 시대의 생활세계는 과학기술을 결코 도외시할 수 없으므로 인공지능의 진화와 종교의 관계도 함께 다룬다.

생활종교를 시민종교 및 문화종교와 함께 다룬 것은 무엇보다 한국의 종교 현실을 염두에 둔 것이다. 내적 경건에만 치중하는 개인은 결과적으로 두 세계에 사는 시민이다. 현실이 아무리 비종교적이고 세속적이라 하더라도 이를 변화시킬 동력이 신앙인으로부터 나올 수 없다. 신앙인은 대부분 세속적 현실 너머에 있는 내면에서만 위로를 얻고 안식하려고 하기 때문이다. 비판적 종교철학은 종래의 이론적 종교철학에 대해 비판적이며 동시에 현실에 무감각한 신앙인에 대해 비판적이다. 변형된 종교철학은 새로운 의미 발견을 통해 새로운 현실의 가능성을 타진한다.

이 책은 철학적 접근이다. 종교철학의 정의가 다양한 만큼 신학이나 종교학에서도 종교철학에 관심을 갖는다. 그러나 이 책은 '종교철학'이라는 용어의 출발점이 그러했듯이 철학을 구심점으로 하여 현대의 종교적 관점을 해명한다. 종교현상학에 집중하는 종교학이나 기독교신학의 관심은 이차적 참고 사항이었다. 그럼에도 철학과 신학의 교류가 활발한 독일의 문헌은 필자에게 많은 자극이 되었다. 슐라이어마허, 헤겔, 서양근현대철학사, 현대 해석학이 이 책의 집필 단초임을 밝힌다.

2018년 9월

최신한

전통적 종교 담론의 한계와
새로운 종교철학의 요구

1. 전통 종교철학의 한계와 계몽의 계몽

철학과 종교의 대화는 철학사를 관통한다. 이 대화는 근대와 탈근대, 형이상학과 탈형이상학, 형이상학과 종교의 관계 속에서 오늘날에도 지속되고 있다. 니체와 하이데거를 거치면서 가속화된 탈근대의 전통, 자연주의와 물리주의의 부상, 해체론의 파괴적 영향 등은 이 시대의 지배적 경향이 되었다. 철학과 종교의 대화를 주도한 전통 종교이론은 계몽의 확산과 더불어 한계에 도달했다. 형이상학의 틀 속에서 언급되는 '종교철학', '자연신학', '형이상학적 신론', '교의신학', '철학적 신학'은 더 이상 이전 시대의 틀에서 유지될 수 없게 되었다.

홍미로운 것은 니체가 '신의 죽음'을 선포한 이후 종말을 고하는 것으로 보였던 신과 종교에 대한 담론이 그 어느 때보다 많아지고 있다는 점이다. 많은 논객들이 '종교의 복귀'를 주장한다. 전통 형이상학을 거부하는 탈근대의 전통에서도 종교 문제는 빠지지 않고 등장하며, 심지어 자연주의와 유물론의 토대 위에 서 있는 논객들(J. Habermas, A. Badiou)도 종교에 대한 입장 표명에 분주하다.

종교에 대한 현재적 논의는 철학의 탈근대적 경향과 뗄 수 없다. 철학의 탈근대적 경향은 혼돈과 새로운 질서의 교차로 나타난다. 존재와 주체에 대한 비판과 해체는 새로운 질서의 모색으로 연결된다. 비판과 해체는 자유와 더불어 혼돈을 가져다주었으며, 대안 없는 혼돈은 옛 체제보다 못한 불안정을 낳기 때문이다. 이것은 분명 패러독스적 현상이지만 생명과 진보를 추구하는 인간성을 대변한다. 종교는 새로운 안정을 위한 토대로 재등장한다.

종교의 재등장은 형이상학의 변형과 맞물린다. 기존의 세계해석이 위기를 맞을 때 이에 대한 반성과 비판이 등장하는 것은 당연하다. 이러한 비판은 또 다른 세계해석으로서 새로운 형이상학을 형성한다. 사람들은 모든 형태의 형이상학을 비판할 수 있으며 반박할 수 있다. 형이상학은 실체적인 것이 아니라 오류 가능한 것이다. 따라서 "형이상학의 비판적 해체는 오로지 형이상학의 재구성으로서만 가능하다."[1] 탈근대의 형이상학 비판은 형이상학의 종언이 아니라 형이상학의 변형이다.

계몽의 기획을 비판하는 탈근대의 논의는 계몽에 대한 계몽을 요구한다. 비판은 자기부정과 혼란으로 끝나는 무기력한 활동성이 아니다. 계몽에 대한 계몽은 존재 전체를 돌아보게 하며 인간 삶에 대한 전면적 반성을 요구한다. 전체존재의 문제는 종교 및 철학과 불가분리적이다.

---

1 Schnädelbach, H., "Metaphysik und Religion heute", in: Lutz-Bachmann, M. (Hg.), *Metaphysikkritik, Ethik, Religion*, Würzburg 1995, 16.

전통 종교철학은 '자연신학'이라는 원래의 명칭이 뜻하는 바와 같이 그 자체가 이성의 체계이다. 그러나 탈근대의 상황에서는 이성 중심의 논의가 부분적일 수밖에 없다. 계몽 자체를 진단하는 새로운 시대는 종교철학의 변형을 요구한다. 종교철학은 새로운 형태를 통해서만 전체존재와 총체적 삶에 접근할 수 있다. 종교철학은 형이상학과 교의학을 벗어나 삶의 현장으로 내려와야 하며 사회적 삶 가운데서 기능할 수 있어야 한다.

이것은 21세기 종교 담론의 특징이다. 종교에 대한 계몽주의의 비판이 근대를 가로질렀다면 근대를 비판하는 탈근대는 종교 담론을 통해 계몽에 대한 계몽을 수행해야 한다. 종교와 관련된 계몽의 계몽은 계몽주의와 초자연주의의 틈새를 겨냥한다. 계몽주의 '이후' 시대의 종교 담론은 계몽의 이편과 저편을 아우르는 것이어야 한다.

계몽의 계몽으로 기능하는 종교는 혼돈과 새로운 질서의 전철(轉轍)이다. 혼돈은 기존의 질서에 대한 비판에서 발생하는 반면, 새로운 질서는 비판이 수반하는 새로운 의미창출에서 비롯된다. 비판과 새로운 의미창출은 결국 하나로 확인되지만 그 과정은 결코 자동적인 것이 아니다. 오늘의 종교 담론은 기존질서의 비판적 해체라는 측면에서 탈근대와 함께 가지만, 새로운 질서의 창출이라는 측면에서 탈근대에 맞선다. 그러므로 새로운 종교철학은 탈근대의 조건 속에 있으면서도 이 조건을 넘어선다. 중요한 것은 현재의 의미 있는 삶이며 이를 가능하게 하는 새로운 질서의 발견이다.[2]

---

2 이것은 포스트모던 신학이 주제화하는 문제와 함께 생각할 수 있다. 주연수, 「실천신학의 학문적 발달에 대한 고찰과 포스트모던 상황에서의 방향성 모색」, 『신학과 실천』, 제42호, 2014, 7-36; 안택윤, 『현대 기독교사상과 포스트모더니티 신학』, 대한기독교서회, 2010 참조.

탈형이상학 시대에서 신은 더 이상 형이상학적 실체나 현실의 초월적 근거가 아니다. 종교는 신에 대한 실존적 의미를 형성하고 신앙인은 이를 자신의 삶의 의미로 받아들인다. 초월은 인간의 삶의 상황 속으로 들어온다. 종교는 더 이상 무한자와 유한자의 관계가 아니라 무한한 존재에 대한 실존적 의미이다. 신을 실존적 의미로 파악하는 것은 신에 대한 형이상학적 파악과 다르다. 종교는 신에 대한 초월적 규정이 아니라 인간의 자기해석과 세계해석의 형식이 된다. 인간을 초월하는 실체적 신보다 인간의 실존적 삶에 들어온 신이 중요하다.

이러한 맥락에서 종교 비판의 현재성과 필요성을 다음과 같이 표현할 수 있을 것이다. "인간은 신앙만이 치유할 수 있는 영원한 상처인가? 아니면 신앙만이 치유할 수 있다는 그 오만이 인간의 상처인가? 말하자면 신앙은 자신이 치유한다고 사칭한 질병의 구성 요소로 드러나면서 상처의 딱지가 떨어지듯이 인간의 의식에서 떨어져 나온 것인가?"[3] 이러한 상황에서 종교 비판과 함께 종교 비판에 대한 메타비판이 요구된다. 변화된 시대의 종교철학은 이러한 종교 비판의 정신을 담아내야 한다.

2. 자연신학의 한계와 대안적 관심

종교철학의 전통적 이름은 '자연신학'과 '형이상학적 신론'이다. 자연신학, 종교 변증론, 철학적 신학, 교의학은 형이상학과 불가분리적이

---

3 Gron, A., "Im Horizont des Unendlichen. Religionskritik nach Nietzsche", in: Dalferth, I./ Grosshans, H.-P., *Kritik der Religion*. Tübingen 2006, 144.

다. 이 모든 분과들은 종교적 내용을 모든 사람들이 소통할 수 있는 형식에 담으려고 노력했다. 종교현상에 보편타당한 근거를 제시하려고 한 이성의 성과는 종교철학의 전통에 잘 나타나 있다. 이성은 종교적 체험을 상호주관적 형식에 담으며 이를 통해 종교의 내용을 체계화한다. 이성은 종교적 체험 이후의 작업을 주도할 뿐 아니라 종교적 체험의 가능 조건까지 파고든다. 종교철학의 모든 분과는 종교적 체험의 '이전'과 '이후'를 파헤치면서 완결된 종교학을 추구한다.

종교철학에서 신론(神論)을 배제할 수 없는 것은 자명하다. 신의 존재를 다루지 않는 종교철학은 초월에 대해 설명하지 않게 됨으로써 고유의 지위를 상실한다. 그러나 종교는 항상 현실 가운데 자리 잡고 있었으며 역사 속에 있었다. 종교의 초월은 현실 속의 초월이며 역사 속의 초월이다. 그렇지 않는 한 그것은 상상과 허구의 그림자에 불과할 수 있다. 기독교의 실천신학도 종교적 실천을 주제로 삼으며 현실 속의 초월 가능성을 탐구한다. 그런데도 전통 종교철학은 현실보다 초월 자체를 탐구했으며 현실을 오로지 초월의 기준으로만 재단하려고 했다.

전통 종교철학에서 이성의 역할은 분명했다. 그 핵심은 종교적 내용을 이성적으로 정당화하고 그 토대를 제공하는 계몽에 있다. "종교는 모두에게 있어서 이미 전제된 것이고 현존하는 것이며 우리가 단지 파악해 보고자 하는 재료"이다.[4] 이러한 재료를 이성적으로 규정하고 체계화하는 것이 종교철학의 과제이다. 철학적 신학은 기독교의 내용을 신론, 기독론, 성령론으로 정립한다면, 종교철학은 이러한 분과들을 이

---

4 Hegel, G. W. F., *Religions-Philosophie*, Hamburg 1987, 10. 최신한 옮김, 『종교철학』, 지식산업사 1999/2017, 17.

성적으로 재구성하고 그 내용에 타당성을 부여한다. 이러한 작업에서 "무한자는 유한자 가운데 있는 무한자이며 유한자는 무한자 가운데 있는 유한자"가 된다.[5] 요컨대 종교철학은 종교적 심정과 이성을 화해시키며 종교적 감정을 지성과 통합한다.

시대의 변천과 함께 계몽의 현실이 달라졌다. '이성중심주의'라는 말과 더불어 이성에 대한 비판이 가속화된다. 이성 비판은 이성에 토대를 두고 있는 종교철학에 대한 비판으로 이어진다. 신학의 규범적 내용과 교의학의 원칙은 이성 비판과 더불어 종교적 유물로 전락한다. 그렇지만 나빠진 환경 속에서도 종교적 체험은 언제나 새롭게 일어날 수 있으므로 이제 종교철학의 관심은 삶 속에서 기능하는 종교로 이행한다. 가르침에 복종하는 종교보다 개인과 사회에 영향을 미치는 종교가 부각되면서, 삶 가운데 생동적으로 기능하는 생활종교가 중심 주제로 떠오른다. 종교철학은 이제 자연신학에서 생활종교에 대한 탐구로 넘어간다.

이성 비판은 유한성에 대한 재발견과 맞물린다. 현대인의 종교성은 유한성에서 나온다. 유한한 인간의 종교는 초월자의 시선을 동경하면서도 이를 소유하지 못한다. '신의 죽음'(니체)이나 '죽음을 향하는 존재'(하이데거)는 인간에 대한 현대의 규정이다. 이것은 무한자를 생각할 수 있으나 인식할 수 없다는 칸트의 현대판이다. 초월자는 인간에게 감추어져 있다.(deus absconditus) 현대적 규정으로서의 유한성은 개인의 개인성이면서 그 결핍이다. 그런데도 인간은 현세에서 초월을 추구해야 한다. 그렇지 않으면 인간은 아예 초월성에서 소외된다. 초월성과 단절된 인간은 종교철학의 대상이 아니다. '현세 속의 초월'은 새로운

---

5   Hegel, *Religions-Philosophie*, 25. 『종교철학』, 32.

종교철학의 중심 문제이다.

유한자가 현세에서 무한자와 관계하는 것은 비대칭적이다. 유한자와 무한자의 관계 자체가 비대칭이며, 현세와 현세 저편의 관계가 비대칭이다. 그러나 비대칭은 대칭과 균형을 지향한다. 이러한 방향은 유한자의 이행(移行)을 가능하게 한다. 이것은 유한성이 새로운 유한성으로 바뀌는 이행이며 유한성 가운데 무한성이 공존하는 이행이다. 이러한 이행은 유한자 가운데 거주하는 무한자 내지 유한성 가운데 내재하는 무한성으로 나타난다. 내재적 초월은 그 가운데 이미 운동성을 내포하고 있다.

무한자의 관점에서 보면 이러한 비대칭은 전체성과 자유의 파괴로 나타난다. 무한자가 갖는 일자(一者)의 특성은 유한자 가운데서 상실되며, 무한한 자유의 이념도 현세의 인간 속에서 깨진다. 인간을 향한 무한자의 활동은 전체가 부분으로 이행하는 것이며 완전한 자유가 불완전한 자유로 옮겨 가는 것이다. 유한자의 관점에서 보면 무한자를 향한 인간의 종교성은 그 자체가 불완전하며 유동적이다. 그러므로 인간의 삶에서 경험되는 종교는 양면적이다. 하나는 깨진 무한성에 대한 모순의 경험이며, 다른 하나는 이러한 모순을 극복하기 위한 운동이다. 모순 극복의 운동은 무한한 의미를 향한 노력이다.

무한한 의미, 종교적 의미를 추구하는 개인은 다른 개인과의 만남을 통해 보다 나은 의미를 획득할 수 있다. 의미와 의미의 만남은 자기규정 간의 만남이기도 하다. 의미들 간의 상호관계는 각자가 획득한 규정들 간의 상호인정으로 이어지고, 이러한 매개는 더욱더 상위의 의미 체계를 산출한다. 의미와 의미가 만날 때 그것은 개인성을 넘어서 공동체성과 상호주관성으로 이행한다. 개인의 의미와 더불어 공동체의 의미는 현세적 삶의 새로운 힘이다. 자기규정, 의미 산출, 의미들 간의 매개는 탈근대가 만들어 낼 수 있는 모범적 정신운동이다. 오늘의 종교철학은 주관적 생활종교와 함께 가야 한다.[6]

주관적 생활종교는 우선 개인적이고 내면적인 동시에 사회적이며 공동체적이다. 생활종교는 공동체적 모습을 유지할 때 진정한 의미에 근접할 수 있다. 이성의 토대가 상실된 시대에서 추구되는 삶의 의미는 공동체성의 보증을 요구한다. 공동체성은 개인성에서 나오며 개인성을 넘어선다. 생활종교에서도 개인 간의 상호적 관계는 의미 산출의 불가피한 토대이다. 의미의 상호성은 또 다른 의미의 이성에서 나온다. 이 이성은 전통 형이상학을 주도한 이성에 비해 약화된 이성이다. 생활종교는 주관적 체험에서 나오지만 의미의 상호성을 위해 약화된 이성과 동행한다. 변형된 종교철학은 상호주관성이 만들어 내는 공동체성에 주목한다. 직관적-감정적 의식의 경험은 종교적 의미의 진원지이지만, 이 의식은 상호주관적 이성과 함께할 때 삶 속의 절대성을 더 잘 드러낼 수 있다.[7]

---

6 "유한성의 형이상학으로서의 철학적 신학은 주관적 생활종교와 함께 간다." Dier-ken, J., "Philosophische Theologie als Metaphysik der Endlichkeit", in: Danz, C./ Dierken, J./Murrmann-Kahl, M. (Hg.), *Religion zwischen Rechtfertigung und Kritk*, Frankfurt 2005, 103.
7 종교철학의 변형은 약화된 이성과 관련된다. 이러한 맥락에서 이른바 "유연한 헤겔주의"는 생활종교의 이론적 근거가 될 수 있다. 울리히 바르트는 이것을 슐라이어마허적 직관으로 풍성하게 된 정신현상학으로 간주한다. 이렇게 보면 무한성의 형이상학과 종교철학의 조화를 추구한 헤겔은 유한성의 시대에도 기여할 수 있다. Barth, U., "Die Umformungskrise des modernen Protestantismus", in: U. Barth, *Religion in der Moderne*, Tübingen 2003, 197 참조.

3. 새로운 종교철학과 생활종교의 부상

주관적 생활종교는 오늘날 서구 신학과 종교학의 중요 개념으로 자리
잡았다. 교의학을 "생활종교의 이론"[8]으로 규정하는가 하면 "일상 실천
적 종교신학"[9]으로 풀이하기도 한다. 신학의 인간학적 전환 이후 생활
신학은 체계신학과 교의신학의 자리에 들어선다. 신을 중심으로 초월
을 서술하던 종교철학은 이제 인간의 삶 가운데 영향을 미치는 초월에
대한 서술로 바뀐다. 이론 중심의 종교는 삶의 실천을 반영하는 생활종
교로 변형된다. 종교철학은 더 이상 추상적 체계 이론으로 존속할 수
없으며 그 자리를 '기능적 종교이론'에 내주게 된다. 종교는 현실 속에
서 작동하는 삶의 중요 요소가 되었다.

　종교철학의 현대적 변형에서는 무엇보다 개인의 삶의 수행에 영향을
미치는 종교를 중시한다. 신은 개인의 삶의 수행을 그때마다 동반하고
삶의 의미를 제공한다. 신의 존재를 체계적으로 서술하는 교의학과 종
교철학은 종교적 의식이 접촉하는 신 존재에 대한 서술로 바뀐다. 종교
적 의식의 활동을 배제한 신에 대한 진술은 무의미하거나 추상적이다.
종교적 신 의식은 개인의 삶을 동반하는 신에 대해 말할 수 있으며, 이
말은 그의 삶에 직접적으로 영향을 미친다. 종교적 의식을 소유한 개인
은 삶 속에서 체험하는 신을 자기만의 방식으로 이해하고, 이를 통해
삶의 의미를 획득한다. 여기서 '신'이라는 표현은 전통적 교의학의 개

8　Wittekind, F., "Dogmatik als Selbstbewusstsein gelebter Religion. Zur Möglich-
keit theologiegeschichtlicher Beschreibung der reflexiven Transformation der Reli-
gion", in: Danz/Dierken/Murrmann-Kahl (Hg.), *Religion zwischen Rechtfertigung
und Kritk*, Frankfurt 2005, 125.

9　Gräb, W., "Gelebte Religion als Thema der praktischen Theologie", *Religion
zwischen Rechtfertigung und Kritk*, 153.

념이 아니라 개인의 삶에 관계하는 신에 대한 해석이며, 이 해석에 대한 기능적 표현이다. 개인이 삶의 현장에서 체험하는 신을 서술하는 것은 신에 대한 해석의 산물이며 삶의 의미 결정체이다. 여기서 종교철학은 개인이 체험한 신에 대한 해석이자 그의 삶에 영향을 미치는 신에 대한 규정이다.

신은 실체이자 모든 존재자들의 규정 근거였다. 철학의 근대화를 거치면서 신은 실체이면서 동시에 주체로 규정되었고[10], 보편적 주체는 개인적 주체와 공동체적 주체로 변모하였다. 세속화의 과정을 거치면서도 초월의 문제를 놓지 않으려는 신앙인의 노력은 삶 속에서 영향을 미치는 신을 재발견했다. 이것은 신을 인간의 차원으로 강등시킨 것이 아니라, 삶의 저편에 있는 추상적인 신을 삶의 현장에서 확인하려는 노력이다. 여기서 신은 개념적 체계의 무덤에서 삶과 생명의 신으로 부활한다. 이렇게 본다면 기능적 종교이론은 세속화의 생산적 결과이며 사변적 신학의 적극적 변형이다.

중요한 것은 종교적 의식의 자리에서 일어나는 변화이며 이 변화를 주도하는 신이다. 슐라이어마허가 정립한 종교적 의식 이론은 이러한 맥락에서 현대 종교이론의 토대이다. '종교적 의식', '절대 의존감정', '신 의식' 등의 표현은 교의학을 대신한 신앙론(Glaubenslehre)의 개념이다.[11] 여기서 신은 삶을 변화시키며 삶에 힘을 주는 초월적 기능이 된다. 종교적 가르침이 무익한 것은 아니다. 그것은 해석 과정을 거치면서 개인의 삶을 변화시키는 의미로 강화되어 나타난다. 종교는 신앙인의 자기해석 사건이며 이 사건이 만들어 내는 의미의 건축물이다. 신과

---

10 Hegel, *Phänomenologie des Geistes*, Frankfurt 1970, Vorrede 참조.
11 Schleiermacher, F. D. E., *Der christliche Glaube* (1821/1822), Berlin 1984, 최신한 옮김, 『기독교신앙』, 한길사 2006, '서론' §§1~35 참조.

종교는 인간의 삶을 풍성하게 하는 기능이다.

생활종교가 삶에 영향을 미치는 신을 다룬다고 해서 신 존재와 초월
성 자체가 관심에서 사라지는 것은 아니다. 새로운 종교철학이 주제화
하는 생활종교는 신의 사유에 묶여 있는 종교철학을 유연하게 함으로
써 삶의 현장에서 신을 실천적으로 체험할 수 있게 한다. 새로운 종교
철학은 현대인의 문화를 적극적으로 고려하며 특히 개인화의 경향을
중시한다. 신앙인이 추구하는 삶의 의미와 이에 대한 자기해석이 신 존
재에 대한 교리적 탐구에 앞선다. 그러므로 "생활종교는 개인의 종교이
며 초월에 개방적인 개인의 의미 태도이고, 최종심급의 해석 지평을 지
향하는, 문화적으로 매개된 개인의 삶의 형식이다."[12]

생활종교에서는 개인의 깨어 있는 의식이 중요하다. 깨어 있는 의식
은 자기관계의 의식이다. 깨어 있는 자기는 초월자와 접촉함으로써 더
욱더 청명한 의식을 가지며 이를 통해 새로운 삶의 의미를 발견한다.
개인의 개인성은 형식적 자기관계에서는 나올 수 없다. 진정한 개인성
은 깨어 있는 의식 가운데 각인된 초월자가 그때마다 새롭게 형성하는
개인의 특성이다. 자기관계 가운데 초월자가 매개될 때 자기는 새로운
의미와 생명의 주체로 거듭난다. 생활종교는 바로 이러한 체험과 의미
로 이루어져 있다.

그러나 종교현상은 개인의 체험으로 끝나지 않는다. 개인은 다른 개
인과의 관계를 통해 공동체적인 체험을 형성할 수 있다. 개인성이 공동
체성으로 연결되고 개인에 대한 집단적 구속성이 마련될 때 종교는 삶
을 총체적으로 드러낼 수 있다. 개인성이 공동체성으로 이행하는 것은

---

12 Gräb, "Gelebte Religion als Thema der praktischen Theologie", in: *Religion
zwischen Rechtfertigung und Kritik*, 153.

강제적이거나 타율적인 것이 아니다. 내면에서 일어난 개인의 종교성
은 다른 개인에게 전달되며, 진정한 체험은 다른 개인에게 자연스럽게
수용된다. 개인의 삶의 의미가 공동체의 의미로 확산된다면, 이는 시대
의 실질적 의미로 결정된다. 시대를 대변하는 삶의 의미는 동시대의 문
화로 나타난다.

문화는 생활세계의 의미 구조와 뗄 수 없다. 특히 종교문화는 삶의
초월적 의미와 불가분리적이다. 인간은 초월을 향해 자신을 던지는 종
교적 존재이다. 생활종교가 종교문화로 나타난다는 것은 종교적 삶의
의미가 개인과 공동체의 의미 구조를 떠받치고 있다는 뜻이다. 생활종
교는 일상의 삶 가운데서 초월적 의미를 맛보는 체험과 더불어 나타나
기 때문에, "최종심급의 의미지평을 상징화하는 문화"[13]이다. 종교가 최
종심급의 의미지평과 연결되어 있다는 것은 자명하다. 중요한 것은 이
의미지평이 생활세계 속에서 발견되고 구현되어야 한다는 것이다. 어
떤 세계이든 간에 그 가운데는 생활세계의 객관적 문화가 존재하며 이
를 받아들이는 주관적 의미가 있다. 종교문화가 갖는 유의미성은 최종
심급의 의미지평이 개인에게 개방될 뿐만 아니라 이것이 기존의 객관
적 문화를 변화시킨다는 데 있다.

종교문화는 종교적 삶의 해석과 동(同)근원적이다. 기존의 종교문
화 없이 종교적 삶의 해석이 불가능하며, 종교적 삶의 해석 없이 새로
운 종교문화가 발생할 수 없다. 생활세계의 종교적 토대에서 최종심급
의 의미가 발견되며, 새로운 의미해석에서 새로운 종교문화가 등장한
다. 종교해석학은 종교적 문화해석학과 함께 간다. 개인의 종교적 체

---

13 Gräb, W., *Religion als Deutung des Lebens. Perspektiven einer Praktischen Theo-logie gelebter Religion*, Gütersloh 2006, 33.

험은 초월자에 대한 고유한 의미해석이다. 이 해석이 그의 삶을 고차
적인 삶으로 만들고, 개인의 고차적 삶은 공동체의 고차적 삶을 형성
한다. 개인의 생활종교가 집단의 생활종교로 이어질 수 있는 동력은
의미해석의 새로움에 있다. 새로운 의미는 높은 전달력을 갖는다. 생
활종교와 문화종교의 근간은 종교적 체험에서 나오는 해석과 상호전
달이다.

4. 생활종교에 반영된 세속화의 양면성

세속화는 근대화와 동근원적이다. 세속화는 종교의 무의미와 더불어
윤리와 관습의 총체적 무의미를 수반한다. 세속화는 총체적으로 인간
의 삶에 동요를 가져왔으며 허무주의를 도래하게 했다. 사람들은 종교
적인 것을 성스러움 및 영성적인 것과 동일시하고, 세속적인 것을 시간
적이고 세속적인 세계와 동일시한다. 세속화는 일반적으로 신앙이 불
신앙으로 이행하고 비이성적인 종교가 이성적인 종교로 이행하며 원시
적 의식이 근대적 의식으로 이행하는 역사적 과정을 가리킨다. 막스 베
버의 탈주술(Entzauberung) 개념은 이러한 이행에 토대를 둔다. 그러
나 세속화와 세속주의 간의 세밀한 구별에 주목할 필요가 있다. 세속화
는 초월적 가치의 실현을 가리킨다면, 세속주의는 진정한 의미의 세속
화를 거부하는 탈신앙을 묘사한다.[14]

형이상학의 종언과 종교의 종언은 일치하지 않는다. 오히려 형이상

---

14 최신한, 「세속화의 변증법」, 『동서철학연구』, 제31호, 2004, 123-140. 최신한, 『헤
겔철학과 형이상학의 미래』, 서광사 2015, 179-201 참조.

학의 종언의 자리에서 종교의 미래를 말할 수 있다. 세속화가 반종교적이지 않으며 오히려 종교성과 조화를 이루고 있기 때문이다.[15] 근대성의 진행과 더불어 분화된 사회에서는 오히려 종교가 "성화(聖化)의 과정"(Sakralisierungsprozess)[16]으로 나타난다. 성스러움은 그 자체가 경건이며 현세에서 도달하는 초월이다. 낮은 단계의 세계나 타락한 세계는 성스럽게 함을 통해 새로운 세계로 변할 수 있다. 근대사회는 종교의 소멸과 함께 등장한 것이 아니라 종교 없이는 결코 등장할 수 없다. 세속화는 성스러움의 과정과 함께 가는 것이다. 성스럽게 함은 개인을 내재적 초월로 이끌며 종교공동체로 하여금 초월적 가치를 추구하게 한다.[17]

중세 기독교의 전통에서 나온 세속화는 종교적이고 성스러운 것을 세상으로 옮김으로써 세상을 변화시키려는 목적을 갖는다. 여기서 성과 속의 이분법을 극복할 수 있다. 이분법적으로만 보면, 세속화는 성스러움이 전적으로 사라지고 온전히 세속적인 것만 중시하는 역사적 과정이다. 최근 논의의 중심을 차지한 '포스트-세속화'는 근대사회를 다시금 성스럽게 만들고 종교를 다시금 부흥시키는 과정인 동시에 세속적 결과에 대한 세속적 대안 찾기의 과정이다.

---

15 최근의 통계지표는 이러한 평가를 실증적으로 보여 준다. 미국, 아일랜드, 폴란드, 캐나다, 아이슬란드, 오스트레일리아, 핀란드 등의 나라에서는 근대화 지수가 높을수록 종교성 지수가 높다. Krech, V., "Wiederkehr der Religion? Und nach welcher Säkularisierung? Beobachtungen zur religiösen Lage im 20. und zu Beginn des 21. Jahrhunderts", in: Lutz-Bachmann, M. (Hg.), *Postsäkularismus. Zur Diskussion eines umstrittenen Begriffs*, Frankfurt 2015, 260 이하 참조.

16 Krech, "Wiederkehr der Religion? Und nach welcher Säkularisierung? Beobachtungen zur religiösen Lage im 20. und zu Beginn des 21. Jahrhunderts", 284.

17 Luhmann, N., *Die Religion der Gesellschaft*, Frankfurt 2000, 127 참조.

하버마스는 '포스트세속화' 논쟁에 불을 붙였다. 세속화를 미완의 계몽으로 간주하기 때문에 포스트-세속화는 계몽의 완성을 지향한다. 이에 반해 카사노바는 하버마스의 '포스트-세속' 개념이 유럽에 국한된 사고라고 비판한다.[18] 그에 의하면 세속화는 ① (국가와 경제와 같은) 세속적 영역의 분화, ② 근대사회에서 종교적 확신과 실천의 쇠퇴, ③ 종교의 개인화[19]이다. 하버마스는 주로 ①과 ②에 근거하여 세속화를 이해하고 이에 근거하여 '포스트-세속화'를 거론한다. 세속화에 남아 있는 문제를 계몽의 기획을 완성함으로써 해소하려는 것이다. 그러나 카사노바는 하버마스의 문제점을 종교와 세속화의 동시적 현상에서 찾는다. 세속화된 사회가 꼭 탈종교적이지 않다는 주장이다. 대표적인 사례를 미국과 중국에서 찾을 수 있으며 한국도 이에 속한다. 근대화를 추구하고 이룩한 나라들이지만 탈종교의 현상보다 종교 부흥의 현상을 더 많이 발견할 수 있다.[20] 중국은 경제적으로 발전되지 않은 상태에서 세속적이었던 반면, 미국은 경제적으로 발전했음에도 여전히 종교적이다. 경제적으로 고속 성장한 한국도 매우 종교적이다. 유럽적 관점에서는 한국의 종교현상을 이해하기 어렵다.

찰스 테일러는 세속화와 연관된 시대적 진행을 구-뒤르케임적(paläo-durkheimianisch), 신(neo)-뒤르케임적, 포스트-뒤르케임적

---

18 Casanova, J., "Die Erschließung des Postsäkularen: Drei Bedeutungen von „säkular" und deren mögliche Transzendenz", in: Lutz-Bachmann (Hg.), *Post-säkularismus. Zur Diskussion eines umstrittenen Begriffs*, Frankfurt 2015, 10-39 참조.

19 Casanova, "Die Erschließung des Postsäkularen: Drei Bedeutungen von „säkular" und deren mögliche Transzendenz", 18 이하 참조.

20 Casanova, "Die Erschließung des Postsäkularen: Drei Bedeutungen von „säkular" und deren mögliche Transzendenz", 20, 특히 29 이하 참조.

종교 형식으로 나눈다.[21] 뒤르케임에 의하면 "종교는 거룩한 일과 관련된 믿음과 실천의 통일 체계이다. (⋯) 믿음과 실천은 교회라 불리는 단수의 도덕공동체로 통합된다."[22] 이른바 '뒤르케임적 상황'은 교회만이 사회의 거룩함을 규정하는 상황이다. 교회는 현실 정치의 전면에 나서지 않더라도 국가에 규범을 제시하는 기관이다. 종교는 내면성의 영역에 머무는 것이 아니라 실천적 현실 영역과 연결되어야 하며 그것도 단수의 현실 공동체와 묶여야 한다.

구-뒤르케임적 종교 상황에서는 교회와 국가의 결속이 강력하며 국가는 신에 의존적이다. 이러한 바로크적 가톨릭 사회에서 교회는 곧 국가교회이다. 신-뒤르케임적 종교 상황에서도 사회조직의 방향성을 결정하는 신의 섭리가 사회 속에 현존한다. 종교는 정치적 정체성을 결정하고 사회를 통합할 수 있다. 그러나 신-뒤르케임적 종교 상황에서는 교회와 국가의 결속이 바로크적 가톨릭 사회보다 훨씬 유연하다. 종교의 세속화는 공적 영역의 세속화로 이어진다는 의미에서 공동체 통합의 토대이다.

공공의 영역이 세속화된다는 것은 하나의 국가교회가 모든 신앙을 포함할 수 없다는 사실도 의미한다. 모든 사람은 자기만의 고유한 신앙을 가짐과 동시에 자신에게 맞는 교회를 선택하고 형성할 수 있다. 삶에서 중요한 것은 개인만의 고유한 자아실현과 그 표현이다. 이른바 "표현주의적(expressiv) 개인주의"[23]는 개인의 소비문화 및 유행 공간과 관련되며 진정성(Authentizität) 윤리와 맞물린다. 진정성은 오직 개인

---

21 Taylor, C., *Die Formen des Religiösen in der Gegenwart*, Frankfurt [4]2013, 67 이하 참조.

22 Durkheim, E., *The Elementary Forms of the Religious Life*, 1912, 62.

23 Taylor, *Die Formen des Religiösen in der Gegenwart*, 71 이하.

만이 인정하고 신뢰하는 의미 공간이기 때문에 같음의 필연성보다 고
유함을 개방하는 자유와 연결된다. 이것은 오늘날의 종교가 보여 주는
'포스트-뒤르케임적 상황'이다.

종교에서 보이는 표현주의적 개인주의는 교리와 종교적 윤리에 충실
하기보다 전적으로 영성에 따른다. 이것은 생활종교의 대표적 특성이
다. 나의 영성은 전적으로 나만의 의미 공간으로서 나의 종교적 자유를
보증한다. 나는 내가 획득한 영성 가운데서 가장 자유롭다. 이러한 맥
락에서 세속화 담론은 종교 다원주의로 연결된다. 영미 계열의 학자들
은 동일성 대신 차이와 다양성에 주목한 탈근대의 관점을 윌리엄 제임
스[24]에서 재확인하려고 한다. 종교적 경험은 개인의 경험이며 그때마다
다양한 모습으로 다가온다. 이것은 탈근대의 등장에 앞서 슐라이어마
허와 초기 낭만주의가 주장한 내용이다. 옛것과 새것의 만남을 가능하
게 하는 것은 사실에 대한 보편적 파악에 있다.

생활종교는 개인의 초월적 체험과 새로운 의미 획득에서 출발한다는
점에서 개인성을 중시하는 종교현상이다. 동시에 "생활종교는 의사소
통에서 발생"[25]하므로 개인성에만 머물지 않는다. 나의 영성에서 자유
를 누린다면 나는 당연히 다른 사람의 영성을 존중해야 한다. 영성 존
중을 통해 이루어지는 상호성은 국가교회의 윤리가 요구하는 상호성과
다르다. 윤리의 상호성은 의무와 규범에 근거한다. 이에 반해 영성의
상호성은 자신이 신뢰하는 의미에서 출발하여 상대방의 진정성으로 나

24 James, W., *The Varieties of Religious Experience. A Study in Human Nature*, 1902 참조.

25 Landmesser, C., "Religion und Hermeneutik", in: B. Weyer/W. Gräb (Hg.), *Religion in der modernen Lebenswelt. Erscheinungsformen und Reflexionsperspektiven*, Göttingen 2006, 239.

아가는 의미의 공동성이다.

5. 생활종교와 종교의 미래

종교의 미래는 형이상학 종언의 시대에서 전망하는 종교이다. 형이상
학의 종언과 더불어 종교도 끝난 것이 아니라 그 연속과 새로움이 있다
는 것이다. 형이상학의 종언은 이성중심주의와 메타 이야기의 종언을
뜻한다. 그 결과 사람들은 정보 매체와 미디어의 다원성을 인정하며 의
식의 자기 확실성을 존중한다. 이런 맥락에서 형이상학 종언의 시대를
해석학의 시대라고 말하기도 한다.[26] 이러한 관점에 따르면 객관적 사
실은 애당초 없으며 모든 것은 해석의 산물이다. 나에게 일어나는 의미
의 진정성은 존재의 본질을 능가한다. 따라서 종교와 해석학의 결합은
교리의 이해와 전수보다 종교적(기독교적) 선포의 역사적 전개와 성취
를 중시한다. 중요한 것은 객관적 학문과 신학이 아니라 종교인의 진정
한 삶이다. 이것은 '생활종교의 부상'을 재확인시켜 준다.

   종교의 문제는 종교 자체에 의해서만 극복된다.[27] 종교의 미래는 교
회 공동체의 미래에 있다. 이 시대의 종교는 이론적 교리의 문제가 아니
라 사회적 문제이기 때문이다. 종교의 가르침보다 사랑의 실천이 더 중
요하다. 보편적 윤리보다 개인의 자발적 실천이 더 실질적이다. 이러한

---

26 Vattimo, G. "Das Zeitalter der Interpretation", in: Zabala, S. (Hg.), *Die Zukunft der Religion*, Frankfurt/Leipzig 2009, 55 참조.

27 Graf, F. W., "Kreationismus: Ein Kapitel aus der Religionsgeschichte der Moderne", in: Lutz-Bachmann (Hg.), *Postsäkularismus. Zur Diskussion eines umstrittenen Begriffs*, 252 참조.

변화는 이성 중심의 강한 사유에서보다 약한 사유에서 출발한다. 존재를 강한 이성으로 파악하는 것보다 그것과 실존적으로 관계하는 방식이 더 중요하다. 하이데거가 말하는 손-안의-존재자(das Zuhandene)에서 드러나는 존재의 의미는 그 본질보다 더 실질적이다.

탈근대적 종교 담론에서도 철학사는 여전히 중요하다. 그러나 강한 이성은 약화되어야 하며 체계는 유연해져야 한다. 종교의 미래를 '종말론 없는 헤겔'과 '존재론 없는 하이데거'에서 찾을 수 있다는 주장도 같은 맥락이다.[28] 이것은 교리 종교의 입장에서 받아들이기 어렵지만 삶 속의 종교를 위해서는 옳은 말이다. 이것은 전체화의 경향을 벗어난 정신의 운동과 새로운 체험을 강조한 것이다. 이 시대의 철학은 그 어느 때보다 일상적 삶을 중시하며 개인들 간의 관계를 강조한다. 대화와 상호주관성이 종교의 중요한 화두가 되었다.[29]

종교의 의미를 드러내기 위해서는 계몽과 세속화를 주도한 강한 이성보다 겸손한 주관성이 요구된다.[30] 이런 맥락에서 계몽의 '탈주술'에 맞서 "세계의 재주술화"[31]가 필요하다는 주장도 있다. 근대가 탈주술을 통해 계몽과 합리성을 드러내었다면, 합리화된 사회가 당면한 여러 가지 문제들은 주술화가 재현됨으로써 해결될 수 있다는 생각이다. 재주

---

28 Rorty/Vattimo/Zabala, "Die Zukunft der Religion nach der Metaphysik. Ein Gespräch", in: Zabala, (Hg.), *Die Zukunft der Religion*, Frankfurt/Leipzig 2009, 71 참조.

29 헤겔 『정신현상학』의 '정신' 개념을 대화로 풀이하는 것도 이러한 노력의 일환이다. 예컨대 미국의 헤겔주의자 브랜덤에게 헤겔의 정신은 곧 대화이다.

30 테일러는 이것을 '완충적(gepuffert) 자기'로 부른다. Taylor, *Die Formen des Religiösen in der Gegenwart*, 88

31 Graf, "Kreationismus: Ein Kapitel aus der Religionsgeschichte der Moderne", in: M. Lutz-Bachmann (Hg.), *Postsäkularismus. Zur Diskussion eines umstrittenen Begriffs*, Frankfurt 2015, 250.

술화는 차가운 허무주의에 빠진 세계에 새롭고 훈훈한 삶의 의미를 불어넣는 것을 목적으로 한다. 종교는 과학과 학문으로 극복될 수 없다. 오히려 과학이 파악할 수 없는 의미를 종교가 제공해 준다. 생각하는 사람은 그가 비록 세속화되고 합리화되었다 하더라도 종교의 다양한 가치에 희망을 걸어야 한다. 종교 속에 인간의 한계를 능가하는 무조건성과 초월성이 자리 잡고 있기 때문이다. 의미가 무한대로 개방된다면 인간은 이를 통해 더 높은 존엄성을 획득할 수 있다. 인간의 인간다움은 과학을 통해서보다 종교를 통해서 가능해질 수 있다.

종교의 미래는 종교가 제공할 수 있는 삶의 유의미성과 연관된다. 종교는 현대의 추상화의 문화에 대한 대립으로 등장한다.[32] 추상화의 문화가 한계를 맞는다면 종교는 그 이후를 준비한다. 종교는 추상화의 산물인 기계, 디지털 질서, 사이버스페이스, 가상공간, 계산할 수 있는 세계에 맞선다. 사람들은 종교를 통해 형식화, 도식화, 객관화를 넘어서서 진정한 자기를 찾으려 한다. 그러므로 오늘의 종교 복귀 현상은 정통 교리와 권위로부터 해방되고 체험을 통해 생생한 실증적 삶을 획득하는 데서 비로소 설명될 수 있다. 삶의 역사성 가운데서 일어나는 구체성과 고유성이 교리와 신학의 설명보다 훨씬 중요하다. 사람들은 이제껏 아무도 접촉하지 못했고 자신에게 아무런 상처를 남기지 않은 전혀 새로운 세계를 체험하려고 한다. 그러므로 종교적인 것은 전혀 익숙하지 않은 "타자의 출현"이며 "불연속성"의 체험인 동시에 "새로운 절대적 출발"이다.[33] 이러한 맥락에서 종교의 복귀는 형이상학의 극

---

32 Derrida, J., "Glauben und Wissen. Die beiden Quellen der 'Religion' an den Grenzen der bloßen Vernunft", in: Derrida, J./Vattimo, G. (Hg.), *Die Religion*, Frankfurt 2001, 10 이하 참조.

33 Vattimo, "Die Spur der Spur", in: Derrida/Vattimo (Hg.), *Die Religion*,

복과 맞물린다. 종교의 복귀는 종교와 철학의 관계를 전통적 방식으
로 설명하는 것을 비판하며 이 관계를 학문 너머의 지평에서 찾는 것
이다.

Frankfurt 2001, 115.

1

변형된 종교철학의 과제

세속화와 종교적 계몽
─초월의 현실화로 기능하는 종교철학

1. 세속화와 근대화 ─ 세속화 담론의 출발과 헤겔

종교철학은 애당초 현실과 초월의 매개를 담당한다. 지금까지 현실 세계 위에 군림해 온 초월적 이념의 영역에 침투하여 이를 현실 세계와 접목시킨다. 따라서 근대 이후 종교철학의 과제는 종교적 교리 가운데 암호화되어 있는 초월적 이념을 세속화함으로써 현실의 착종된 문제들을 해결할 수 있는 의미지평을 찾는 데 있다. 초월적 이념의 세속화는 현실에 대한 비판과 더불어 새로운 질서의 창출로 나타난다. 이것은 '세속화'(Säkularisierung)의 본래적 문제이다. 세속화는 세속주의와 구별되는 개념으로서 무엇보다 초월적 이념을 현실 가운데 구현하는 과정을 뜻한다. 이러한 맥락에서 새로운 종교철학은 초월적 이념을 세속화하는 데 기여함으로써 문제를 안고 있는 현실을 새로운 현실로 바꾸는 데 기여해야 한다.

헤겔은 세속화 문제를 천착한 출발점이다. 헤겔과 근대성의 관계는
수많은 연구들이 집중했던 주제이다.[1] 그는『신앙과 지식』[2]에서 종교와
신앙에 대한 전통적인 물음을 근대적인 모습으로 변형시킨다. 칸트는
세계를 알 수 있는 세계와 알 수 없는 세계를 나누고 전자를 현상계로,
후자를 예지계로 양분했다. 여기서 신앙의 세계는 논리적 생각이 접근
할 수 없는 세계로 분리되었다. 헤겔은 소위 반성철학에 의해 피안으로
밀려난 절대자를 '사변'을 통해 다시금 개념의 세계로 끌어들인다. "사
변적 성금요일"[3]이라는 표현이 이를 잘 보여 준다. 사변철학은 절대자
와 무한의 세계를 다시금 논리적 사유의 틀 가운데 위치시킨다. 이로써
반성철학에서 묘사할 수 없는 전체 진리와 신의 존재가 되살아난다.
"최고의 전체성이 전적인 진지함과 심원한 근거에서 모든 것을 포괄하
면서 최고의 청명한 자유의 형태로 부활한다."[4] 여기서 중요한 것은 절
대자의 문제를 개념의 틀 가운데 들어오게 하는 논리이다. 이것은 절대
자에게 맹목적으로 복종하는 차원을 넘어서서 절대자를 누구나 인정하
고 받아들일 수 있는 보편적인 조건 속에서 파악하는 것을 의미한다.
세속화는 바로 이러한 사유의 조건 속에서 주제화된다.

헤겔이 파악하는 신앙과 지식의 관계는 새로운 현실적 의미를 갖는
다. 세속화는 자연과학과 유한자의 세계에 국한될 수 없으며 무한자와
영원자의 영역으로 확대된다. 무한자의 세속화는 종교의 의미를 정신
가운데 소유하는 프로테스탄트적 의식을 통해 구체화된다. 프로테스

---

1 C. Taylor, *Hegel and modern society*, Cambridge 1979；J. Habermas, *Der phi-losophische Diskur der Moderne*, Frankfurt 1985；D. Andersen, *Hegel after Haber-mas. speculation, critique and social philosophy*, Saarbrücken 2008 참조.
2 G. W. F. Hegel, *Glauben und Wissen*, GW. Bd. IV, Hamburg 1968.
3 Hegel, *Glauben und Wissen*, 414.
4 Hegel, *Glauben und Wissen*, 414.

탄트적 의식은 곧 자유의 의식이다. 인간은 신과 교회에 복종하는 존재가 아니라 무한자와 통합됨으로써 진정한 자유를 획득한다. 그러므로 헤겔에게 세속화는 현실에 편재하는 무한자와 유한자의 분열을 통합하는 정신의 운동이다. 종교적 의식과 근대적 주관성은 불가분리적이다.

대립을 통합으로 이끄는 힘은 헤겔의 근대사회 이해에 잘 나타나 있다. 그는 프랑스혁명을 통해 등장한 자유의 주체가 시민사회를 형성하는 것으로 파악한다. 근대사회는 곧 시민사회이다. 그러나 시민사회는 그 자체가 절대화됨으로써 또 다른 대립을 낳는다. 시민사회의 절대화는 헤겔 시대뿐만 아니라 오늘 이 시대의 특징이기도 하다. 시민사회, 매체사회, 소비사회는 동일한 맥락 속에 있다. 시민사회만 강조될 때 지금까지 개인을 형성해 온 신앙, 종교, 철학, 인륜적 삶은 소외된다. 시민사회의 등장과 더불어 '분열'이 만연해진다. 헤겔은 애당초 형이상학과 역사와 기독교적 진리를 통합하려고 하며 이러한 토대에서 시민사회가 낳는 소외와 분열을 비판한다. '근대의 위기에 대한 헤겔의 진단'[5]은 소외와 분열에 있다. "철학의 욕구"[6]는 분열에서 나온다. 이것은 종교 본연의 욕구이기도 하다. 종교의 의미는 화해에 있기 때문이다. 분열의 극복은 전체의 회복에 있다. 전체는 통합을 통해 가능해진다. 진정한 통합은 종교의 세속화를 요구한다. 절대자의 세속화는 초월성의 세속화로서 분열된 현실을 통합하는 힘이다. 이 힘은 피안의 절대자가 아니라 차안에서 운동하는 절대자에서 나온다.

---

5 G. Rohrmoser, *Glaube und Vernunft am Ausgang der Moderne. Hegel und die Philosophie des Christentums*, St. Ottilien 2009, 277 이하 참조.

6 G. W. F. Hegel, *Differenz des Fichteschen und Schellingschen Systems der Philosophie*, in: GW. Bd. 4, Hamburg 1968, 12.

종교의 세속화를 가장 잘 보여 주는 주장은 지양의 철학에 나타나 있
다. 헤겔은 종교가 철학으로 지양된다고 주장한다.[7] 표상으로서의 종교
는 개념적 파악으로서의 철학으로 옮겨 가야 한다는 것이다. 표상에 들
어 있는 절대적 내용은 개념의 단계에서 그 진정한 내용이 드러나기 때
문이다. 종교가 철학으로 지양된다는 주장은 종교의 파멸보다 종교의
정당화로 해석되어야 한다. 세속화의 진정한 의미는 종교의 정당화에
있다. 헤겔의 전체 사상을 염두에 둔다면 종교의 파멸보다 종교의 정당
화가 더 큰 설득력을 지닌다. 종교가 갖는 이러한 의미는 하버마스에
의해 다시금 부각되었다.[8]

헤겔에서 시작된 세속화 담론은 다음과 같은 분화로 요약할 수 있다.
① 종교의 지배와 우선권이 사라지는 종교의 몰락 ② 종교가 사회화되
고 신학이 정치화되는 종교와 세계의 일치 ③ 인간이 자율적으로 세계
를 지배하는 세계의 탈신성화 ④ 개인과 사회가 종교에서 분리되고 자
유롭게 되는 인간의 자립화 ⑤ 신앙의 내용과 종교적 행동 방식의 세속
영역으로의 전이.[9] 이런 맥락에서 세속화는 ⓐ 정치-법률적 성격을 띤
개념이며 ⓑ 교회 자산의 몰수에서 보듯이 문화적, 사회-정치적 해방
을 지시하는 개념이고 ⓒ 시대 징후적인 신학적 범주이다.[10]

---

7 본서 제4장 '사변적 해석' 참조.
8 J. Habermas, *Glauben und Wissen*, Frankfurt 2000; 본서 제4장 제4절 참조.
9 L. Shiner, "The Meanings of Secularization", in: *Intern. Jb. f. Rel.soziologie*,
Bd. III (1967) 60 이하 참조.
10 심상태, 「'세속화' 현상이란?」, 『사목』, 제214집, 한국천주교중앙협의회, 1996, 10
참조.

2. 세속화 담론의 여러 측면 – 고가르텐, 불트만, 블루멘베르크, 륍베, 하버마스

'세속화'에 대한 현대의 연구는 독일을 중심으로 60년대 이후 많이 이루어졌다. 이 연구는 문제의 특유성 때문에 신학을 중심으로 진행되었으며 이와 관련하여 종교철학과 역사철학의 논쟁을 불러일으켰다. 고가르텐(Gogarten)의 '위기의 신학', 불트만(Bultmann)의 '탈신화화', 본회퍼(Bonhoeffer)의 '탈종교화', 블루멘베르크의 『세속화와 자기주장』[11], 륍베의 「역사철학적 범주로서의 세속화」[12] 및 『계몽주의 이후의 종교』[13]는 세속화 문제에 대한 대표적인 논의들이다.

고가르텐은 자유주의신학에 맞선 카를 바르트의 변증법적 신학의 테두리 안에 있다. 그러나 그는 유한과 무한, 인간과 신의 대립을 강조하는 바르트와 달리 역사적 세계 자체의 변증법적 구조를 강조한다. 역사적 세계에서 드러나는 과거와 현재의 변증법, 가시적인 것과 비가시적인 것의 변증법이 신학적으로 더 큰 의미를 지닌다는 것이다.[14] 이러한 맥락에서 "진정한 세속화는 인간이 신 앞에서 세계에 대해 책임짐으로써만 획득될 수 있다."[15] 오로지 세계에만 관심을 기울이는 현실 인식에 맞서서 세계를 신과 연결시키는 현실 인식이 올바른 세속화이다. 인간

---

11 H. Blumenberg, *Säkularisierung und Selbstbehauptung*, Frankfurt 1974.

12 H. Lübbe, "Säkularisierung als geschichtsphilosophische Kategorie", in: *Die Philosophie und die Frage nach dem Fortschritt*, hg. von Helmut Kuhn und Franz Wiedmann, München 1964.

13 H. Lübbe, *Religion nach der Aufklärung*. Graz/Wien/Köln 1986.

14 *Theologische Realenzyklopädie*, Bd. 8, 691 참조.

15 W. Krötke, "Die dialektische Theologie: Friedrich Gogarten (1887-1967) und das Problem der politischen Theologie", in: http://wolf-kroetke.de/theologiegeschichte-des-20-jahrhunderts/ansicht/eintrag/158.html

의 실존적 상황과 무관한 신에 대한 담론은 무의미하거나 추상적이다. 이에 반해 실제의 삶 가운데 작용하는 신에 대한 담론은 올바른 세속화를 가능하게 한다.

고가르텐은 세속화와 관련해서 근대성 자체를 비판한다. "세속화된 근대적 개인주의는 세계의 다수성을 극복할 수 없으며, 인간에 맞서 있는 세계로부터, 그 비자립적이고 비인격적인 전체성으로부터 인간존재를 해체하고 파괴하는 힘이 된다."[16] 고가르텐은 근대적 합리성을 비판하면서 동시에 도구적 이성의 지배와 자본주의적 경제 근대화를 비판한다. 그는 세속화된 개인주의의 가짜 자립성을 극복할 수 있는 진정한 개인주의 내지 고차적 개인주의를 드러내려고 한다. 고차적 개인주의는 나와 너의 구성적 관계에 토대를 두는 인격주의로 나타난다. 윤리적 공동체는 이러한 인격주의를 통해 실현된다. 그러나 윤리적 공동체는 전적으로 인간에 의해 만들어지는 것이 아니라 신의 창조 질서에 토대를 두어야 한다. 결국 세속화는 신의 창조 질서의 실현이다. 세속화는 당연히 중세적 교회 문화와 정치적 보수주의를 비판한다. 이와 동시에 세속화는 근대적 개인주의가 지향하는 자유주의도 거부한다. 고가르텐은 정치적 보수주의나 자유주의도 아닌 제3지대를 추구하는 것이다.

불트만은 '탈신화화'를 주장한다. 탈신화화의 기본 의미는 기독교적 메시지를 고대의 신화에서 해방시키고 이를 근대적 방식으로 해명하는 데 있다. 불트만은 초월자에 대한 신화적 담화를 현대의 학문의 방식과 대립되지 않는 방식으로 해석하려고 한다. "신화의 본래적 의미는 객관적 세계상을 제공하는 것이 아니다. 오히려 인간이 신화의 세계 속에서

---

16   F. W. F. Graf, *Der heilige Zeitgeist. Studien zur Ideengeschichte der protestantischen Theologie in der Weimar Republik*, Tübingen 2011, 294.

어떻게 자신을 이해하는가를 말해 준다. 신화는 우주론적으로가 아니라 인간학적으로, 즉 실존적으로 해석되려고 한다."[17] 이것은 하이데거의 실존철학을 토대로 하는 실존적 해석이다. 초월자가 신앙인의 실존적 삶 가운데 살아 있지 않다면 그는 인간의 삶을 변화시킬 수 없으며 한갓 추상적 존재로 남을 뿐이다. 실존적 삶에 살아 있는 종교적 메시지는 세속의 인간을 초월적 세계와 연결시키며 이를 통해 현세적 삶을 새로운 삶으로 바꾼다.

블루멘베르크는 세속화를 계몽을 통해 모든 권위가 위기를 맞은 상태로 간주한다. "계몽은 강렬한 세속화"[18]로서 인간의 자립적 사고를 종교에 대립시키고 삶에서 종교의 영향을 앗아간다. 이것은 "중세 이후 형성된 역사에 맞서는 정신적 파문"[19]을 의미한다. 세속화된 종교적 내용은 인간의 자기주장 아래로 떨어질 수밖에 없으며, 이렇게 되면 종교의 절대적인 내용은 고유의 의미를 상실한다. 세속화는 근대 이후 급속하게 진행된 자연과학과 기술의 영향, 그리고 이를 통한 자기주장의 차원에서 받아들여진다. 자기주장은 생명체의 생물학적 보존이나 경제적 보존을 뜻하지 않는다. 자기주장은 "인간이 역사적 상황 가운데서 자신의 실존을 세우고 그를 에워싸고 있는 현실과 더불어 실존을 받아들이며 자신의 가능성을 포착하려고 하는 방식을 보여 주는 현존재의 프로그램이다."[20] 따라서 세속화는 종교적 내용을 모두 인간 사유의 차원으로 끌어내리는 것이며, 이로써 종교와 신에게 종속된 인간은 자기를 주장하는 자유로운 인간이 된다. 여기서 세속화된 세계의 자기주장과, 세

17 R. Bultmann, *Neues Testament und Mythologie*, 1941, 22.
18 Blumenberg, *Säkularisierung und Selbstbehauptung*, 18.
19 Blumenberg, *Säkularisierung und Selbstbehauptung*, 11.
20 Blumenberg, *Säkularisierung und Selbstbehauptung*, 159.

계의 주재자로 자임하는 종교의 자기주장 사이에 투쟁이 발생한다. 그러나 과학으로 무장한 세속화된 세계 가운데도 여전히 비인간화의 문제가 남아 있다. 이 문제는 과학 너머의 차원에서 제공될 수밖에 없는 초월적 기준에 의해 해결책이 찾아져야 한다는 것이다.

뢰베는 세속화를 종교사회학의 범주로 이해한다. 그에 의하면 세속화는 사회의 분화 과정을 거치면서 이전까지 사회 통제의 수단으로 제도화된 종교의 의미가 축소되는 것을 지시한다. 여기서 종교의 폐쇄성은 해체되며 그 맹목적인 명령 체계가 개방성으로 바뀐다. 그럼에도 종교의 의미는 완전히 사라지지 않는다. 왜냐하면 현대사회는 스스로 창출하고 정초할 수 없는 기능에 바탕을 두고 있으며 이러한 기능은 세속화된 종교, 즉 문화종교에서 도출된 것이기 때문이다.[21] 여기서 문화종교는 사회가 스스로 창출할 수는 없지만 사회 통합과 정당화를 위해 받아들이는 종교적 전제이다. 종교의 내용이 사회 구성과 통합에 필수적인 전제의 역할을 수행하는 것이다. 계몽된 현대사회는 불가피하게도 그 자체가 보증할 수 없는 전제를 갖는다.

뢰베에게 근대화와 합리화는 종교 적대적 운동이 아니다. 세속화와 계몽은 종교와 대립하는 것으로 끝나지 않으며 오히려 양자의 긴장 관계 속에서 서로에게 긍정적으로 영향을 미친다. 세속화 이후에도 종교는 여전히 인간 현존이 직면하는 우연적 위험 요소들을 극복하는 역할을 맡는다. 종교는 신 및 전체존재와 관계하므로, 개별존재에서 발생하는 우연성의 위험을 극복하고 새로운 통합을 창출할 수 있다. 그러므로 인간이 종교적 문화에 더 이상 의존하지 않는 상황은 발생하지 않는다. 인간의 행동이 완전하게 되어간다 하더라도 종교적 삶의 실천이 이 행

---

21 문화종교에 대해서는 본서 제8장 참조.

동 때문에 해소되어 버릴 것이라는 예상은 난센스이다.[22]

이런 차원에서 세속화는 근대 경험과학의 세계를 지시하는 것을 넘어서서 초월적 세계와의 적극적 관계를 지시하는 것으로 확대되어야 한다. 초월적 세계와의 적극적 관계는 종교가 갖는 초월적 의미가 사회적, 문화적 현실 가운데 그때마다 새롭게 구현되는 데 있다. 이것은 종교가 도그마의 틀을 넘어서서 그 자체가 사회적 통합이나 정당성을 가능하게 해 주는 의미로 해석됨으로써 가능하다. 이러한 세속화는 체계 이론(Luhmann)과 연관되며 문화 이론으로서의 윤리학(Schleierma-cher)과 적극적으로 관계한다.[23]

하버마스는 계몽과 근대성의 관점에서 세속화를 풀이하며 근대화와 더불어 세속화가 진행된다고 본다. "모든 종교는 원래 삶의 형식을 전체적으로 구조화하는 자율성을 요구한다는 의미에서 '세계상'이거나 '종합적 교설'이다. [그러나] 종교는 사회의 세속화와 세계관적 다원주의의 조건하에서 포괄적 삶의 형성이라는 요구를 포기해야 한다."[24] 사회가 세속화하면서 종교의 지위가 변화된다는 것을 지적한 것은 하버마스도 예외가 아니다

그런데 그는 탈근대와 탈형이상학을 시대정신으로 규정하면서 특이하게도 포스트세속(Postsäkularismus)에 대해 천착한다. 철학이 근대성에서 탈근대성으로 이행하고 형이상학에서 탈형이상학으로 넘어간 것처럼 세속화도 포스트세속화로 이행한다는 것이다. 탈근대적 사유는

---

22 J. H. Franz, *Religion in der Moderne*, Berlin 2009, 45; H. Lübbe, *Religion nach der Aufklärung*, 167 참조.

23 G. Scholtz, "Kritik und Affirmation des Säkularisierungsbegriffs", in: G. Scholtz, *Zwischen Wissenschaftsanspruch und Orientierungsbedürfnis*, Frankfurt 1991, 305 이하 참조.

24 J. Habermas, *Zwischen Naturalismus und Religion*, Frankfurt 2009, 319.

전체성을 요구하는 형이상학과 종교에 대해 비판적이다. 포스트세속의 핵심도 비판에 있다. '탈형이상학적'이라는 말은 '탈종교적'이라는 말과 같지만, 이것은 양의적이다. 하버마스에게 포스트세속 개념은 탈종교적으로 이해됨과 동시에 종교의 복귀를 함축하기 때문이다.

그는 방법적 합리성(Verfahrensrationalität), 상황적 이성, 언어적 전회, 초일상성의 축소를 탈형이상학적 사유로 제시한다.[25] 이 시대는 더 이상 형이상학의 시대가 아니라 탈형이상학의 시대라는 것이다. 초월적 존재까지 동일성의 사유로 파악하려는 관념론은 더 이상 가능하지 않다는 관점은, (과학적) 이론과 (도덕) 실천을 구별한 칸트의 이원론을 지지하면서 종교의 지위를 회복시킨다. 그렇지만 포스트세속 개념을 통해 하버마스는 중세의 신과 절대자를 회복시키려 한다기보다 세속화된 삶 가운데 무제약자의 의미를 드러내려고 할 뿐이다.

중요한 것은 종교를 포스트세속사회에서도 견지되어야 하는 잠재적 의미로 간주한다는 점이다. "위대한 세계종교에 대한 사회적 매개와 철학적 변형 없이는 언제가 이 잠재적 의미는 접근할 수 없는 것이 될 것이다."[26] 이 시대에도 종교는 철학과 공존해야 한다. 그러므로 "탈형이상학적 사유는 종교에 대해 학습 준비의 태도와 불가지론적 태도로 관계한다."[27] 종교의 내용을 이성적으로 번역함으로써 그 잠재적 의미를 드러내면서도 신앙이 소멸되지 않아야 한다. "철학은 탈형이상학의 형태에서도 종교를 대치하거나 몰아낼 수 없다."[28]

---

25 J. Habermas, *Nachmetaphysisches Denken*, Frankfurt 1992, 36 이하 참조.

26 Habermas, *Nachmetaphysisches Denken*, 23.

27 Habermas, *Zwischen Naturalismus und Religion*, 149.

28 Habermas, *Nachmetaphysisches Denken*, 60.

3. 세속화와 의미 분화 - 슐라이어마허와 루만

루만은 유고로 출판된 『사회의 종교』[29]에서 종교와 세속화의 관계를 재조명한다. 우선 세속화는 현대사회에서 종교가 의미를 상실한 상황을 뜻한다. 이른바 "종교의 기능 상실"[30]은 사회체계의 분화와 연관된다. 오늘날 사회는 자본주의사회, 기술사회, 위험사회, 정보사회 등으로 규정되는데, 종교적 세속사회는 여러 가지 사회 묘사 가운데 하나이다. 세속화가 분화된 사회의 한 모습으로 그려지는 한, 종교는 더 이상 보편을 독점할 수 없다. 예컨대 종교적 근본주의는 보편을 독점한다는 관점을 대변한다. 그러나 종교적 보편주의는 여러 가지 갈등을 유발한다. 갈등을 유발할 뿐 이를 해소하지 못하는 주의(主義)는 더 이상 보편의 주인이 될 수 없다. 이것은 근본주의의 현실적 한계이다.

세속화를 사회체계의 분화로 간주하는 루만에게 세속화는 개인화의 한 단면이며 개인적 결단의 사실이다. 개인적 결단으로 수렴되므로 종교는 전기(傳記)적 문제이며 개인적 사항이다. 누구든지 고유한 생각을 가질 수 있는 것처럼 서로 다른 종교와 고백을 소유한다. 개인적 체험이 종교적 확신의 최종 근거가 된다. 그러므로 개인적 체험은 서로 다르며 공약불가능하다. 개인적 체험은 곧 차이 체험이다. "종교의 진정성은 차이에서 보존된다."[31] 종교가 차이에서 보존되므로 "세속화는 종교의 [완전한] 기능 상실이나 의미 상실이 아니다."[32] 오히려 세속화는 기능적 분화의 결과이다.

---

29 N. Luhmann, *Die Religion der Gesellschaft*, Frankfurt 2000.

30 Luhmann, *Die Religion der Gesellschaft*, 284.

31 Luhmann, *Die Religion der Gesellschaft*, 295.

32 Luhmann, *Die Religion der Gesellschaft*, 301.

종교적 체험의 고유성과 차이성은 초기 낭만주의 사유로 거슬러 올라간다. 분화에 관한 한 슐라이어마허가 루만을 선취했다는 사실은 확실하다.[33] 초기 낭만주의가 종교와 예술을 같은 맥락에서 다룬 것은 체험의 고유성에 기인한다. 종교적 체험은 예술적 체험과 같이 고유하고 늘 새롭다. 예술종교(Kunstreligion)에 대한 논의도 이러한 맥락에서 나온다. 슐라이어마허의 『종교론』은 이러한 사유의 출발점이다. "종교의 본질은 사유나 행위가 아니라 직관과 감정이다."[34] "실천은 예술이요 사변은 학문이며 종교는 무한자에 대한 느낌과 취향이다."[35] 사유와 의지가 보편적 이론과 실천을 지향한다면, 느낌과 취향은 그 자체로 개별적이며 개성적이다. 사유가 추구하는 형이상학이나 의지가 만들어 내는 도덕은 보편을 대변한다. 그러나 무한자에 대한 느낌과 취향으로서의 종교는 전적으로 개인적인 것이다.

"직관은 항상 개별적인 것, 구별된 것, 직접적인 지각이며 늘 이러한 것들로 존재할 뿐 그 이상의 어떤 것도 아니다."[36] 종교적 직관은 늘 새로운 체험이므로 체험들을 결합하거나 통합하는 것은 무의미하다. 사유의 활동이 결합과 매개에 근거한다면, 직관은 그때마다 직접적으로 주어진다. 결합과 매개는 보편을 향해 나아간다면, 직접적 체험은 항상 개별적인 것으로 끝난다. 그렇기 때문에 체험주체는 늘 닫힌 개체이다. 체험을 다른 사람과 나누는 것은 쉽지 않으며 나눈다 하더라도 동일한 체험은 불가능하기 때문이다. 체험은 그때마다 차이를 낳는다. 차이의

---

33 U. Barth, *Aufgeklärter Protestantismus*, Tübingen 2004, 291 이하; A. C. Dole, *Schleiermacher on Religion and the Natural Order*, Oxford 2010, 105 참조.

34 F. D. E. Schleiermacher, *Über die Religion. Reden an die Gebildeten unter ihren Verächtern*, 최신한 옮김, 『종교론』, 기독교서회 2002, 56.

35 Schleiermacher, 『종교론』, 58.

36 Schleiermacher, 『종교론』, 62.

체험은 불연속적이며 재현 불가능하다. 차이의 의미도 독자적이다.

종교적 체험의 개별성은 지속되기보다 그때마다 다른 의미로 채워진다. 따라서 종교적 체험의 개별성은 늘 유동적이다. "모든 점이 자유롭게 세계를 표상하는 무한한 혼돈 그 자체야말로 사실 종교에 대한 최적, 최고의 상징이다. 혼돈에서와 마찬가지로 종교에서는 개별자만이 참이며 필연적일 뿐 어떤 것도 다른 것으로부터 증명될 수 없으며 또 되어서도 안 된다."[37] 증명과 결합은 인위적 구성이므로 그 결과는 보편 자체일 수 없다. 상상과 관념의 놀이가 보편을 대신할 수 없다. 중요한 것은 그때마다 실질적으로 소유하는 종교의 내용이다. 이것은 체험하는 사람이 실제로 만나고 간직하는 초월의 내용이다.

종교적 체험은 늘 새로운 체험이다. 그렇지 않다면 체험은 사이비 체험이 되며 이전 체험의 반복에 지나지 않는다. 그때마다 새롭게 초월을 직관하고 느낄 때 체험은 진정한 체험이 된다. 따라서 종교적 체험은 무한히 펼쳐진다. 인간이 신적 존재이기 때문에 무한한 체험을 하는 것이 아니다. 오히려 그때마다 새로운 체험을 함으로써 비로소 종교의 지평에 도달할 수 있기 때문에 체험은 무한히 이어진다. 이러한 체험은 초월적 의미의 무한한 분화이다. 체험이 없다면 의미의 분화도 없다. 루만은 이러한 의미에서 세속화를 "정돈행위"[38]로 표현하기도 한다. 정돈행위는 이전에 소유했던 의미의 갈무리이자 새로운 의미를 받아들이기 위한 준비운동이다.

세속화가 종교의 기능 상실이 아닌 것은 종교가 사회적 의사소통의 중요 부분을 이루기 때문이다. 루만은 개인적 체험의 의사소통도 '분

---

37 Schleiermacher, 『종교론』, 64.

38 "Aufräumaktion", Luhmann, *Die Religion der Gesellschaft*, 307.

화'의 관점에서 설명한다. 개인적 체험의 의사소통은 이 체험에 대한 긍정과 부정의 새로운 형성이라는 점에서 분화이다.[39] 종교적 체험이 개인에게서 일어나는 의미의 분화라면 체험의 의사소통은 개인과 개인 간에 일어나는 의미의 분화이다. 체험주체는 자신의 체험을 다른 사람에게서 확인하려는 욕구를 갖는다. "인간의 속성은 교제적이고 사교적이다. (…) 인간이 내적으로 산출하고 완성해 놓은 것을 자기 안에 가두어 놓는다면, 이것이야말로 가장 부자연스러운 것"이다.[40] 이러한 맥락에서 종교적 의사소통은 "동일한 의미를 생각하는 의사소통" 내지 "동감적 의사소통"이다.[41] 전달자는 자신의 체험을 타자에게서 확인하려고 하는 반면, 전달받는 사람은 자기가 알지 못하고 있는 부족을 메우기 위해 종교적 전달에 귀를 기울인다.

루만에게 종교는 의사소통적 조합과 의미이론적 조합에 나타나 있다. 의사소통의 세 요소는 정보와 전달과 이해이다.[42] 따라서 현대사회의 의사소통은 전통 철학에서 말하는 존재론적 소여의 자리를 차지한다. 전체는 존재자로 구성되는 것이 아니라 의미로 구성되기 때문이다. 사람들은 "존재와 의지에서가 아니라 의미와 이해에서 그 본성이 전적으로 융합되어 있다."[43] 존재와 의지는 다만 주어진 것인 반면, 의미와 이해는 주어진 존재와 내적으로 접촉함으로써 그 의미를 해석한 결과이다. 의사소통과 공유는 존재의 물리적 결합이나 집적(集積)이 아니라 그 내적 의미의 결속이다. 루만은 이러한 의사소통을 자기생산적인(au-

---

39 Luhmann, *Die Religion der Gesellschaft*, 296 참조.

40 Schleiermacher, 『종교론』, 153.

41 "gleichgesinnte Kommunikation", Luhmann, *Die Religion der Gesellschaft*, 297.

42 Luhmann, *Die Religion der Gesellschaft*, 44.

43 Schleiermacher, 『종교론』, 194.

topoietisch) 것으로 규정한다.[44]

　루만은 세속화를 차이와 불일치의 발견으로 본다. 종교는 뒤르케임이 말하는 바와 같은 사회 통합의 기능을 상실했으며 오히려 현대사회 분화의 한 체계로 간주된다. 사회 전체적으로 기능하는 합의는 찾기 어렵거나 아예 불가능하다. 이제까지 "합의로 사용된 것은 사람들에게 알려져 있는 임시적인 형태로 기능"할 뿐이다.[45] 이 임시적 형태는 후설의 생활세계와 일맥상통한다. 생활세계는 초월적 지평보다 현실적 지평을 대변한다. 현실은 모든 것을 통합하는 전체체계로 작동되지 않으며 기껏해야 부분체계에 따른다. 그러므로 "부분체계와 사회내적인 환경 세계는 양자가 갖는 상호관계의 사회적 중요성에 대해 합의를 형성할 수 없다. 사회체계는 체계뿐만 아니라 체계/환경-관계를 분화시킨다."[46] 사회에는 전체를 만족시킬 수 있는 우선적인 의미와 합의장치가 존재하지 않는다.

　종교에서 차이의 발견이 갖는 의미는 무엇보다 새로운 의미의 포착에 있다. 타자에 대한 지각은 자기 자신이 간직해 온 의미에 대한 성찰을 가능하게 할 뿐 아니라 이로부터 새로운 의미 추구를 추동한다. 이것은 무의미에서 의미를 찾는 길이며 동시에 기존 의미에서 새로운 의미를 찾는 길이기도 하다. 무의미와 의미, 기존 의미와 새로운 의미를 관통하는 것은 차이이다. "비신앙은 신앙의 전제이다." 이러한 차이의 반성에서 사람들은 새로운 인격을 획득한다. "종교 체계 전체는 신앙인

44　N. Luhmann, *Soziale Systeme. Grundriß einer allgemeinen Theorie*, Frankfurt 1984, 60 이하; Luhmann, *Die Religion der Gesellschaft*, 41 참조.

45　N. Luhmann, *Gesellschaftsstruktur und Semantik. Studien zur Wissenssoziologie der modernen Gesellschaft*, Bd. I, Frankfurt ²1998, 33.

46　Luhmann, *Gesellschaftsstruktur und Semantik*, 28 이하.

의 차이, 미신을 믿는 사람의 차이, 불신자의 차이를 받아들일 수 있어
야 한다."[47] 신앙은 이러한 차이 인식에서 더 강해질 수 있다.

루만에게 세속화는 차이와 불일치를 지향하는 정신 활동의 총칭이
다. 기존의 모든 경험에 새로운 의미를 대비시킴으로써 기존 세계에서
상실된 실체적 의미를 되찾으려고 한다. 이것은 차이와 불일치를 지향
하는 해석학적 규준으로 작동한다. 유한한 세계에서 나오는 차이는 역
시 유한하다. 진정한 의미는 무한한 세계에서 나와야 한다. 이것은 세
속화가 갖는 핵심 의미이다. 종교는 규정자를 무규정자에게서 정립하
는 것이라면, 교리와 같이 이미 확정된 종교적 의미와 불일치하는 새로
운 의미를 무규정자로부터 정립하는 것은 경전에 대한 새로운 해석인
동시에 새로운 의미의 산출이다. 슐라이어마허의 예료적(豫料的 divi-
natorisch) 해석과 같이 해석자가 자신을 타자로 변화시키면서 개성적
인 것을 파악하려고 할 때 새로운 의미가 등장한다.[48] 자신이 소유하고
있는 의미를 벗어날 때 새로운 의미가 발생한다.

루만은 차이 지향적 세속화를 근거 짓는 방법을 관찰자 논증에서 찾
는다. 종교는 그 자체가 초월로서 "내재적으로 발생하는 모든 것에 맞
서는 차이점"[49]이다. 실정종교는 언제나 자기 고유의 한계를 넘어설 수
있어야 한다. 이것이 가능하기 위해서는 "종교적인 것의 규정이 종교
체계의 자기관찰이라는 재귀적 망에 남겨"져야 한다.[50] "모든 관찰은 아
무런 표시가 없는 공간을 구별하는 것이며 이로부터 관찰자가 구별을

---

47 Luhmann, *Die Religion der Gesellschaft*, 317 참조.

48 F. D. E. Schleiermacher, *Hermeneutik und Kritik*, Frankfurt 1977, 최신한 옮
김, 『해석학과 비평』, 철학과 현실사 2000, 141 참조.

49 Luhmann, *Die Religion der Gesellschaft*, 307.

50 Luhmann, *Die Religion der Gesellschaft*, 309.

수행하는 것이다."[51] 제1관찰은 구별할 수 있는 것에 대한 일차적 관찰 내지 직접적 관찰이다. 제2관찰은 "관찰에 대한 관찰"로서 "생각할 수 있는 다른 모든 영향에 맞서 고상한 무관심으로 무장되어 있다."[52] 이것은 세계에 대한 거리두기이며 외적 관찰을 넘어선 내적 관찰이다. 그런데 "어떤 것이 왜 그렇게 있는지, 누구를 위해 그렇게 있는지 이해하려고 한다면 관찰자를 함께 관찰해야 한다."[53] 제1관찰이 대상의 사용 의미를 살핀다면, 제2관찰은 이 의미의 의미를 살핀다. 그러나 제2관찰의 주체, 즉 최종 관찰자를 관찰할 수는 없다. "관찰의 비관찰성은 관찰의 가능 조건"이다.[54] 비관찰성은 모든 관찰의 가능적 전제이며 모든 규정의 전제이다. 종교는 바로 이러한 관찰이다. 즉, 초월적 신성이 인간의 내재성을 관찰하는 방식인 것이다.

루만의 세속화 개념은 제2선의 관찰을 통해 제1선의 관찰이 갖는 의미를 드러내는 데 있다. 종교는 무의미를 의미로 연결시키는 다리와 같다. "종교의 문제는 의미가 어떻게 가능한가 하는 것이다."[55] 종교는 무엇이 어떤 의미를 갖는지 지시해 준다. 스스로 관찰되지 않는 관찰자는 관찰되는 대상의 의미를 보여 준다. 이 의미는 신의 절대적 문제 구조와 인간의 상대적 삶의 형식이 결합할 때 발생한다. 종교는 양자의 틈새에 자리 잡고 있다.

51 N. Luhmann, *Die Kunst der Gesellschaft*, Frankfurt 31999, 92.
52 Luhmann, *Die Kunst der Gesellschaft*, 94.
53 Luhmann, *Die Religion der Gesellschaft*, 311.
54 Luhmann, *Die Religion der Gesellschaft*, 30.
55 Luhmann, *Die Religion der Gesellschaft*, 35.

4. 세속화의 현재적 의미

서구의 세속화 현상은 외적으로 탈교회화와 탈제도화로 나타난다. 종
교 의례에 참석하는 신도가 감소하고 교회를 탈퇴하는 사람이 증가하
며 종교와 신앙에 대해 무관심한 시민의 숫자가 늘어난다. 세속화의 진
행과 더불어 모든 신성한 것들이 파괴되는 것으로 보인다. 그러나 세속
화의 진행과 더불어 종교문화가 부흥하는 경향도 있다. 종교적 계몽의
진행은 종교적 가치의 몰락이라는 일방적 결과로 끝나지 않고 종교적
가치를 새로운 모습으로 구현하려는 운동으로 나타나기도 한다.

세속화 개념은 종교적 활동과 종교적 경험을 배제하지 않는다. 특히
서구의 세속화를 단순히 탈기독교화와 동일하게 보는 것은 정확한 시
대 인식이 아니다. 탈기독교 현상이 곧 종교적 가치 태도를 포기하는
것으로 간주될 수 없기 때문이다. "우리가 세속화를 초자연적 심급과
위력에 대한 태도의 감소로 이해하고 여기서 기독교가 이러한 기본 태
도의 한 변형으로만 묘사된다면, 탈기독교화 개념은 특수한 기독교적
영향의 감소를 정확하게 이해한 것이다."[56] 기독교의 영향 감소를 곧 종
교의 소멸로 간주할 수 없으며 종교 일반이 소유하는 가치의 포기로 볼
수 없다. 오히려 오늘의 세속화는 종교의 복귀와 맞물려 있다. 종교는
현실의 삶과 뗄 수 없기 때문에 그 자체가 중요한 문화 현상이다. 이런
점에서 세속화는 기독교의 문화적 일반화로 간주할 수 있다. 현실에서
확인할 수 있는 종교적 고백의 다양한 현실은 그 자체가 종교문화 현상
이며 세속화의 현주소이다. 세속화는 종교의 소멸보다 "종교 내재적 탈

---

56 H. Klueting, ˝H. Lehmann (Hrsg.), Säkularisierung, Dechristianisierung,
Rechristianisierung im neuzeitlichen Europa. Bilanz und Perspektiven der For-
schung˝, in: *Historische Zeitschrift*, Nr. 268, 1999, 150.

신성화"[57]를 가리킨다.

　새로운 종교철학의 과제로 떠오른 세속화 문제는 양 방향의 진행을 정확하게 파악해야 한다. 첫째, 세속화는 계몽 프로젝트의 일환으로 종교를 합리성의 틀 가운데서 파악한다. 종교는 더 이상 초인간적이고 초이성적인 영역에서 인간에게 군림하는 이념이 아니다. 종교가 세속화됨으로써 현실 가운데 초월적 이념이 실현되며 인간의 현실이 질적으로 고양된다. 세속화는 초월과 현실을 통일함으로써 하늘의 뜻을 땅에 실현한다. 초월의 기준으로 변화되는 땅은 새롭게 만들어진 이성적 현실이다. 세속화의 진정한 의미는 새로운 인간의 출현에 있다. 이러한 변화는 세속화를 주도한 합리성의 긍정적 기여이다.

　그러나 세속화의 긍정적 영향에 수반되는 부정적 운동을 간과해서는 안 된다. 세속화가 세속주의로 변할 때 현실은 초월의 기준을 상실하고 모든 것은 합리성의 산물로 대치된다. 현실 가운데 육화한 신은 사라지고 인간이 신을 대신한다. 신과 함께 있던 인간은 아예 신을 배제하고 현실을 인간의 기준으로만 채운다. 이 지점이 세속화와 세속주의의 경계이다. 이 경계에 대한 의식이 소멸되면 세속화도 빛을 잃는다. 세속주의의 등장과 더불어 종교는 소멸된다.

　세속화가 종교를 철학적으로 번역하는 것이라면, 이것은 현존하는 종교에 대한 합리적 관계 설정이다. 기존의 종교가 없으면 세속화도 없으며, 합리적으로 번역할 대상도 없다. 바로 여기에 다른 관점의 세속화가 등장한다. 세속화의 둘째 의미는 종교현상의 새로운 출현과 동행하는 정신의 분화에 있다. 분화로서의 세속화는 삶의 의미의 출현과 맞

57　H. Klueting, "H. Lehmann (Hrsg.), Säkularisierung, Dechristianisierung, Rechristianisierung im neuzeitlichen Europa. Bilanz und Perspektiven der Forschung", 151.

물려 있다. 삶의 의미의 출현은 새로움의 등장이다. 세속화는 이제까지 경험하지 못한 삶의 의미를 개방한다. 새로운 의미의 개방은 내면성을 질적으로 고양시킨다. 고양된 내면성은 새로운 삶을 수행하면서 새로운 현실을 창출한다. 분화로서의 세속화는 결국 새로운 역사를 만든다.

2

현실에 대한 영원한 논박
―비판으로서의 종교철학

새로운 종교철학은 종교 속에서 현실 비판의 힘과 새로운 의미창출의 기준을 찾아내야 한다. 종교는 내면의 믿음 상태에서 출발하지만 현실의 문제를 지적하고 비판하는 데까지 나아갈 수 있다. 종교철학이 종교를 현실 비판의 주체로 파악한다면, 종교는 현실을 이끌어 주는 '반사실적 지평'으로 확인된다. 비판의 기준은 현실 속에 있다기보다 현실 너머에 존재한다. 종교는 현실을 비판하고 논박하면서 새로운 현실을 창출한다.

비판은 비판의 대상을 논의에서 배제하는 활동이 아니다. 오히려 비판은 비판 활동을 통해 대상의 진정한 모습을 드러낸다. 종교와 비판의 관계는 해석학과 비판의 관계와 유사하다. 해석학에서 비판은 이해의 짝으로서 대상에 대한 올바른 이해를 도모한다. 비판 없는 이해는 비판을 거친 이해보다 부정확하며 그 폭이 좁다. 비판과 더불어 이루어지는 이해는 이해 활동이 미치지 못한 영역까지 살피면서 대상에 대한 전면적인 이해를 가능하게 한다. 비판은 대상에 대한 역사적 이해의 제약을 확인시켜 주며 그 왜곡된 모습을 바로잡고 본래적 모습을 드러낸다.

종교철학이 비판 기능을 수행할 수 있다는 것은 종교현상에 대한 메타적 의미부여에서 가능하다. 이러한 비판은 개별종교의 교리를 중시하면서도 이것이 갖는 보편적인 의미를 반성적으로 재구성한다. 그리고 비판은 궁극적으로 현실의 변화와 인간성의 향상에 기여한다. 종교철학의 비판은 현실과 적극적으로 관계하는 종교의 초월성에 토대를 둔다. 실제로 현실과 무관하거나 현실에 관심을 갖지 않는 종교는 없다. 모든 종교는 그야말로 '역사 속의 종교'이므로 현실에 영향을 미칠수 있다. 현실에 대한 적극적인 개입은 현실 변화로 나타난다. 종교의 비판적 기능은 탈형이상학의 전통에서 더욱 돋보인다. 초월에 대한 체험이 종교현상학의 대상이라면, 종교현상에 대한 비판은 종교철학과 종교해석학의 대상이다.

1. 성스러움과 비판

종교는 잘못된 현실에 대한 비판의 중심이다. 종교가 현실을 비판할수 있는 대표적 근거는 종교가 함유하고 있는 '거룩함'에 있다. 거룩함이 현실 비판의 토대라는 주장은 무엇보다 기독교의 가르침에 연유한다. 슐라이어마허도 『종교론』에서 이 사실을 지적한다. 기독교의 거룩함은 곧 "현실에 대한 영원한 논박"이다. "도처에 무종교적 원리가 작용하고 있으며 모든 현실이 동시에 세속적인 것으로 나타났기 때문에, 무한한 거룩함이야말로 기독교의 목표이다." "바로 여기서 모든 현실에 대한 종교의 영원한 논박이 결코 완전하게 충족될 수 없는 과제로 설정된다."[1]

세상은 속된 모습이 발견되는 만큼 초월적 존재와 무관하다. 초월자와 무관한 세상은 아예 무종교적이다. 그러나 종교는 신과 무관한 세상에 대해 침묵하지 않는다. 세상 가운데 무종교의 원리가 발견될수록 종교는 더욱더 세상을 비판해야 한다. 비판의 목표는 분명하다. 무종교적인 속된 상태를 종교적인 상태, 즉 거룩함의 상태로 바꾸려는 데 있다. 거룩함을 달성하는 것은 속된 현실에 대한 비판을 필연적으로 수반한다. 현실에 대한 무조건적 긍정에서는 비판도 없으며 거룩함도 없다. 비판이 없는 세상은 아예 초월적 세계이거나 초월에 대한 희망이 없는 세상이다. 그러므로 거룩함은 온전한 현실에 대한 준거이자 이를 가능하게 하는 동력이다.

구약성서에서 거룩함은 신의 절대타자성, 즉 분리와 구별됨을 뜻한다. 거룩함은 인간과 세상의 속됨과 구별되는 신의 특성이며 신의 소유이다. 신은 권능과 영광으로 계시되는데 이러한 신과 관계하는 것이 바로 거룩함으로 불린다. 신약성서에서도 거룩한 영, 성령은 신의 '한' 위격이면서 동시에 신의 부름을 받은 존재를 뜻한다. 신의 부름을 받고 그의 계명을 지키는 존재는 거룩하다. 거룩함은 신의 속성이자 신과 관계 맺는 존재의 속성이다.[2] 칸트는 거룩함을 '도덕법칙에 전적으로 부합하는 마음씨'로 규정하며, 괴테와 헤겔은 '모든 영혼을 통합하는 존재'로 규정한다.[3] 슐라이어마허는 거룩함을 "구원이 필요한 상태에 있는 인간의 총체적 삶 속에 양심을 정립하는 신적 원인

---

1 Schleiermacher, *Über die Religion.* 『종교론』, 241.

2 *Historisches Wörterbuch der Philosophie*, Bd. 3, Basel/Stuttgart 1973, Artikel: 'Heilig' 'Heiligkeit', 1034 참조.

3 *Historisches Wörterbuch der Philosophie*, Bd. 3, 1035 참조.

성"[4]으로 표현한다. 루돌프 오토에게 "거룩함은 [종교적] 느낌과 선험적 범주를 통해 이성적인 것으로 풀이되고 전달되는 신성 체험의 표현"[5]이다.

거룩함은 인간이 신과 접촉하고 그를 내적으로 체험할 때 알려진다. 그러나 종교적 체험을 통해 거룩함을 추구한다 하더라도 인간의 거룩함은 신의 거룩함과 같을 수 없다. 거룩함과 세속이 구별되는 것처럼 신의 거룩함과 인간의 거룩함은 구별된다. 신의 완전한 거룩함과 신으로부터 부여받은 인간의 거룩함은 같을 수 없다. 그럼에도 중요한 것은 인간 가운데 거룩함의 가능성이 주어져 있으며 이를 통해 속됨을 극복할 수 있다는 사실이다. 근대 이후의 전통에 따를 때, 거룩함의 가능성은 인간의 내면에 양심으로 주어져 있다. 양심은 도덕과 가치의 원동력일 뿐 아니라 세속을 비판하고 속됨과 거룩함을 통합하는 힘이다.

거룩함의 체험은 두려움과 황홀로 이루어진다. 두려움은 놀라움으로 연결되며, 황홀은 매혹적인 끌림으로 이어진다. 그래서 두 느낌 간의 긴장은 인간을 더욱더 종교적으로 만든다. 거룩함의 체험은 인간을 신과 친숙하게 만드는 동시에 일정한 간격으로 그와 멀어지게 한다. 이러한 긴장이 없을 때 거룩함의 체험은 신앙인을 광신도로 만들 수 있다. 진정한 긴장의 체험은 신앙인의 내면을 거룩하게 형성하며, 이 형성은 그를 둘러싸고 있는 세속의 현실을 새롭게 형성한다. 인간의 거룩함은 세속적 현실을 변화시킬 수 있는 원동력이다.

인간에게 거룩함은 신과의 체험적 만남에서 시작한다. '거룩함의 이

---

4 Schleiermacher, *Der christliche Glaube. Nach den Grundsätzen der evangelischen Kirche im Zusammenhange dargestellt*, Berlin 1960, §83.
5 천영숙, 「"거룩함"의 의미에 관한 고찰」, 『한영논총』, 제11호, 한영신학대학교 2007, 13.

념'을 거론할 수 있지만 이는 체험을 통해 비로소 확인된다. 신의 거룩함은 인간이 체험하기 전까지 일반적인 것에 지나지 않는다. 일반적인 것은 개인에게 추상적이다. 추상적인 것은 사람을 변화시키지 못하며 세상을 바꿀 수도 없다. 신과의 만남을 통해 추상적인 것이 구체화될 때, 체험하는 개인이 바뀐다. 변화된 개인은 잘못된 현실을 단숨에 파악하며 이를 비판하는 데까지 나아간다. 이런 점에서 현실에 대한 종교의 논박은 결코 이론적인 것이 아니며 인위적인 틀 속에 제한된 것이 아니다. 거룩함의 체험은 생생한 삶 속에서 발생한다. 그리고 이 삶은 현실을 향해 모든 방향으로 열린 새로운 삶을 요구한다.

거룩함의 특징은 분명히 구별된 것에 있다. 그러나 거룩함의 체험에서 거룩함과 속됨의 구별은 사라진다. 신의 거룩함이 인간의 속됨을 거룩하게 만들어 주기 때문이다. 거룩함과 속됨은 결코 화해할 수 없는 대립자가 아니다. 구별되고 분리되어 있는 성과 속은 거룩함의 체험을 통해 인간의 삶 가운데 함께 들어올 수 있다. 거룩함과 속됨의 통합은 이성적으로 파악할 수 없지만 초이성적으로 접촉할 수 있는 것이 세속적인 것과 통합되는 것이다. 이 둘의 공존은 곧 신비이다. 그러므로 거룩함은 인간을 초월해 있는 동시에 인간 가운데 내재해 있다.

거룩함이 갖는 통합과 화해의 힘은 거룩함과 폭력의 관계에서 잘 드러난다. 폭력이 폭력을 부르는 현실에서 볼 때 폭력은 분열과 대립의 대명사이다. 그러나 종교는 분열과 대립의 현실을 새로운 통합으로 이끈다. 종교가 갖는 거룩함은 폭력을 배제하고 이와 대립하는 것이 아니라 폭력을 끌어안으면서 종교 안에 통합시킨다. 거룩함이 폭력을 끌어안는다는 것은 폭력에서 발생하는 희생을 자기 안에 통합시킨다는 것을 뜻한다. 희생은 폭력에 의해 발생하는 결과로 그치는 것이 아니라 오히려 폭력을 감싼다. 여기에 희생의 종교적 의미가 있다. 그리고 희생의 의미는 곧 거룩함과 통한다. "희생은 폭력을 자체 안에 통합시킨다. 피안에 있는 거룩함인 희생은 이제 폭력을 세속적인 삶의 영역에서 떼어 낸다."[6] 이것은 르네 지라르의 폭력 이론[7]에서 나온 말이지만 거룩함과 폭력의 관계를 압축적으로 보여 준다. 폭력이 거룩함 가운데 통합될 때 현실적 폭력과 희생의 우연성은 사라진다. "인간 자신의 폭력은 … 거룩함의 마음과 영혼을 형성한다."[8] 이러한 표현을 통해 지라르는 폭력과 거룩함의 필연적 관계를 설명한다.

2. 종교의 초월성에서 나오는 비판의 힘

종교의 비판 능력은 무엇보다 초월적 특성에서 나온다. 실정종교는 현실 가운데 존립하지만 현실의 지배를 받지 않는다. 오히려 현실을 넘어서기 때문에 실정종교는 현실을 비판할 수 있다. 그러므로 초월의 능력을 상실한 종교는 더 이상 종교가 아니다. 종교현상이 실재한다 하더라도 초월의 힘을 상실한 실정종교는 더 이상 종교가 아니다. 그것은 삶의 기이한 단면에 지나지 않는다. 종교에 대한 대중(大衆)의 반감은 대부분 잘못된 현실과 구별되지 않는 종교현상에 기인한다. 이것은 종교현상에 대한 실망으로 나타나는 동시에 종교 자체에 대한 불인정으로 귀결된다. 그렇지만 종교는 초월성을 회복하고 타락한 현실을 비판할

---

6 J. Dierken, "Gott und Gewalt. Ethisch-religiöse Aspekte eines zentralen Phäno-mens von Vergesellschaftung", in: J. Dierken, Selbstbewußtsein individueller Frei-heit, Tübingen 2005, 438.

7 René Girard, La Violence et Sacré, 『폭력과 성스러움』, 민음사 1993 참조.

8 J. Dierken, "Gott und Gewalt", 438.

때 본연의 지위를 회복할 수 있다.

종교의 초월성은 양면성을 갖는다. 현실을 완전히 넘어서는 초월이 있으며, 현실 속에서 현실을 변화시키는 초월이 있다. 여기서 절대타자로서의 신과 육화(肉化)한 신이 구별된다. 현실을 완전히 넘어서는 초월은 초월적 존재 자체의 문제이자 그 속성에 대한 물음이다. 예를 들어 기독교의 '내재적 삼위일체론'이 여기에 해당한다. 세계를 창조하기 전의 신에 대한 물음도 마찬가지이다. 그런데 초월적 존재가 진정으로 초월성을 소유하려면 그 자체 안에 현실적 존재를 포함해야 한다. 그렇지 않는 한 초월적 존재는 현실적 존재와 대립하면서 그를 자기와 다른 존재로 받아들여야 한다. 이것은 결국 초월성의 결핍으로 귀결된다. 헤겔의 '잘못된 무한자'(das schlechte Unendliche) 개념은 이러한 사실에 대한 정확한 지적이다.[9]

육화한 신, 현실 속의 신은 잘못된 현실을 비판한다. 신과 세상, 초월과 현실의 비대칭을 바로 잡으려는 노력은 비판으로 나타난다. 그러므로 종교의 비판은 잘못된 현실을 잘라 내려는 '배제하는 비판'이 아니다. 그것은 잘못된 현실을 초월적 기준으로 바로 잡으려는 '치유하는 비판'이다. 종교의 힘은 바로 여기에 있다. 현실 가운데 자생적으로 등장하는 비판은 초월적 기준의 결핍 때문에 한계에 부딪친다. 이 비판은 순환의 늪에 빠지거나 불완전한 비판으로 끝날 수 있다. 현실에서 나오는 비판은 대등한 반론을 피할 수 없기 때문이다. 이에 반해 종교의 비판은 초월적 기준의 도움으로 잘못된 현실을 올바른 현실로 바꾼다. 그러므로 종교의 현실 비판은 애당초 전체존재의 관점에서 출발한다. 그것은 파당적일 수 없으며 일면적일 수 없다.

---

9 G. W. F. Hegel, *Wissenschaft der Logik I*, Frankfurt 1970, 163.

초월적 기준에서 나오는 비판은 올바른 현실과 잘못된 현실을 구별하는 데서 출발한다. 현실의 잘못은 초월에 비추어 볼 때 적나라하게 드러난다. 비판은 잘못된 현실을 '위기'로 진단한다. 위기는 파국의 현실과 회복의 현실 사이에 놓여 있는 갈림길이다. 사람들은 현실에서 위기를 느낄 때 이 위기를 극복하고 치유할 수 있는 방법을 모색한다. 위기의식은 비판의식과 함께 간다. 현실만을 바라보는 시선에서는 위기가 위기로 진단되지 않는다. 위기에 대한 올바른 진단은 현실 초월적 시선을 요구한다. 이것은 종교의 비판 기능에 대한 요구이다. 이러한 요구에 대한 응답은 결국 현실을 변화시키는 의식운동으로 이어진다.[10]

종교가 수행하는 현실 비판은 생명력의 추구에서 나온다. 비판의 대상이 생명력을 상실한 현실이라면, 비판의 지향점은 생명력을 회복한 현실이다. 현실의 생명력이 중요한 이유는 생명력이 곧 초월의 특성이기 때문이다. 진정한 초월성은 그 자체 안에 생명력을 지니며 모든 존재자들에게 생명력을 불어넣는다. 생명력을 상실한 초월성은 형용모순이다. 초월을 흉내 내는 사이비종교는 자체 안에 생명력이 없을 뿐아니라 그것과 관계하는 현실에서 오히려 생명력을 박탈한다. 그렇기 때문에 종교가 사이비일수록 신앙인들에게 비판을 금지하며 무조건적 복종을 요구한다. 이와 같은 일방통행은 유기체적 생명력에 역행한다. 종교에서 비판을 찾아볼 수 없다면 그 종교의 생명력 역시 찾을 수 없다.

---

10   비판의식의 표현은 사회적 문화운동으로 이어진다. "비판적 문화운동은 이러한 위기를 의식화하고 이를 타개하기 위한 방법을 제시하거나 아예 현재가 왜 위기인지를 밝히는 운동"이다. 김동규, 「비판적 문화운동과 철학적 비평의 가능성」, 『사회와 철학』, 제16호, 2008, 14.

비판을 부정적으로 보는 것은 그 자체가 부분적 관점이며 제한적 관점이다. 비판은 부분의 잘못을 전체의 관점에서 지적하는 것이며, 이로써 부분의 잘못을 교정하고 전체를 회복한다. 비판의 부정성은 전체의 긍정성을 위한 필수적인 과정이며 매개이다. 비판의 부정성은 그 자체가 전체의 생명력을 강화하는 운동이다. 그러므로 비판에 대한 부정은 전체의 생명력을 마비시키는 부정인 반면 비판에 대한 긍정은 상실된 생명력을 회복시키는 긍정이다. 비판의 부정성은 현실의 긍정성을 창출하는 원동력이다. 비판을 두려워하고 틈날 때마다 이를 매도하는 종교는 이미 종교의 본령을 벗어난 것이다. 엄밀히 말하면 이것은 종교라기보다 전체 위에 군림하려고 하는 세상의 세력에 불과하다. 종교가 세상 세력을 흉내 낸다면 그것은 이미 사이비종교이거나 종교의 탈을 쓴 세상 권력에 지나지 않는다.

현상학적인 의미에서 "초월은 의식구조 가운데 자리 잡고 있는 능력, 즉 현재 지각 조직 가운데 실질적으로 존재하지 않는 것을 경험할 수 있는 능력을 가리킨다."[11] 과거의 기억을 떠올린다거나 현재 속에 미래를 전제하는 것이 이러한 초월에 해당한다. 생활세계를 분석하는 것은 우선 일상을 드러내는 것이지만 일상을 벗어날 때 초월과 접촉할 수 있다. 일상에서는 환상이나 종교, 꿈이나 예술 같은 영역이 사라지는 반면, 초월을 경험할 때 이러한 세계가 열린다. 일상을 벗어나 이상 세계 및 종교와 접촉할 때 초월은 현실이 된다.

종교를 삶의 영역으로 확대하면 비판으로서의 종교는 문화종교의 비판 기능으로 나타난다. 문화에 국한해서 본다면, "비판적 문화운동은 특정한 작품이나 콘텐츠의 생산뿐 아니라 작품이나 작가의 의미를 그

---

11 I. U. Dalferth, Ph. Stoellger, *Hermeneutik der Religion*, Tübingen 2007, 154.

리고 그것의 생산방법을 정치화하는 것이다."[12] 비평가는 일상 속에서
비일상적 일상을 찾아내고 이에 대해 비판적인 관점을 갖는 사람이다.
하버마스에게 비평가는 생활세계 속에 있는 참여자의 관점을 갖는 사
람인 동시에 생활세계의 위기를 의식하고 이를 전달하는 사람이다.[13] 종
교문화의 역할은 문화 일반의 역할과 마찬가지로 일상 속에서 비일상
성을 발견하고 그 위기를 전달하는 데 있다. 일상에 빠져 있을 때는 일
상의 비일상성과 위기를 발견할 수 없다. 일상을 벗어나서 일상 위에
설 때, 초월과 메타의 차원에서 잘못된 현실이 발견되며 이를 비판할
수 있다. 위기의 발견과 비판은 새로운 현실의 시작이다.

3. 종교적 비판과 전체존재의 회복

종교가 철학과 더불어 전체존재를 대변한다면 종교는 세속의 부분으로
축소될 수 없다. 그러므로 종교는 축소된 것에 만족하는 종교현상에 강
하게 맞서야 한다. 종교가 세속의 부분으로 강등된 것은 종교 외적인
영향에 기인하는 동시에 종교 내적인 타협에 원인이 있다. 종교 외적인
영향은 세속화의 과정과 무관하지 않지만 종교 내적 타협은 세속주의
에 빠진 현실 종교의 적나라한 모습이다. 진정한 의미의 세속화를 이룩
했다면 종교 밖의 세력이 종교를 무시할 리 없다. 진정한 세속화는 종
교적 초월의 현실적 실현이기 때문이다. 하늘의 뜻이 땅에 이루어지는
세속화에서 전체 영역이 손상당할 이유가 없다. 그러므로 세속의 부분

---

12 김동규, 「비판적 문화운동과 철학적 비평의 가능성」, 11.
13 김동규, 「비판적 문화운동과 철학적 비평의 가능성」, 22 참조.

으로 강등된 종교는 종교 본연의 초월을 망각하고 세속의 틀에 안주한 종교에 불과하다. 종교가 세속의 기관으로 만족하고 여타의 기관들과 타협할 때 종교는 더 이상 세속을 변화시킬 수 있는 힘을 갖지 못한다. 종교 본연의 비판은 잘못된 현실에 대한 비판과 더불어 초월을 망각한 현실 종교에 대한 비판이다.

결국 비판으로서의 종교는 상실된 전체 영역의 회복을 목적으로 한다. 세속의 현실은 애당초 전체존재를 파악할 수 없다. 인간은 무한한 존재와 관계할 수 없다는 현대철학은 전체존재로 나아가려는 현대인을 가로막고 있다. 인간은 유한한 존재이지만 무한성과 관계하려는 성향을 가지고 있으며 끊임없이 전체존재에 대해 물음을 제기한다. 그러나 유한성의 사유는 인간을 부분존재에 묶어 놓으며 전체존재에 대한 접근을 원천적으로 봉쇄한다. 무한성을 상실한 현실에 대한 비판은 전체 존재의 회복에 대한 요구이다. 전체존재의 회복은 부분과 유한성에 매몰되어 있는 현실을 새로운 현실로 바꿀 수 있다. 비판은 비판의 대상을 잘라 내는 부정적 활동이 아니라 그것을 더 높은 차원과 연결시키는 생산적 활동이다. 변화된 시대의 종교는 비판을 통해 현실의 정신적 영토를 확대한다.

현실 가운데 정신적 영토를 확대하는 종교는 피안을 추구하는 종교가 아니다. 종교가 비판을 수행하는 한 그것은 세상 속에서 활동한다. 피안에 몰두하는 종교현상이 무의미한 것은 아니지만 그것은 종교 본연의 과제를 망각하고 있다. 이러한 현상은 오늘날 한국사회에서 쉽게 확인된다. 상당수 신앙인이 종교를 현실의 도피처로 생각하기 때문이다. 그러므로 "탈역사적 피안 종교에서 세상 한 복판에서의 초월 종교에로"[14]

---

14 김경재, 「종교는 과연 필요한가? - 현대사회의 종교무용론에 대한 타당성과 부당

나아가야 한다는 요구는 타당할 뿐 아니라 절실하다. 세상과 현실 속으로 들어가는 종교는 시대를 변화시키지만 피안을 추구하는 종교는 현실의 삶과 무관할 수 있다. 그러므로 종교가 비판적 기능을 수행하려면 피안과 차안(此岸)을 구별하는 이분법에서 벗어나야 한다.

피안과 차안을 구별하면서 차안에서 피안을 희구하는 종교는 '불행한 의식'을 낳는다.[15] 현세에서 내세를 바라기만 한다면 현세는 영원히 내세에 도달할 수 없다. 비판의 힘을 갖는 종교는 내세의 힘이 현세 가운데서 작용하는 것이어야 한다. 비판은 현세 속에 작용하면서 현세를 새로운 모습을 바꿀 수 있을 때 진정한 비판이 된다. 비판은 옳음과 옳지 않음을 가르는 힘과 능력이지만, 옳지 않음의 '바깥에서' 옳음의 잣대를 사용하는 활동성이 아니다. 오히려 옳지 않음 '가운데서' 옳음의 기준과 내용을 펼침으로써 옳지 않음을 옳음으로 옮겨 놓는 활동이다. 그렇기 때문에 비판은 때로 현실로부터 반(反)비판 받을 수 있으며 이를 통해 비판 활동 자체를 재조명할 수 있다. 현실 속의 종교는 자기 가운데 현실을 비추면서 자신의 실상을 재확인할 수 있다.

계몽주의 '이후' 또는 세속화 '이후' 시대에서 종교철학은 단순히 전통 종교의 해체와 '신의 죽음' 담론에 머물지 않는다. 특히 '비판으로서의 종교'를 강조할 때 '종교 해체'라는 주제는 어울리지 않는다. 이미 해체된 종교는 비판을 수행할 수 없으며, 초월적 세계와 신이 사라져 버린 곳에서 비판의 동력을 찾아낼 수 없다. 종교의 비판적 능력은 결국 새로운 모습의 종교에서 출발한다. 종교를 거론하는 한 초월성은 결코 포기될 수 없다. 새로운 모습의 종교에서도 초월성은 종교의 알파

성의 고찰」, 『종교문화학보』, 제5집, 2008, 29 이하 참조.

15 Hegel, *Phänomenologie des Geistes*, '자기의식' 장 참조.

와 오메가이다. 다만 이 초월성은 신앙인 위에서 지배하는 초월성이 아
니라 그를 늘 새로운 세계로 이끌어 주는 도움과 배려의 초월성이다.
신앙인 내면에서 활동하는 내재적 초월성은 인간의 변화된 삶으로 나
타난다. 신은 인간이 알 수 없는 피안에 존재하지 않는다. "신의 피안은
우리의 인식능력의 피안이 아니다." "신은 우리 삶의 한복판에서 피안
으로 존재한다."[16] 이 피안은 우리의 인식능력 안에서 의식되는 초월이
므로 문제의 삶을 새로운 삶으로 이끌어 준다. 새로운 삶은 문제의 삶
을 비판하는 초월성 덕분에 가능하다. "피안은 차안과 현세의 능력이
된다."[17] 나 가운데 피안으로 존재하는 초월적인 힘이 나의 실존 상태를
점검하고 비판함으로써 나는 그 힘의 도움으로 새로운 실존 상태를 획
득할 수 있다.

계몽된 인간은 자기 인식을 통과하지 않은 그 어떤 것도 인정하지 않
는다. 자기 인식의 틀로 들어오지 않는 실체, 자기와 관계하지 않는 힘
은 애당초 받아들여지지 않는다. 초월에 대한 언급이 있다 하더라도 이
초월이 인간의 삶과 연관되지 않는 한 별다른 의미를 갖지 못한다. 초
월자에 대한 그 어떤 수사(修辭)도 인간의 삶과 무관할 경우 이것을 말
하는 사람은 정직하지 않으며 정당하지 않다. 그러므로 인간 삶의 변화
는 인간 스스로 관계할 수 있는 초월에 의해서만 가능하다. 초월과의
관계는 자기관계의 중요한 형태이며, 이러한 초월적 관계에서 새로운
자기가 탄생한다. 자기 속에서 형성된 초월적 관계는 기존의 자기에 대
한 비판적 관계이다. 그리고 이러한 비판 관계를 통해 새로운 자기가

---

16 D. Bonhoeffer, *Widerstand und Ergebung. Briefe und Aufzeichnungen aus der
Haft*. Hrsg. von Gremmels/Bethge/Bethge. [= Dietrich Bonhoeffer Werke. Achter
Band.] Gütersloh 1998, 533.

17 J. Dierken, *Selbstbewusstsein der individuellen Freiheit*, Tübingen 2005, 87.

형성된다. 자기 내적 초월관계는 비판의 근본관계이다.

성숙했다고 자부하는 인간에게 자기 변화와 자기비판을 요구하는 것은 쉽지 않다. 성숙한 인간을 미성숙의 인간으로 되돌리는 것은 애당초 불가능하다. 그러나 계몽과 성숙에 역행하는 일은 현실 가운데 언제든 일어날 수 있다. 그럼에도 이러한 역행은 당사자에게 결코 용인되지 않는다. 미성숙한 인간으로 돌아가려고 하는 성숙한 인간은 존재하지 않는다. 인위적인 역행은 그 자체가 비인간적이다. 그러므로 성숙함을 의식하고 있는 인간의 변화는 외적 강제력보다 내적 운동력에 의해서만 가능하다. 계몽된 인간의 변화는 내적인 운동력에 의해서만 성취될 수 있다. 종교가 수행하는 비판은 이러한 내적 운동의 동인이다.

4. 종교적 비판과 새로움의 창출

종교의 참 이름은 초월이다. 진정한 초월은 사이비 초월을 비판할 뿐 아니라 현실에 매몰된 삶을 비판한다. 종교의 비판은 정의롭지 못한 세계에 대한 비판이다. 잘못된 세계에 대한 비판은 이 세계 너머의 삶을 지시한다. 이러한 비판은 그 자체가 반사실적(kontrafaktisch)이다. 잘못된 사실을 부정하면서 그것에 맞서는 것이다. 비판은 부정의 운동이다. 이로써 비판은 새로운 지평을 제시할 수 있으며 이 지평에서 새로운 삶을 가능하게 한다. 새로운 삶은 자연의 인과성을 가로지른다. 인간은 한편으로 자연의 인과성을 따르지만 다른 한편으로 이 인과성을 넘어서는 자기관계의 주체이다. 비판하는 인간은 자연주의적 인과성을 뛰어넘는 정신의 주체이다. 그는 비판을 통해 기존 삶의 의미 체계를 흔들어 놓으며 새로운 의미를 지시한다. 비판하는 인간이 서 있는 지반

은 초월자이며 그의 영원한 인격이다. 그러므로 종교의 비판은 인간학적 비판과는 근본적으로 다르다.[18]

종교의 비판은 종교적 이성의 탐색 활동이다. 종교적 이성의 활동은 신과 관계하는 인간의 자기관계이므로 이미 유한성과 개별성의 테두리를 넘어서 있다. 그러므로 탈현대가 수행한 종교적 초월에 대한 비판은 종교의 비판에 미치지 못한다. 탈현대는 종교와 철학의 무한성을 비판함으로써 인간중심주의와 절대적 자연주의에 도달했다면, 종교의 비판은 유한성의 악순환을 끊고 삶에 새로운 의미지평을 제시한다. 인간은 신적 관계를 부정함으로써 더 많은 자유를 얻은 것이 아니라 오히려 자유를 가능하게 해 주는 원동력을 상실했다. 종교의 비판은 이렇게 왜소해진 자유에 대한 비판이기도 하다.

이와 동시에 "종교는 전적으로 의미의 해명"이다.[19] 밝혀진 의미는 항상 새로운 의미와 연관되며, 기존 의미는 새로운 의미에 의해 비판 받는다. 종교가 밝히는 의미는 이러한 비판의 연쇄를 통해 살아 있는 의미가 되며 삶을 변화시킬 수 있다. 이러한 의미는 종교의 근본관계에서 유래한다. 이 관계는 유한과 무한, 자기성과 타자성, 다수성과 단일성 사이의 관계이다. 자기중심적이며 유한한 인간의 변화는 오로지 양자간의 긴장을 통해 가능하다. 보다 정확하게 말하면 근본관계를 이끌어가는 주체는 무한자이며, 유한자를 변화시키는 힘도 무한자이다. 그러므로 신은 잘못된 인간에 대한 비판을 위해 요구된다. 인간 가운데 현존하는 신이 인간을 비판하는 정도에 따라 인간은 그때마다 의미의 깊

---

18 '종교에 대한 비판이 모든 비판의 전제' 라는 마르크스의 언명은 인간학적 비판의 대명사이다.

19 D. Henrich, "Religion und Philosophie — letzte Gedanken — Lebenssinn", 224; U. Barth, *Religion in der Moderne*, Tübingen 2003 참조.

이를 체험한다. 내 안에 있는 신을 나와 다른 존재로 확인할 때마다 나는 삶의 의미를 새롭게 확인한다. 그러므로 "비판은 종교 자체의 내적 계기이다."[20]

종교의 비판적 힘은 슐라이어마허의 창조 신앙과 죄의식에서도 파악할 수 있다.[21] 기독교의 창조 신앙은 우주론이라기보다 신이 인간을 창조했다는 신앙고백이다. 신이 인간을 창조했다는 사실에 대한 신앙은 '유한한 존재가 일자 존재의 부분'이라는 사실에 대한 신앙이다. 슐라이어마허의 창조론은 신의 창조가 세계의 보존(Erhaltung)과 맞물려 있다는 사실을 강조한다. 창조론은 섭리론과 뗄 수 없다. "개별적인 사물의 창조는 유의 보존과 다르지 않다." 인간 "유의 보존은 동시에 우리가 부분으로서 전체 가운데서 살게 되는 보존"이다. 그러므로 "천체의 창조도 유한한 존재 그 어딘가에 주어져 있는 형성하는 힘의 보존으로 간주될 수 있다." 신은 피조물 가운데 들어 있는 힘으로 그를 보존하며, 이 힘은 이전에 없었던 새로운 활동성으로 나타난다. "이런 새로운 활동성은 개별자 가운데서 일어나는 새로운 창조로 간주될 수 있다."[22]

창조 신앙은 인간의 "유한한 존재 의식"[23]이며 동시에 인간 가운데 주어져 있는 새로운 힘에 대한 의식이다. 내면에서 늘 새로운 힘을 의식하는 인간은 자연의 인과관계를 벗어나 신에 대한 관계를 소유한다. 이러한 종교적 자기관계를 통해 사람들은 그때마다 삶에 대한 새로운 관점을 가질 수 있다. 삶에 대한 새로운 관점은 이전 삶에 대한 비판이다. 이것은 이전의 자기에 대한 거리두기에서 나온다. 비판은 자기 안에서

---

20 J. Dierken, *Selbstbewusstsein der individuellen Freiheit*, 86.

21 Dierken, *Selbstbewusstsein der individuellen Freiheit*, 84 이하 참조.

22 Schleiermacher, *Der christliche Glaube*, §44. 1, 『기독교신앙』, 197.

23 Schleiermacher, *Der christliche Glaube*, §50. 1, 『기독교신앙』, 211.

자기와 거리를 두는 것, 즉 자기 내적 거리 유지이다. 자기 내적 거리 유지는 자기 자신에 대한 반성 활동으로서 자신의 판단을 메타적으로 점검한다. 이러한 비판은 칸트가 말한 이성의 자기비판과 같다. 더 나아가 비판은 비판 주체 및 비판 대상과 무관한 사실의 원형에서 유래하는 척도를 요구한다.[24] 철학적 비판이 반성을 통해 존재의 진리에 도달하려고 한다면, 종교적 비판은 신에게 다가가는 갱신의 도정이다.

비판과 갱신은 '죄의식'을 통해서도 일어난다. "죄는 인간의 의지에 토대를 두며 보다 정확하게 말해서 인간의 자유의지에 토대를 두고 있다."[25] 의지의 자유는 양면성을 지닌다. 자유는 외적인 요구를 부정하고 삶의 독자적 중심을 형성하는 긍정성을 갖는 동시에, 자유로운 선택이 신의 의지에 적대하는 부정성을 갖는다. 자유의 긍정성에서 인간의 독자적 인격성이 나오는 반면, 그 부정성에서 죄가 나온다. 그러므로 죄의식은 죄와 자유의지의 통일이다. 더 나아가 죄의식은 "완전한 자기의식의 본질적인 구성 부분"이다.[26] 구원과 은총을 얻은 사람에게도 죄의식은 철저하게 자기의식적인 것으로 남아 있다. 철학과 신학의 전통에서 죄의식을 양심과 연결시켜 온 것도 죄의식의 자기의식적 특성을 보여 주는 실증이다.

죄의식의 자기의식적 특성은 곧 대자적 특성이다. 대자(fürsich)는 자기 자신을 대면하는 상태를 뜻하므로, 죄의식은 애당초 자신에 대한 거리두기이다. 죄의식은 직접적인 충동과 욕구에 대해 거리를 두기 때문에, 죄로 귀결된 행위는 그 어떤 경우에도 우발적인 것으로 용인될 수 없다. 죄의식이 있기 때문에 사람들은 자신의 행위를 사전에 점검할

24 Hegel, *Kritisches Journal der Philosophie*, GW. Bd. 4, Hamburg 1968, 117 참조.
25 Schleiermacher, *Der christliche Glaube*, §103. 3, 『기독교신앙』, 438.
26 Schleiermacher, *Der christliche Glaube*, §91. 1, 『기독교신앙』, 363 이하.

수 있다. 행위에 대한 사전 검열로서의 죄의식은 선행이나 악행으로 귀결된다. 양자는 죄의식이 자유롭게 선택한 결과이다. 따라서 긍정적 죄의식은 신의 의지에 맞서는 자기의식을 비판하고 자신을 새롭게 결단한다. 반면 부정적 죄의식은 자기의식을 욕구 충족의 확장 수단으로 사용한다. 결국 죄의식은 종교가 갖는 비판적 힘의 원천이다.

5. 종교적 비판과 구원

비판이 자기관계 내지 자기 내적 거리 유지에서 비롯된다면, 이것은 종교에서 가장 특징적인 모습으로 나타난다. 종교적 자기관계는 초월적 존재의 도움으로 이루어지는 내면성의 변화로서 궁극적으로 '구원'을 지향한다. 비판을 '현실에 대한 영원한 논박'으로 규정한다면, 여기서도 논박과 비판은 궁극적으로 구원의 상태를 목표로 한다. 구원은 문제의 현실과 극복해야 할 사실을 비판하지 않고는 달성될 수 없다. 일반적으로 구원은 "삶의 억제가 지양되고 보다 나은 상태가 성취되는 것을 의미"한다. 슐라이어마허는 이러한 이해를 넘어서서 구원을 "대립의 지양"으로 간주한다.[27] 대립은 감각적 자기의식과 경건한 자기의식의 대립이다. 감각적 자기의식에서는 자기관계가 독자적으로 일어나는 반면, 경건한 자기의식에서는 신에 대한 의존관계가 나타난다. 그러므로 구원은 신을 망각한 자기중심적 삶에 대한 참회이며 신을 향한 성화(聖化)이다.

　구원을 '보다 나은 상태의 성취'라고 규정한다면 구원은 애당초 삶

---

27 Schleiermacher, *Der christliche Glaube*, §18. 3, 『기독교신앙』, 107.

의 방향성을 포함한다. 구원이 필요로 한 삶은 무엇인가 충족되지 않은
삶 내지 문제를 안고 있는 삶이라면, 구원이 성취된 삶은 더 이상 문제
가 없는 삶이다. 문제 있는 삶에서 문제없는 삶으로의 이행은 확실하게
구별되는 두 영역의 삶이 있다는 사실을 토대로 한다. 두 영역 사이에
긴장이 있을 때 삶은 방향성을 갖는다. 비판은 이러한 긴장에서 나오는
동시에 이 긴장을 해소할 수 있다.

비판 없는 구원은 불가능하거나 무의미하다. 비판의 활동이 결여되
어 있는 만큼 구원의 의미도 퇴색하기 때문이다. 치열한 자기관계 없이
획득한 구원은 공짜 상품처럼 무가치하다. 비판은 '보다 나은 상태'를
가능하게 하는 힘이기는 하지만 그 자체가 구원은 아니다. 종교적 비
판은 구원에 이르는 길을 닦는다는 의미에서 하나의 방법일 수 있다.
여기서는 구원의 목표와 이 목표에 이르는 방법이 구별된다. 이와 더불
어 비판은 그때마다 구원의 내용을 보여 주기 때문에 전체 구원의 한
부분이다. 오늘의 구원을 삶 가운데 소유하지 못한 사람은 내일의 구원
을 소망하기 어렵다. 이러한 의미에서 종교적 삶은 구원의 지속적 체험
이다.

비판에 따른 체험의 역동성에 따라 종교가 구별된다. 종교마다 구원
의 상태가 다르다. 구원이 미결정으로 남아 있는 종교가 있으며 확고한
이념으로 주어진 종교도 있다. 기독교에는 구원의 목적론적 방향이 확
고하게 서 있다. 모든 구원은 그리스도의 활동으로 환원된다. 그런데
"기독교에도 그리스도에서 도출되는 모든 개인의 구원의 영향, 즉 개인
이 다른 사람에게 미치는 하부적인 구원의 영향이 없을 수 없다."[28] 하
부적인 구원의 영향은 비판에서 나온다. 비판 없이 구원이 없다는 것은

---

28 Schleiermacher, *Der christliche Glaube*, §18. 3, 『기독교신앙』, 109.

개인과 공동체의 역할 없는 구원이 무의미하다는 사실을 뜻한다. 비판
은 구원의 현실성과 역사성을 분명하게 드러낸다.

　비판을 통한 구원의 현실성을 논할 때 종교 소멸에 대한 논의는 더욱
빛난다. 슐라이어마허는 『종교론』에서 기독교의 몰락 가능성에 대해 언
급한다. "인간적이고 유한한 존재 가운데 신적 존재의 파멸 가능성이
들어 있다는 것은 그리스도교가 갖는 근원적인 직관의 절반이다."[29] 인
간에게서 신적 존재가 파멸된다는 것은 더 이상의 초월적 구원과 생명
이 없다는 말이다. 더 이상 종교적 자기관계가 없을 때 비판이 사라지
고, 비판이 사라진 자리에 종교의 파멸이 들어선다. 비판을 상실한 종
교는 동어반복의 의례와 죽은 문자 속에 안주한다. 들리는 소리가 있지
만 그것은 더 이상 마음을 움직이는 소리가 아니다. 모든 것은 형식과
의례일 뿐이며, 추상적인 말에 근거하는 종교 권력에 지나지 않는다.
그럼에도 종교는 소생할 수 있다. 종교적 자기관계가 회복되고 비판이
되살아날 때 종교는 다시 살아난다. "빛나는 신적인 점은 곧 이러한 파
멸을 개선하는 근원적인 자리이며 유한자와 신이 새롭고 더 가깝게 통
일되는 자리라는 것, 이것은 그리스도교가 갖는 근원적인 직관의 다른
절반이다."[30] 종교의 파멸을 개선할 수 있는 힘은 비판에서 나오며, 비
판을 통해 인간의 활동성은 신적 지위를 얻는다. 구원의 신앙은 인간
본성이 타락했다는 자기 인식에서 출발하며[31] 타락한 본성에 대한 자기
비판에서 삶의 변화를 위한 동력을 얻는다. 새로운 삶을 형성하는 비판
은 전적으로 긍정적이다.

29　Schleiermacher, *Über die Religion*, 『종교론』, 250.

30　Schleiermacher, *Über die Religion*, 『종교론』, 251.

31　Schleiermacher, *Der christliche Glaube*, §94. 2, 『기독교신앙』, 384 참조.

종교는 "비판의 문화"[32]를 원하고 인정해야 한다. 비판은 잠자는 종교를 깨우며 죽어가는 종교를 소생시킨다. 비판은 사회적 현실뿐만 아니라 마음의 현실을 변화시킨다. 비판은 아무런 생명력이 없는 허구를 폭로하며 진리의 생명력을 자극한다. 종교의 비판은 진리 의식을 요구하지만, 진리 의식은 진리 의식일 뿐 그 자체가 진리는 아니다. 진리와 진리 의식을 구별할 수 있다면 종교의 비판은 건강하다.

32 Dierken, *Selbstbewusstsein der individuellen Freiheit*, 89.

3

새로운 의미창출의 토대
─반(反)사실적 지평을 위한 종교철학

1. 반사실성과 타자

종교는 기존의 교리나 종교이론에 국한되는 것이 아니다. 초월적 세계와 관계하는 종교는 이론에 갇힐 수 없으며 현재적 삶의 형식으로 그칠수 없다. 종교는 초월적 세계와 관계하는 한에서 삶과 현실에 새로운의미를 창출해야 한다. 종교가 새로운 의미창출의 토대라는 것은 종교가 '사실적인 것'에 맞서는 '반사실적인 것'임을 지시한다. 종교철학은종교의 반사실적 지평을 체계적으로 설명해야 한다.

반사실적인 것은 우선 사실적인 것을 넘어서기 위해 가정되는 새로운 행위의 토대이다. 반사실적인 것은 사실적인 것에 맞서는 것으로서'실행해서는 안 되는 것'과 '반드시 실행해야 하는 것'의 총체라 할 수있다. 사실적 지평에서 발생한 문제는 동일한 지평에서 해결할 수 없다. 문제의 해결은 상위의 지평에서 비로소 가능하므로, 반사실적인 것은 그 자체가 실천적 이념이며 규범이다. 양자의 근거는 유한한 인간에 맞서 있는 절대자와 무제약자이다. 종교가 삶에 새로운 의미를 부여한다면, 그것은 기존 삶의 질서를 전적으로 넘어서는 규범이어야 한다. 그러므로 신, 절대자, 무제약자는 사실적인 것에 맞서는 반사실적 것의 근거이며 척도이다.

실정종교의 가르침 속에는 이미 현세의 삶에 대한 비판이 들어 있다. 그것은 사실적인 것으로 통용되는 삶의 원리를 근본적으로 비판한다. 예언자의 목소리는 가장 대표적인 반사실적 비판이다. 이를테면 예언자는 "반사실적 규범성을 통해 사실적인 것을 비판"한다.[1] 삶 속에 있는 종교는 분명 현실 문화의 한 부분이다. 그러나 예언자적 비판은 현실에 내재하는 종교문화와 거리를 두며 그때마다 이를 초월한다. 예언자의 목소리는 인간의 요구이지만 그 가운데는 예언자와 관계하는 신이 나타나 있다. 신의 초월성이 현실의 문화를 비판하고 교정한다. 사실에 맞서 있는 신의 반사실성이 현실을 변화시키는 것이다. 종교철학은 예언자의 반사실적 역할을 철학적으로 정당화해야 한다.

예언자는 범인이 보지 못하는 세계를 가장 먼저 직관한다. "종교의 의미를 일깨우는 것은 세계의 양이 아니라 그 법칙이다."[2] 그런데 일상인은 일반적으로 "신적인 통일성과 세계의 영원한 불변성을 직관"하지 못한다. 일상적 관점은 종교와 무관하다. 그러나 무한자를 올바로 직관하는 사람은 누구나 종교의 의미를 발견할 수 있다. 올바로 직관할 수 있는 한에서 누구나 예언자가 될 수 있는 것이다. 올바른 직관은 부분을 넘어서 전체를 보며 이미 파악된 질서 너머에서 새로운 질서를 본

---

1 J. Dierken, *Ganzheit und Kontrafaktizität*, Tübingen 2014, 11.

2 Schleiermacher, 『종교론』, 81.

다. 그렇기 때문에 진정한 종교적 직관은 혁명적 지평을 향하며, 거기
서 기존 질서를 넘어서는 새로운 질서를 발견한다. "모든 점이 자유롭
게 세계를 표상하는 무한한 혼돈 그 자체야말로 사실 종교에 대한 최
적, 최고의 상징이다."[3] 이러한 지평은 종교적 안목을 가진 사람에게만
보인다. 이러한 의미에서 예언자는 기존 질서가 나아가야 할 방향을 제
시한다.

현실 세계는 사실들의 체계로 이루어져 있다. 체계는 이론적이든 실
천적이든 상관없이 결합하고 통합하는 사고의 산물이다. 이 체계에 문
제가 발생해도 그 해결책을 사고에서 찾는 것이 체계적 사고이다. 그러
나 "체계적으로만 생각하고 원칙과 의도에 따라서만 행위하며 세계 속
에서 이것저것을 행하려는 사람은 어쩔 수 없이 자기 자신을 제한하고
자기의 행위와 충동을 촉진시키지 않는 것을 증오의 대상으로 삼아 끊
임없이 이에 대립한다."[4] 그러나 종교는 사람들을 이러한 제한과 대립
에서 해방시킨다. "무한자를 향한 직관의 충동만이 우리의 심정을 아무
런 제약이 없는 자유로 정립한다."[5] 문제의 현실을 체계적 사고로 해결
하느냐, 아니면 종교적 직관으로 극복하느냐가 관건이다. 슐라이어마
허는 현실 위에 있는 종교적 질서를 통해 문제의 현실을 극복할 수 있
다는 사실을 웅변한다.

종교는 전체존재와 관계하기 때문에 부분존재 속에서 발생하는 여러
현상들을 항상 넘어선다. 신은 이른바 '현실의 타자'로 존재하기 때문
에 항상 잘못된 현실에 맞서서 현실을 선도하는 반사실적 존재이다. 종
교가 이러한 반사실적 존재와의 관계를 상실한다면 더 이상 종교가 아

---

3 Schleiermacher, 『종교론』, 64.
4 Schleiermacher, 『종교론』, 67.
5 Schleiermacher, 『종교론』, 67.

니다. 그러나 현실에서 겪는 삶의 회의와 절망을 초월적 지평을 통해 극복할 수 있다면 종교는 여전히 삶의 힘을 지닌다. 신은 현실 너머에서 현실 속의 문제와 적극적으로 관계한다. 반사실적 존재를 사실의 세계로 끌어오는 것은 믿음으로 깨어 있는 의식이다. 신앙적 주관성의 요체는 깨어 있는 의식에 있다. 신앙은 무한자를 항상 의식한다는 점에서, 자기 속에서 자기의 타자와 관계하는 자기관계이다. 자기는 수평적 지평에서 다른 사람들과 관계하는 것을 넘어서서 자신의 '근원'과 관계한다. 종교는 자기 속에서 각성된 "근원관계"(Ursprungsrelation)[6]이다. 키에르케고르는 이러한 자기의 특징을 "관계에 대한 관계"[7]로 규정한다.

타자에 대한 사유는 종교의 핵심을 가로지른다. 타자는 한편으로 생활세계에서 만나는 타인이며, 다른 한편으로 자기와 타인을 넘어서는 초월적 존재이다. 먼저 타인이 자기와 대립한다. 자기와 맞서 있는 존재는 항상 자기의 영역을 침범하며, 이러한 침범은 고통을 유발한다. 그러나 종교적 의사소통은 자기의 고통을 해소하며 양자를 새로운 관계로 이끈다. 종교적 의사소통은 자기가 자기이면서 동시에 공동체의 일원이라는 의식에서 시작한다.[8] 자기화와 공동체화가 동시에 일어나는 것은 자기 속에 신적 지평이 마련되었기 때문에 가능하다. 자기 속에 이미 타자가 함께 정립되어 있다. 그러므로 종교적 의사소통은 타인과의 대립을 해소시키며 그와의 사회적 통합을 가능하게 한다. 종교적

---

6 E. Herms, "Sein und Sollen bei Hume, Kant, Schleiermacher", in: Herms, *Menschsein im Werden*, Tübingen 2003, 314.

7 S. Kierkegaard, *Krankheit zum Tode*, Gütersloh 1985, 9.

8 슐라이어마허는 자기와 공동체의 동반 관계를 아예 '윤리적 정언명법'으로 생각한다. Herms, "Sein und Sollen bei Hume, Kant, Schleiermacher", 318 참조.

타자 사유는 자기의 폭을 넓힐 뿐 아니라 공동체를 세운다.

초월적 존재는 늘 유한한 자기를 넘어서 있다. 그는 자기에게 항상 다른 존재로 현현한다. "신은 그를 믿는 사람들이 생각하는 것과는 다른 것을 항상 대변한다. 신은 언제나 사람들이 생각하고 말해 온 것과는 다른 존재이다."[9] 그러나 초월적 존재와의 종교적 관계는 유한자를 무한자와 통합시킴으로써 유한자의 삶을 변화시킨다. 타자는 자기의 저편에 있는 존재로서 자기를 또 다른 자기로 변화시킨다. 종교의 핵심은 사실을 넘어서며 사실에 맞서 있는 힘으로써 사실의 세계를 변화시키는 데 있다. 사실과 반사실 간의 만남이 반사실의 기준을 매개로 사실을 변화시킨다. 새로운 삶과 생명은 이러한 변화에 기인한다.

2. 반사실성과 자유의 이념

반사실성을 다룬 대표적 이론은 칸트의 도덕신학이다. "도덕신학은 도덕법칙에 근거하는 최고 존재의 현존에 대한 확신이다."[10] 도덕은 그 자체로 초월적이며 최고선 및 도덕법칙과 관련되어 있으므로, 항상 현실 위에 있다. 도덕은 삶에서 이루어지는 구체적 행위의 상위에서 이를 선도하고 평가한다. 도덕은 현실 '속'에 있다기보다 현실 '위'에 있다. 현실 위에 있는 도덕은 현실의 영향을 받지 않으며 오로지 현실 속에서 수행되는 행위를 평가하고 이를 선도할 뿐이다.

도덕 원칙은 경험 세계에서의 적용가능성 여부를 떠나 불가피한 것

9 Dierken, *Ganzheit und Kontrafaktizität*, 15.
10 I. Kant, *Kritik der reinen Vernunft*, Hamburg 1956, B 660 각주

으로 정립되어야 한다. 도덕 원칙은 경험 세계를 초월해 있으므로 모든 사실을 규제할 수 있다. 반사실적인 것은 신의 관점에서 세상의 부정의(不正義)와 실망과 좌절을 비판하고 이를 극복하는 토대이다. 이런 맥락에서 칸트의 최고선은 신앙의 대상이다. 최고선은 "우리 의지의 아프리오리한 필연적 대상"이며 도덕법칙과 불가분리적으로 결속되어 있다.[11] 인간이 도덕법칙에 결속되어 있다는 사실은 신앙을 보증한다.

그런데 도덕성을 대변하는 힘은 선의지에 있다. 선의지는 충동과 경향성에 대해 항상 '아니오'라는 말을 할 수 있는 자유의 능력이다. 이것은 전적으로 자발적인 능력으로서 욕망의 인과성을 초월한다. 충동과 경향성이 현상계의 필연적 인과성에서 나온다면, 선의지는 현상계를 초월하는 예지계의 자유에서 나온다. 현상계가 사실의 세계라면, 예지계는 충동과 경향성에 맞는 반사실적 세계이다. 그러므로 선의지가 근거하는 자유의 이념은 그 자체가 반사실적이다.

자유는 현상계와 예지계를 연결한다. 자유가 없다면 현상계의 인과관계만 남을 것이며, 현상계가 없다면 예지계는 인간의 구체적 행위와 상관이 없게 된다. 그러므로 자유는 현상계의 제약자와 예지계의 무제약자를 연결한다. 제약자는 그때마다 충동에 휩싸이며 이런저런 경향성에 좌우된다. 그러나 제약자에게 자유가 일깨워지면 그는 무제약자와 연결되며 도덕적 행위를 할 수 있다. 제약자에게 자유가 일깨워지는 자리는 이성이다. 그리고 이성의 사실은 도덕법칙이다. 자유는 도덕법칙의 존재근거인 반면, 도덕법칙은 자유의 인식근거이다.[12] 자유와 도덕법칙에 의해 현상계 속의 행위는 '선한' 행위가 될 수 있다. 양자가 없

---

11   Kant, *Kritik der praktischen Vernunft*, Hamburg 1985, 5, 126 참조.

12   Kant, *Kritik der praktischen Vernunft*, 4. 각주

는 행위는 언제든 잘못된 행위로 전락할 수 있다. 따라서 자유와 도덕 법칙은 행위의 반사실적 토대이다.

칸트에게 자유는 현실에 대해 의무와 당위로 나타난다. 실천이성은 선을 실행하려고 하며, 이 선은 의지에게 명령의 형태로 나타난다. 선은 명령의 형태를 띠기 때문에, 의지 주체에게 당위가 된다. 그리고 이 당위는 감각과 관련된 경험적 조건과 아무런 연관이 없기 때문에 '정언적'이다. 도덕과 선은 항상 의무와 함께 가야 한다. 그렇지 않는 한 도덕은 더 이상 도덕이 아니게 되며 감각 세계의 욕구에 물든 사이비 도덕이 되어 버린다. 욕구와 도덕은 현상계와 예지계의 특성으로 끝나는 것이 아니라 실제 행위를 항상 긴장의 마당으로 몰아넣는다. 인간은 자유의 이념을 지니고 있기 때문에 언제나 도덕적 행위를 하는 것이 아니라, 자연적 충동이 의무를 존중할 때 비로소 도덕적 행위를 할 수 있다. 그러므로 이성의 실천적 사용은 자유에서 비롯되는 자기 고유의 인과성을 실행하는 것이다. 자유에서 나오는 자기 인과성은 자기의 주체적 결단이다. 결단의 원인자는 다른 사람이 아니라 바로 자기 자신이다. 도덕적 실천은 자유의 행위이지만, 자유의 행위는 '선을 행해야 한다'는 실천적 필연성에 따른다.

칸트의 정언명법은 이성의 초월성과 반사실성을 가장 잘 보여 준다. 정언명법은 그 자체가 최상의 실천 원리이며 주관적인 것을 초월하는 객관적인 것이다. "실천적으로 선한 것은 이성의 표상들에 의해, 즉 주관적 원인에 의해서가 아니라, 객관적으로, 다시 말해 모든 이성적 존재자에게 그 자체로서 타당한 근거들에서 의지를 결정하는 것이다."[13] 객관적 원리에 입각하여 자신에게 선한 행위를 명령하는 것보다 인간

13 Kant, *Grundlegung zur Metaphysik der Sitten*, Frankfurt 2007, 42 이하.

의 자유를 더 잘 설명하는 것은 없다. 자유와 자발성은 인과 체계를 완전히 벗어나 있다. 실천적 자유는 주어진 경험에 맞서서 도덕법칙을 실현한다. 즉, 주어져 있는 사실을 부정하고 이것에 대해 거리두기를 함으로써 도덕법칙을 실현하는 것이다.

결국 칸트 도덕신학의 반사실적 특성은 애당초 예지계와 현상계의 구별에 근거하며 초월적 자유를 가정함으로써 가능하게 된다. 도덕신학이 가능하기 위해서는 필연성, 무한성, 통일성, 세계 밖의 현존재, 영원성, 편재성, 전능 등의 술어를 담을 수 있는 개념이 필요하다. 그렇지만 이 개념은 경험을 통해 확증되는 오성개념이 아니라 순수이성개념이다. 칸트는 이러한 개념의 선험적 실재성을 이성적 추론을 통해 해결하려고 하지만, 순수이성개념의 실재는 사실 가상(假象)에 불과하다. 이것은 도덕신학의 필연성에 대한 이론적 설명이다. 반면 실천적 설명에 따르면 순수이성개념은 자유의 이념이다. 자유는 "사변적인 이성의 모든 이념 가운데서 우리가 그 가능성을 선천적으로 아는 유일한 이념"[14]이다. 그리고 자유와 의지의 자율성은 순수이성의 필연적 조건이다. 그러므로 자유는 현상계에서 이루어지는 모든 행위의 근거이자 목표이다.

3. 자유와 자기초월의 변증법

인간은 자연존재인 동시에 자유의 존재이다. 자유의 존재는 자기 자신에 대해 거리를 둘 줄 아는 자기 존재이다. 자기 존재는 자유롭다. 자유

---

14 Kant, *Kritik der praktischen Vernunft*, Hamburg 1985, 4.

로운 인간은 주어진 현실에 묶여 있지 않으며 이를 반성하고 현실에 대해 부정적인 태도를 취할 수 있다. 현실에 대해 '아니오'라고 말할 수 있는 능력은 현실에 맞서며 현실을 넘어설 수 있는 것이다. 현실에 맞설 수 없는 존재는 아직 자유를 자각하지 못한 자연존재이다. 자기 존재는 사실세계에 대해 반사실적인 정도만큼 자유롭다. 인간은 사실세계의 지배에 대해 거리를 둘 때 자유로우며 자기를 규정하는 외적인 힘에 맞설 수 있다.

자기 존재, 자유의 주체, 반사실적 존재라는 규정은 종교적 인간 이해에서 나온다. 특히 기독교가 말하는 '신의 형상'은 인간 가운데 내재하는 초인간적 특성이다. 인간은 자연존재이면서 신의 형상을 지닌 자유의 존재이다. 신의 형상은 자연을 넘어서 신적 자유를 추구할 수 있는 능력이다. 자유는 그 자체가 자기활동적이며 자기초월적이다. 자유는 현재의 구속을 참지 않으며 미래의 해방을 향해 운동하는 삶의 방향성이다. 신의 형상은 무한한 존재에 참여하고 있는 상태를 의미하기 때문에, 인간은 항상 고상한 삶을 향해 전진한다. 인간은 신의 형상의 도움으로 언제나 신적 자유를 향해 나아간다. 자유로운 주체의 본성은 고상함을 지향하면서 항상 확정된 현실을 넘어서려고 한다. 따라서 확정되지 않은 미래를 향해 자신을 던지는 인간은 진정으로 자유롭다. 자유로운 존재는 아직 확정되지 않은 존재이다. 확정되지 않은 존재의 자유덕분에 자연세계는 그때마다 새로운 정신세계로 태어난다.

자유의 활동성은 자연세계를 정신세계로 변형할 뿐 아니라 다른 개인에게 잠자고 있는 자유의식을 일깨운다. 잠자고 있는 자유의식은 자기 안에 신의 형상을 지니고 있지만 그 힘이 아직 전개되지 않은 상태에 머문다. 그러나 자유의식을 실천하는 사람은 다른 사람 속에 잠자고 있는 신의 형상을 일깨우며 그를 자연존재에서 자유존재로 변모시킨다. 인간적 자유의 본질은 인간과 자연의 관계에서보다 인간과 인간의 관계에서 더 잘 드러난다. 인간의 자유로운 활동성은 다른 개인의 자유를 일깨우면서 그와 함께 공동의 자유를 실현한다. 그것은 다른 개인의 자연 상태를 부정함으로써 그를 정신적 존재로 일어서게 한다. 정신적 존재가 된 개인은 그를 자유존재로 일깨운 이웃과 함께 공동의 자유를 누린다. 공동의 자유는 자유로운 인간의 보편적 지평이다.

자유의 능력은 현실을 넘어설 수 있는 반사실적 능력이다. 자유는 개인의 활동성일 뿐만 아니라 공동체의 활동성이기 때문에 공동체의 현실을 바꿀 수 있다. 자유의식이 만들어 내는 현실은 그때마다 새로운 문화로 등장한다. 개인의 자유의식은 공동체의 의식으로 전개되면서 삶의 터전을 질적으로 바꾼다. 자연이 문화로 이행하고 개인의 문화가 공동체의 문화로 발전한다. 자유의식을 통해 마련된 공동체문화는 그 자체가 정신적인 것이며 목표 지향적이다. 여기서 목표는 자유의식의 반사실적 특성에서 나온다. 현실에 안주하고 현실에 집착하는 인간을 비판하고 더 고상한 문화를 지향한다. 그러므로 문화는 애당초 자유의식의 산물이며 반사실적 능력의 결과물이다.

자유의식은 헤겔이 말한 것처럼 역사의 진보를 가능하게 한다. 역사의 발전은 삶의 지속적 향상이며 그 가운데서 성취되는 삶의 질적 도약이다. 질적 도약은 신의 섭리와 자유의식의 만남에서 가능하다. 신적 이념과 개인의 정열이 역사 발전의 두 요소를 이룬다면[15] 역사 속에는 이미 종교적 요소가 작동하고 있다. 역사의 발전은 역사적 개인이 그때마다 창출하는 삶의 새로운 의미 덕분이다. 발전의 동력은 자유의식에 있으며, 자유의식은 현재의 현실을 넘어서려는 초월적 방향성에서 나

---

15 Hegel, 『역사 속의 이성』, 임석진 옮김, 지식산업사 1992, 123 참조.

온다. 그리고 초월적 방향성은 그때마다 삶에 새로운 의미를 부여한다.

헤겔은 자유의식을 개신교의 특징적 원리로 파악한다. "종교개혁의 본질적 내용은 인간이 자기 자신을 통해 자유로운 존재로 규정된다는 사실이다."[16] 자유로운 존재는 인간적 규정인 동시에 인간에 대한 신적 규정이다. 신에 대한 확신을 가짐으로써 인간은 초월적 존재와 함께 있으며 자연존재에서 자유존재로 격상된다. 이러한 확신은 개신교적 주관성으로서 (서양)역사의 변화를 주도한다. 신에 대한 확신과 자유의식은 진리의 소유와 분리할 수 없다. 헤겔은 '진리가 너희를 자유케 하리라'는 성구에서 이러한 사유의 정당성을 확보하려고 한다. "루터교회에서는 주관성과 개인의 확신이 진리의 객관성과 마찬가지로 필연적이다."[17]

주관적 확신, 자유의식, 진리소유가 불가분리적이라면 인간은 사실세계의 시민이면서 동시에 초월적 세계의 시민이 된다. 인간은 초월적 존재에 대한 내적 확신과 함께 초월을 경험하며, 이를 자유롭게 구현함으로써 현실 가운데 초월을 확산시킨다. 이것은 물질세계의 확산이 아니라 진리의 확산이며 정신의 확장이다. 정신의 확장을 주도할 때 인간은 진정으로 자유로운 존재가 된다. 자유의식은 신(神)의식에서 출발하여 진리소유로 완성된다. 자연의식은 인과관계를 벗어나지 못하는 반면, 자유의식은 사실세계의 외면을 벗어나 그 내적 진리에 도달한다. 사실세계의 진리에 이르는 과정은 자연의 법칙적 진행이 아니라 정신의 자유로운 진행이다. 결국 자유의식은 사실과 반사실의 역동적 관계로 이루어져 있으며, 진보와 발전은 이러한 역동적 관계의 산물이다.

16 Hegel, *Vorlesungen über die Philosophie der Geschichte*, Frankfurt 1970, 497.
17 Hegel, *Vorlesungen über die Philosophie der Geschichte*, 496.

자유의식의 역동성은 깨어 있는 삶의 자기초월로 나타난다. 자기초월은 자기 안에서 이루어지는 내재적 초월이지만 자기 밖의 현실을 변화시킬 수 있다. 자기초월은 자기의 운동을 통해 이루어지는 변증법적 과정이다. 이것은 이른바 "자기 박탈과 자기 초극의 변증법"[18]이다. 이러한 변증법을 통해 인간은 내재적 초월을 경험하며 자유의 의미를 획득한다. 자유는 현실이 부과한 자기 제한을 넘어서는 것이며 이를 통해 현실 속에서 자기를 더욱 확장한다. 자기의 현실적 제한은 외부에서 부과된 필연적인 것인 반면, 자기 확장은 내면성의 활동을 통해 성취하는 자유로운 것이다.

자유의식을 통한 자기 확장은 개인의 확장으로 끝날 수 없다. 자기 확장이 타자 제한으로 연결되면, 그것은 결국 자기 축소로 돌아온다. 오히려 자기 확장은 자기의 타자를 자유의 주체로 파악할 때 성취된다. 자유의식을 통한 자기 확장은 개인적인 것을 넘어서서 상호주관적인 것과 공동체적인 것이다. 그러므로 자유의식은 자유에 대한 상호인정이라는 점에서 인륜적 의식이다. 자유의식은 개인적 의식인 동시에 보편적 의식이다. 보편적 자유는 주어져 있는 것이 아니다. 그것은 사실 세계에 결여되어 있는 것이 자유의식의 반사실성을 통해 새롭게 생성된 것이다.

서술한 바와 같이, 헤겔은 인간이 자유존재라는 사실을 개신교의 종교개혁에서 발견했다. 내면 가운데서 발견한 신에 대한 확신이 자신을 자유존재로 깨닫게 한 것이다. 신은 자기가 아니지만, 자기 속에서 자기에게 울린다. 자기관계는 자기가 자기 속의 신과 맺는 관계이다. 자

---

18 J. Dierken, „"Bewußtes Leben" und Freiheit. Zum Zusammenhang von Subjektivität und Metaphysik", in: D. Korsch/ J. Dierken (Hg.), *Subjektivität im Kontext. Erkundungen im Gespräch mit Dieter Henrich*, Tübingen 2004, 114.

기의 생각은 전적으로 자유롭고 독립적인 것이 아니라 자기 속의 신적
권위와 맺는 긴장 관계에서 나온다. 자기관계에서 나오는 자유의식은
사실 이러한 긴장 관계의 결과이다. 자유의식은 종교의식과 결코 무관
할 수 없다. 깨어 있는 삶을 강조한 디터 헨리히는 이러한 맥락에서 불
트만을 칸트 및 헤겔과 연결시킨다. 인간의 자기해방은 스스로 힘으로
이루어진 것이 아니라 말씀이 인간 위에 선포됨으로써 가능하다. 그러
므로 "인간은 그를 사로잡는 사건으로부터만 자기 집중에서 빠져나올
수 있다."[19] 인간이 마음대로 처리할 수 없는 이 사건은 초월적 지평이
인간에게 미치는 영향이다.

4. 자기초월의 근거와 직접적 자기의식

칸트의 도덕신학은 이론이성을 통해 설명할 수 없는 신의 지평을 실천
이성을 통해 드러낸다. 종교의 중요성을 전통 신학이나 교리를 통해 요
구한 것이 아니라, 인간의 반성 능력을 테스트함으로써 이를 가장 합리
적인 방식으로 보여 준 것이다. 이러한 근거에서 근대와 현대의 종교이
론은 모두 칸트의 종교철학에 빚지고 있다. 신존재 증명의 불가능성이
라는 조건에서 무신론 대신 합리적 도덕신학을 정립한 것이 이러한 영
향사의 중심에 놓여 있다. 그러나 종교가 현실의 반사실적 방향타 역할
을 해야 한다는 주장은, 자유의 이념을 정립하고 자유를 변증법적으로
실현하는 설명으로 완결되지 않는다. 자유의 이념을 요구할 때 불가피

---

19 D. Henrich, "Religion und Philosophie — letzte Gedanken — Lebenssinn", in:
D. Korsch/J. Dierken (Hg.), *Subjektivität im Kontext. Erkundungen im Gespräch
mit Dieter Henrich*, Tübingen 2004, 222.

하게 등장하는 이원론, 즉 존재와 당위, 현상계와 예지계, 가능성과 필
연성, 이론과 실천의 이원론이 문제로 남는다. 헤겔이 보여 준 자유의
변증법적 실현은 세계의 양분을 극복하기는 하지만, 종교까지 이성화
하는 체계화 작업을 막을 수 없다. 여기서 종교철학의 새로운 과제가
등장한다. 그것은 칸트가 발견한 인간 이성의 유한성을 견지하면서도
인간 속에서 반사실적 지평을 정초하는 일이다. 초월과 현실 간의 틈새
는 현실을 넘어서면서도 현실과 함께 호흡하는 주관성을 통해 메워져
야 한다. 슐라이어마허의 종교이론은 이러한 물음에 대한 최고의 답변
이다.

슐라이어마허의 직접적 자기의식(unmittelbares Selbstbewußtsein)
개념은 칸트의 이원론과 헤겔의 형이상학적 일원론 사이의 틈새를 겨
냥한다. 인간의 유한성이라는 현사실성 위에서 이원론을 극복하려는
것이다. 유한한 인간은 이론적 한계의 조건에서도 초월성을 도덕신학
과는 다른 차원에서 설명할 수 있어야 한다. 종교는 도덕과 연관될 뿐
아니라 인간의 모든 활동성에 전제되어 있다. 슐라이어마허에 의하면
인간은 직접적 자기의식 가운데 이론과 실천을 떠받치는 '초월적 근거'
를 반영하고 있다. 초월적 근거는 '신 의식', '경건한 심정', '절대의존감
정', '종교적 의식', '직접적 자기의식' 가운데 반영되어 있다. 종교철학
은 이러한 종교적 주관성을 해명함으로써 내재적 초월을 보다 명료하
게 설명할 수 있다.

"초월적 근거는 사고와 의지의 모든 계기들을 결합한다."[20] 인간은 사
고와 의지의 근거를 내적으로 소유하고 있기 때문에 사고와 의지의 이

---

20 F. D. E. Schleiermacher, *Dialektik*, hrg. v. M. Frank, Bd II, Frankfurt 2001,
291.

넘을 향해 나아갈 수 있다. 그러나 유한한 인간은 사고와 의지의 이념, 즉 초월적 근거 자체를 해명할 수 없다. "초월적 근거는 시간을 채우는 모든 실제적 사고를 앞서가며 모든 사고를 따라가지만, 그 어떤 특정 시간에도 현상하지 않기"[21] 때문이다. 이것은 물자체를 인식할 수 없다는 칸트의 주장과 같은 맥락이다. 다만 "초월적 근거는 직접적 자기의식(감정)으로서 실제적 존재를 무시간적 방식으로 동반한다."[22] 그런데 이러한 동반은 "종교적 의식 가운데서 일어난다."[23] 그러므로 인간의 모든 활동에는 "종교적 측면이 전적으로 결여된 순간이 없다."[24] 종교적 의식을 각성하고 있는 한 인간은 현재의 지평을 넘어설 수 있으며 사실 세계의 문제를 해결할 수 있다.

직접적 자기의식은 초월적 근거 자체가 아니라 다만 이를 반영하는 의식이다. 직접적 자기의식은 신 의식이지만 그 자체가 신이 아닌 것이다. 인간이 신 의식 내지 종교적 의식을 가지고 있다는 것은 인간 스스로 초월의 가능성을 가지고 있으며 문제의 현실을 초월할 수 있다는 것을 뜻한다. 이것은 가장 명료하게 드러난 종교적 의식의 능력이다. 그러므로 직접적 자기의식은 사고와 의지의 합리성 위에서 양자가 나아가야 할 새로운 지평을 제시한다. 그러나 직접적 자기의식이 각성되지 않은 상태에서는, 다시 말해서 종교적 의식이 부정되거나 발양되지 않은 상태에서는 합리성의 틀을 넘어설 수 있는 가능성이 아예 없다.

초월적 근거의 무시간적 동반은 종교가 현재적인 것임을 뜻한다. 현재적인 것은 작용력을 갖는다. 그러므로 종교가 합리적 현실 가운데 설

21 Schleiermacher, *Dialektik*, hrg. v. M. Frank, Bd II, 291.
22 Schleiermacher, *Dialektik*, hrg. v. M. Frank, Bd II, 291.
23 Schleiermacher, *Dialektik*, hrg. v. M. Frank, Bd II, 292.
24 Schleiermacher, *Dialektik*, hrg. v. M. Frank, Bd II, 293.

자리가 없으며 계몽 이전 시대에 통용되던 과거적인 것에 불과하다는 주장은 더 이상 설득력을 갖지 못한다. 슐라이어마허는 이러한 방식으로 종교적 의식의 근대화를 수행한다. 종교적 의식은 신앙 영역에만 머무는 것이 아니라, "규범적으로 포기할 수 없는 탈관습적 권리의 조건들과 교류하며 다원적 세계관 및 학문적으로 제도화된 세계 지식과도 교류한다."[25] 종교는 현재적인 것으로서 생활세계의 모든 지식 체계와 관계할 뿐 아니라 그것을 초월하는 지평을 추구한다. 종교는 반사실적 규범을 창출하면서 잘못된 현실을 변화시킬 수 있다.

종교적 의식은 세계와 무관한 의식이 아니다. 그것은 세계와 관계하면서 동시에 세계를 초월한다. "모든 자기의식에는 두 가지 요소가 있다. 자기 정립과 자기-자신을-이렇게-정립하지-않음, 존재와 어떻게든-형성된-존재가 그것이다."[26] 스스로 자신을 정립하지 않았음에도 자기의식 가운데 이미 형성된 존재가 있다는 것은 자기의 타자가 자기 속에 있음을 뜻한다. 자기의식 속에는 자기활동성과 더불어 수용적 존재가 들어 있다. 자기 속의 타자는 "자기의식 가운데 함께 정립된, 우리의 수용적 현존과 자기활동적 현존의 연원(Woher)"[27]이다. 슐라이어마허는 이 연원을 '신'으로 표현한다. 자기의식 가운데는 자기의 타자인 신이 이미 정립되어 있는 것이다. 인간의 모든 활동은 결국 신의 도움으로 이루어진다.

---

25 J. Habermas, "Die Grenze zwischen Glauben und Wissen. Zur Wirkungsgeschichte und aktuellen Bedeutung von Kants Religionsphilosophie", in: J. Habermas, *Zwischen Naturalismus und Religion*, Frankfurt 2009, 251.

26 F. D. E. Schleiermacher, *Der christliche Glaube. Nach den Grundsätzen der evangelischen Kirche im Zusammenhange dargestellt*, Berlin ⁷1960, §4.1, 24.

27 Schleiermacher, *Der christliche Glaube. Nach den Grundsätzen der evangelischen Kirche im Zusammenhange dargestellt*, §4.4, 28.

슐라이어마허에게 직접적 자기의식은 '감정'과 동의어이다. '신'은 우리의 감정 가운데 근원적인 방식으로 주어져 있다. 근원적인 방식으로 주어져 있는 것은 그 어떤 매개도 거치지 않은 것이기 때문에 직접적이다. 사고와 의지의 매개를 거치지 않았으며 개념의 매개도 거치지 않았다. 이러한 의미에서 직접적 자기의식은 '절대 의존감정'이다. 자기는 자기를 정립하기 전 이미 자기 가운데 정립되어 있는 존재에 대해 전적으로 의존적일 수밖에 없다. "절대-의존적으로-느낌과 자신을-신과-관계하는-존재로-의식하는-존재는 같다."[28]

이로써 종교적 지평은 종교적 의식과 종교적 주관성에서 확보된다. 종교철학은 종교적 주관성의 도움으로 내재적 초월의 근거를 갖게 되었다. 인간은 애당초 종교적 의식을 가지며 종교적 의식의 토대 위에서 이론적 활동과 실천적 활동을 할 수 있다. 슐라이어마허는 '자유감정'도 '절대 의존감정'과 공존한다고 말한다.[29] 그러므로 이론과 실천의 새로움은 종교적 의식의 각성을 통해서 가능하다. 삶의 새로움도 마찬가지이다. 결국 종교적 의식은 새로운 의미의 원천이다. 죄의식 때문에 자유가 무기력한(ohnmächtig) 자유[30]가 될 때 삶의 의미는 감소되고 소멸된다. 그러나 그 회복도 종교적 의식을 통해 가능하다.

---

28 Schleiermacher, *Der christliche Glaube. Nach den Grundsätzen der evangelischen Kirche im Zusammenhange dargestellt*, §4.4, 30.
29 Schleiermacher, *Der christliche Glaube. Nach den Grundsätzen der evangelischen Kirche im Zusammenhange dargestellt*, §4.2, 26 참조.
30 C. Axt-Piscalar, *Ohnmächtige Freiheit. Studien zum Verhältnis von Subjektivität und Sünde bei August Tholuck, Julius Müller, Sören Kierkegaard und Friedrich Schleiermacher*, Tübingen 1996 참조.

5. 종교와 새로운 삶의 의미

종교는 초월의 가능성과 현실성이다. 종교를 통해 사람들은 현재의 현실을 반성할 수 있으며 보다 나은 미래를 내다 볼 수 있다. 현실을 넘어설 때 비로소 현실에 대한 성찰이 가능하며 새로운 현실에 대한 희망을 가질 수 있다. 이런 맥락에서 칸트는 종교를 희망과 연관 짓는다. '우리는 무엇을 희망할 수 있는가?' 이 물음은 초월에 대한 물음이며 현재를 넘어서는 내일에 대한 물음이고 새로운 의미에 대한 물음이다. 앞에서 논의한 반사실성의 정초는 이러한 희망을 주관성 안에서 구조화하려는 노력이다. 주관성 안에서 일어나는 초월을 통해 인간은 새로운 의미를 발견할 수 있다. 그리고 새로운 의미는 삶을 더욱 생동적인 삶으로 형성한다. 새로운 삶의 의미 탐색과 발견의 한가운데 종교가 자리 잡고 있다.

삶의 의미는 삶의 해석에서 나온다. 디터 헨리히는 삶의 해석을 종교와 연관 짓는다. 인간은 누구나 자신의 삶의 연관을 의식하고 있으며 이를 통해 자기만의 삶을 영위한다. 최소한 자신이 어떤 존재인지, 현재의 삶이 어디에 머물고 있으며 어떤 가치를 지니고 있는지 의식한다는 것이다. 이러한 의식은 삶에 대한 해석으로 이어지며, 이 해석은 삶의 의미를 형성한다. "자기해석과 세계해석은 의미해석의 형태들로 이해된다."[31] 그래서 고등종교에서는 삶의 해석이 지속적으로 나타난다. 삶의 해석은 자신과 세계의 연관을 해석하며, 세계에서 받은 상처와 상실로부터 구원받기를 희망하며, 삶이 본래적인 실재와 일치되는 길을

---

31 U. Barth, „Letzte Gedanke". Ihr epistemischer Status in Religion und Philosophie", in: D. Korsch/J. Dierken (Hg.), *Subjektivität im Kontext*, Tübingen 2004, 208.

제시해 왔다.[32] 깨어 있는 삶에서 새로운 세계해석이 가능하며 초월을 향한 방향을 발견할 수 있다는 것이다. 새로운 세계해석과 삶의 정향을 발견하는 데서 삶의 진정한 의미가 발생한다. 삶이 지향하는 최종점은 일자(一者)와 진정한 실재이며 '신'으로 총칭되는 초월자이다.

삶의 최종 지향점은 삶의 출발점이기도 하다. 신은 삶의 근원이자 모든 의식적 삶의 연원으로서 모든 사고와 의지를 동반한다. '연원'(Wo-her)은 슐라이어마허가 밝힌 바와 같이 초월적 근거로서 모든 생각과 행동의 최종 근거이다. 헨리히의 표현을 빌면 이것은 최종 사유(letzter Gedanke)이다.[33] 이것은 삶의 뿌리에 대한 생각으로서 그 자체가 종교와 형이상학의 토대가 된다. 삶의 뿌리를 생각함으로써 사람들은 자신의 자발적 생각과 신적 성스러움 사이에 형성되는 긴장을 맛본다. 이와 같이 자신의 내면에 집중할 때 자기와 세계의 경계가 깨지며 자기와 신의 경계도 사라진다. 바로 여기서 일상을 넘어서는 새로운 의미가 발생한다. 삶의 의미는 발생되어야 하는 것이며 발생됨으로써만 새롭다.

언급한 바와 같이 삶의 의미 발생은 자기해석을 전제로 한다. 자기해석은 세계와 관계하는 자기에 대한 해석인 동시에 신과 관계하는 자기에 대한 해석이다. 이 두 해석에 전제되는 것은 당연히 자기관계이다. 자기해석의 토대는 자기관계이며, 자기관계 위에서 세계와 신이 새롭게 발견된다. 자기가 자기를 이해할 때 자기의 새로운 모습이 확인되고 자기가 발견한 의미가 드러난다. 자기이해의 소재는 자기가 관계하는 세계와 신이다. 세계에 대한 자기이해 및 신에 대한 자기이해는 자기에게 새롭게 발생하는 세계와 신의 의미를 형성한다. 삶의 의미는 이전에

---

32 D. Henrich, *Fluchtlinien. Philosophische Essys*, Frankfurt 1982, 13 참조.

33 D. Henrich, "Religion und Philosophie — letzte Gedanke — Lebenssinn", in: D. Korsch/J. Dierken (Hg.), *Subjektivität im Kontext*, 211 이하 참조.

알지 못했던 세계와 신의 의미, 즉 자기에게 새롭게 일어나는 세계와
신의 의미이다.

세계와 신에 대한 탐구는 전통 형이상학의 과제였다. 세계와 신이 삶
의 의미를 가능하게 한다면 형이상학 없는 삶의 의미는 불가능하다. 그
러나 탈형이상학을 말하는 시대에서 삶의 의미는 나의 삶과 무관한 것
으로 보이는 이성 체계에서 찾을 수 없다. 세계와 신에 대한 객관적인
설명보다 나와 관계하는 세계와 신이 중요하며, 나로부터 발생하는 세
계와 신의 의미가 중요하다. 이러한 연관에서 이성의 체계학으로서의
형이상학은 깨어 있는 삶의 해석학으로 이행한다. 삶의 해석학에서도
이성의 기능은 사라지지 않는다. 삶의 해석학은 과학과 학문으로 이어
지는 이성의 체계학을 떠받치는 역할을 수행한다. 세계 연관 및 신 연
관에 대한 자기이해 없는 학문은 고삐 풀린 사고의 자동화로 연결되면
서 인간의 얼굴을 상실할 수 있다.

고삐 풀린 사고의 자동화는 오늘날 극단적 자연주의의 여러 모습으
로 나타나고 있다. 유전자공학, 뇌과학, 로봇기술, 인공지능의 발전이
그것이다. 그러나 인간의 삶에는 과학주의의 실험논리, 법칙주의, 인과
적 설명에 녹아들 수 없는 도덕 명제, 법 명제, 가치 명제, 종교 명제가
여전히 중요하다. 과학이 제공하는 편리함으로 완결될 수 없는 삶의 또
다른 차원이 존재한다. 강한 과학주의는 자칫 인간의 삶을 한순간 파괴
할 수 있다. 약한 과학주의를 받아들인 하더라도 이것이 삶의 전부를
형성할 수는 없다. 과학과 기술을 통제하는 상위의 기준이 전제될 때
과학주의의 성과는 삶을 윤택하게 할 것이다.

상위의 기준 내지 메타기준은 종교이다. 종교의 생명은 삶에 새로운
의미를 제공하는 데 있다. 인과적 필연성 너머에 있는 종교적 반사실성
은 필연성의 의미를 점검하며 그 이상의 지평을 제시할 수 있다. 과학

적 사실과 그 필연성에 매몰된 삶은 왜소한 삶이며 극단적으로는 기계
종속적 삶으로 끝날 수 있다. 과학적 필연성 너머를 바라보며 새로운
의미를 맛보는 삶은 원대한 삶이며, 과학기술이 제공하는 자유 그 이상
을 누리는 삶이다. 이러한 삶은 사실에 대한 관심을 넘어서서 이른바
"사변적 관심"을 갖는다. 사변적 관심은 "순수 학문적 관심과 종교적
관심이다."[34] 이것은 일상적 관심을 뛰어넘는 가장 보편적 관심이다. 그
러므로 "종교적 의식이 일깨워지지 않은 단계는 가장 저급한 단계이다.
종교적 의식이 더 많이 일깨워지고 편재적인 것이 될수록 인간은 더 많
이 각성된다."[35]

가톨릭은 신과 이성과 신앙을 동일시한다.[36] 이것은 형이상학의 정신
에 잘 부합한다. 이에 반해 이성이 약화된 자리에서 해석을 중시하는
삶의 해석학은 오늘의 현실에 더 잘 들어맞는다. 형이상학과 교리의 신
은 삶의 확정된 개념을 제공하지만 인간은 이를 이해하지 못하고 받아
들이지 못할 때가 많다. 그러나 삶 속에서 직접 만나는 신은 체험주체
의 삶과 의미를 결정한다. 이 의미는 완결된 전체로 다가온다기보다 체
험할 때마다 다른 모습으로 다가오며 점진적으로 확인된다. 세계와 만
날 때 의미가 발생하며 다른 인격과의 만남에서도 의미가 발생한다. 그
러므로 신과의 만남에서는 "의미의 의미"[37]가 발생한다. 세계와 타인은

34 F. D. E. Schleiermacher, *Hermeneutik und Kritik*, Frankfurt 1976, 최신한 옮
김, 『해석학과 비평』, 철학과현실사 2000, 226

35 Scheiermacher, 『해석학과 비평』, 227.

36 Papst Johannes Paul II, Enzyklika Fides et ratio, 1998. 9. 14, 참조. J. Dierken,
"Entgleisung. Habermas und Ratzinger über Vernunft und Religion", in: Dierken,
Ganzheit und Kontrafaktizität, 264 참조.

37 V. Gerhardt, *Der Sinn des Sinns. Versuch über das Göttliche*, München 2014,
특히 258 이하 참조.

전체의 부분인 반면 신은 전체이기 때문이다. 부분은 전체 가운데서 진
면모가 드러난다. 개별적 의미는 전체 속에서 새롭게 조명된다. 의미의
의미로서의 신은 세계 위에서 세계를 새롭게 드러낸다.

근대화의 탈선과 계몽의 계몽

종교에 대한 현재적 논의는 철학의 탈근대적 경향과 밀접하게 연관되어 있다. 근대에 대한 비판은 근대가 이룩한 성과에 대한 비판이라기보다 그것이 가져온 폐해에 대한 비판이며 그것의 비일관성에 대한 논박이다. 특히 근대의 비일관성에 대한 비판은 근대의 진행이 자체 내의 모순으로 맞은 숙명에서 유래하거나 '근대화의 탈선'에서 비롯된다. 근대의 진행을 계몽의 기획이 초래한 자기모순으로 못 박아버릴 경우 우리가 선택할 수 있는 가능성은 계몽의 과정을 전적으로 벗어나는 길밖에 없다. 그러나 이러한 극단주의는 용납될 수 없다. 이성의 해체에 대한 요구가 비이성적 주장에 빠지는, 다시 말해서 이성적 주장의 자기모순은 받아들여질 수 없다. 그러나 근대화의 탈선에 대한 논의는 유의미하다. 그것은 계몽의 기획을 긍정적으로 받아들이면서 그 문제점을 비판적으로 극복할 수 있는 여지를 마련하고 있기 때문이다.

근대화의 탈선에서 중심을 차지하는 문제는 무엇보다 사회의 파편화 현상이며 개인주의가 극단화되는 현상이다. 계몽의 끝자리가 인간의 인간화가 아니라 개인의 개별화로 확인될 경우 진정한 인간화를 위해 달려온 근대의 자리에는 그 진행을 송두리째 비판하는 탈근대가 병리학적으로 등장한다. 공동체와의 결속을 부정하는 개인, 사회적 원자주의(Sozialatomismus)에 빠진 개인은 모든 것을 자기로 환원하는 "분석적 이성"[1]과 계몽이 도달한 막다른 골목이다. 여기서 개인과 사회는 또 다른 상실과 고통을 절감한다.

　나는 이러한 문제의 해결 방안을 종교철학적 숙고에서 찾아보려고 한다. 이러한 시도는 예컨대 하버마스가 의도한 새로운 세속화 작업 및 이와 연관된 일련의 연구에서 연관성을 찾을 수 있다. 하버마스는 극단적인 방식으로 개별화되어 가는 사회에서 새로운 집단적 동일성을 창출할 수 있기 위해 종교에 대한 비판적 독해가 필요하다고 주장한다. 그에게서 종교에 대한 비판적 읽기 작업은 궁극적으로 새로운 동일성을 위해 종교의 내용을 일상언어로 번역하는 일이다.[2] 이것은 헤겔의 유명한 논제, 즉 종교를 철학으로 지양하는 문제와 맞닿아 있다. 나는 헤겔과 하버마스의 철학적 프로그램은 종교의 종언을 주장하는 것이라기보다 종교를 통한 새로운 계몽을 주장하는 것으로 간주하며 이를 헤겔의 종교 이해를 중심으로 입증하려고 한다. 이를 위해 '불행한 의식', '믿음의 의식', '절대정신의 자기의식' 으로 대별되는 종교적 의식의 내면화 과정을 추적하면서 이러한 종교적 의식의 전개 과정을 "근대화의

---

1 M. Frank, *Conditio moderna*, Leipzig 1993. 최신한 옮김, 『현대의 조건』, 책세상 2002, 63 이하 참조.

2 J. Habermas, ˝Vorpolitische Grundlagen des demokratischen Rechtsstaates?˝, in: Habermas und J. Ratzinger, *Dialektik der Säkularisierung. Über Vernunft und Religion*, Freiburg, Basel, Wien 2005 참조. 본서 제4장 참조.

탈선"³에서 벗어날 수 있는 새로운 공동체적 동일성의 가능성으로 제시
하려고 한다. 이것은 근대가 맞닥뜨린 계몽의 한계를 넘어선다는 측면
에서 계몽의 계몽으로 규정할 수 있다.

1. 종교적 의식의 변증법적 전개

1.1 불행한 의식으로서의 종교

헤겔은 『정신현상학』에서 종교를 의식의 전개에 따라 필연적으로 현
상하는 절대정신의 자기의식으로 파악한다. 헤겔의 종교 담론을 이해
하기 위해서는 종교적 의식의 변증법적 전개를 해명하는 것이 필연적
이다. 의식의 변증법적 전개는 의식의 탈주술화(Entzauberung) 과정과
상통한다. 의식의 변증법적 전개는 넓은 의미에서 주술의 단계를 벗어
나는 계몽의 과정이자 합리화의 과정이다.

종교의 내용은 인간이 소유하고 있는 여타의 정신적 가치와 달리 경
험의 산물이라기보다 초월적으로 주어진 것이다. 종교적 의식은 초월
적으로 소여(所與)된 종교의 내용을 의식하고 내면화하려는 노력에서
출발한다. 그러나 초월자의 내면화 내지 초월자와 의식의 통일은 손쉽
게 이룩되지 않는다. 헤겔은 이러한 상태를 종교의 첫 단계로 간주하고
이를 "불행한 의식" 내지 "절대적 존재 일반의 의식"으로 규정한다.⁴
"종교가 초월자의 계기에 머물러 있고 자신이 이 계기를 극복했다는 사

3 H. Nagl-Docekal, "Eine entgleisende Modernisierung. Aufkärung und Religion
bei Habermas und Hegel", in: H. Nagl-Dockekal/W. Kaltenbacher/L Nagl(Hg.),
Viele Religionen - eine Vernunft? Ein Disput zu Hegel, Berlin 2008, 154 이하.
4 G. W. F. Hegel, *Phänomenologie des Geistes*, Frankfurt 1970, 495 이하.

실을 의식하지 못하는 한 이러한 종교는 곧 불행한 의식이다."[5] 절대적 존재에 대한 의식으로서의 종교에서는 의식이 아직 절대적 존재와 통합을 이루지 못하고 있다. 이 단계에서 의식과 관계하는 절대적 존재는 즉자대자적인 절대자가 아니라 우리에 대해서 있는(für uns) 절대자이거나 즉자적인(an sich) 절대자이다. 의식 속의 절대자는 아직 자신을 의식하는 정신 속의 절대자가 아니며 의식의 피안에 있는 절대자일 뿐이다.

헤겔에게 진정한 절대자는 자기 스스로를 아는 정신이며, 따라서 즉자대자적인 형식을 지니는 정신의 자기의식이다. 여기서 '정신의 자기의식'과 '자기의식 자체'를 구별해야 한다. 정신의 자기의식은 "정신의 개념"[6]으로서 변증법적 매개의 보편적 형식을 특성으로 갖는 반면, 자기의식은 변증법적으로 전개되는 의식들 가운데 하나의 의식이거나 정신의 한 단계에 불과하다.

절대자가 의식 저편에 머무는 한 의식은 불행하다. 이 의식은 "이중적이며 모순적인 존재의 의식"이며 따라서 "내적으로 분열된 의식"이다.[7] 분열된 의식에서 의식은 한편으로 통일적 의식이며 다른 한편으로 이중적으로 분열된 의식이다. 이러한 분열은 확정된 것이 아니라 의식 외적 존재에 대한 의식의 잠정적 관계라 하더라도 모순적인 것이다. 이 관계는 비존재에 대한 존재의 관계라는 의미에서 모순적 운동으로 규정된다. 의식의 통일은 잠정적인 반면 의식에는 의식 대상이 늘 새롭게

---

5 J. Wahl, "Kommentar des Abschnitts 'unglückliches Bewußtsein'", in: *Phänomenologie des Geistes*. Mit einem Nachtwort von Georg Lukás, Text-Auswahl und Kommentar zur Rezeptionsgeschichte von Gerhard Göhler, Frankfurt 1970, 742.

6 Hegel, *Phänomenologie des Geistes*, 145, 163.

7 Hegel, *Phänomenologie des Geistes*, 163.

주어질 수 있기 때문이다. 어떤 면에서 의식은 이러한 분열의 지속에 지나지 않는다. 의식의 불행은 분열된 의식의 자리에 통일된 의식이 등장하며 이로부터 다시금 분열이 이어지는 데서 발생한다. "동일자는 늘 다시금 대립자로 떨어져 나가고 이중성은 통일성 바깥에서 지속적으로 반복된다."[8] 의식은 이와 같은 분열과 이중화 가운데 있기 때문에 불행하지만 그 운동은 이것으로 종결되지 않는다. 불행한 의식은 초월자와의 통일로 나아가는 통과점일 뿐 종착점이 아니다.

1.2 믿음의 의식으로서의 종교

헤겔이 이해하는 종교의 두 번째 형태는 믿음의 의식(das glaubende Bewußtsein)이다. 믿음의 의식은 "정신의 조용하고 순수한 의식"[9]으로서 절대자에 대한 확실성이다. 그러나 이러한 순수의식에는 내용을 매개하는 실제적 의식이 대립하기 때문에, 믿음은 절대자를 대립적으로 파악하는 데 그친다. 믿음은 유한자와 대립하는 무한자에 대한 확실성이다. 이런 점에서 믿음의 의식은 그 가운데 현상된 절대자를 아직 개념적으로 파악하지 못하는 감각적 인식이며 오성적 인식이다. 믿음은 순수의식과 실제적 의식의 차이를 전제하는 양자의 단순한 통일이다.

"사유의 고요한 영역에는 몰정신적 현존인 현실이 대립되어 있다."[10] 실제적 의식과 대립하는 믿음의 의식이 실제적 의식과 통일된다 하더라도 이러한 통일에 내재하는 것은 현존하는 절대자가 아니라 피안의 존재이다. 이것은 불행한 의식의 경우와 동일하다.[11] 믿음은 "정신의 조

---

8   Wahl, "Kommentar des Abschnitts 'unglückliches Bewußtsein'", 718.
9   Hegel, *Phänomenologie des Geistes*, 387.
10 Hegel, *Phänomenologie des Geistes*, 396.
11 J. Heinrichs, *Die Logik und Phänomenologie des Geistes*, Bonn 1974, 335 이하.

용하고 순수한 의식"[12]일 뿐 아직 정신의 자기의식이 아니기 때문이다. 믿음의 의식에 나타나는 저편의 존재와 불행한 의식에 나타나는 저편의 존재가 각각 의식의 실체적 운동과 의식의 비실체적 운동으로 구별된다 하더라도 절대자는 이 두 의식 너머에 있는 피안의 존재이다.

절대자가 믿음의 의식 너머의 존재로 확인되는 것은 절대자가 감각적인 방식으로 파악되는 데서 연유한다. 헤겔이 감각적 방식의 파악과 개념적 방식의 파악을 구별하는 것은 종교적 인식에서뿐만 아니라 모든 인식에서 결정적이다. 믿음의 의식 가운데 현상된 절대자는 감각적으로 파악되기 때문에 단순하며 추상적이고 불완전하다. 믿음의 의식에서 이루어지는 의식과 절대자의 단순한 통일은 그때마다의 감각적 경험을 통해 이루어지며 그 스스로 감각적 경험의 시간적 지평을 넘어서지 못하기 때문에 불완전하다.

일회적 감성에 머물러 있는 절대존재의 확실성은 직접적이고 단순한 표상이다. 믿음의 의식은 절대존재를 감각적으로 보고 느끼고 듣는 의식에 그치기 때문이다. 이러한 표상은 "직관된 실제적 통일성"[13] 내지 "직관된 필연성"과 같은 "단순한 통일성"[14]으로서 순수한 의식과 실제적 의식의 동일성과 다르지 않다. 이러한 표상은 의식의 추상적 산물에 불과한 것으로서 사유나 순수의식에 투명하게 나타나지 못한다. 내가 단순히 신을 믿는다는 신에 대한 표상에서 "대립자에 대한 반성 내지 의식이 나타나며 여기서 이러한 반성에 대한 정당화와 이론적 추론 및 논쟁 등의 요구가 등장한다".[15]

---

12 Hegel, *Phänomenologie des Geistes*, 397.
13 Hegel, *Phänomenologie des Geistes*, 396.
14 Hegel, *Phänomenologie des Geistes*, 551.
15 Hegel, *Religions-Philosophie*, Hamburg 1987, 15, 최신한 옮김, 『종교철학』, 지

또한 믿음은 오로지 긍정적 보편성과 즉자존재의 규정만을 갖는다. 존재를 긍정적으로 받아들이는 의식인 믿음은 여전히 대상성이나 표상의 형식에 머물러 있다. 믿음이 순수의식의 한 요소라 하더라도 이것은 자기의식의 대자존재에 대립한다. 자기의식의 대자존재는 동일한 순수한 의식 가운데서 순수 통찰(reine Einsicht)로 나타난다. 믿음은 순수의식인 반면 순수 통찰은 순수한 자기의식이다. 믿음의 내용은 순수의식에게 단순히 주어진 긍정적 소여라면, 순수 통찰에게 믿음의 내용은 순수의식 자신이 아니라 자기의식의 타자이다. 그러므로 믿음은 순수 통찰에 대한 단순한 대립자이다. 왜냐하면 단순한 의식으로서의 믿음은 변증법적 반성에 앞서 자기의식 가운데 이미 주어져 있기 때문이다. 순수의식으로서의 믿음이 즉자적이라면, 자기의식인 순수 통찰은 대자적이다. 이것은 긍정성과 부정성의 대립이다.

믿음의 의식은 절대존재를 자기 안에 보존하고 있다 하더라도 그 자체가 순수의식이라는 점에서 소외된 의식이다. 순수의식은 항상 타자존재와 결합되어 있으며 타자존재와의 연관 없이는 규정될 수 없다. 그러므로 순수의식은 스스로 자신의 타자이다. 순수의식이 항상 타자존재와 결합되어 있는 것으로 파악되어야 한다는 사실은 순수의식이 자신으로부터 소외되어 있음을 뜻한다. 순수의식은 원래 타자존재와 무관하며 그 스스로 현실로부터의 도피라는 점에서 자기로부터 이중으로 소외되어 있는 것이다.

현실의 세계를 자신의 대립물로 갖는 순수의식의 현실성은 그 자체가 "대립의 규정"[16]이다. 자기 자신 가운데 대립의 규정을 갖는 순수의

식산업사 1999, 22.

16 Hegel, *Phänomenologie des Geistes*, 393.

식은 자신에 대해서 그때마다 대립자를 설정해야 한다. 실제적 의식은 자신의 대립자를 자신 저편의 존재인 순수의식에서 갖고, 순수의식은 자신의 대립자를 실제적 의식에서 갖는다. 현실은 순수의식으로부터 소외되어 있고 순수의식은 현실로부터 소외되어 있다. 순수의식이 근본적으로 자기 자신으로부터 소외되어 있다는 사실은 바로 이러한 의미에서 거론된다. 소외는 순수의식과 현실에게 교호적으로 일어난다. 여기서 소외 현상의 교호적 관계가 확인되지만 이를 통해 소외의 극복이 이루어지지 않는다. 소외 없는 상태, 즉 즉자대자적인 것은 순수의식에게 소외되어 있는 실제적 의식과 실제적 의식에게 소외되어 있는 순수의식 양자에 의해 구성된다. 실제적 의식과 순수의식, 즉 인륜적 세계와 믿음이 함께 소외 없는 전체존재를 구성한다.

이렇게 소외를 경험하는 믿음의 의식은 궁극적으로 실제적 의식과 통합됨으로써 소외를 극복할 수 있다. 헤겔은 이러한 통합의 과정을 실체가 정신으로 이행해 가는 운동으로 설명한다. 표상에서 드러나는 절대존재의 불투명성은 어떤 방식으로든지 투명성과 구체성을 얻는 길로 전개되어야 한다. 이러한 구체성을 위해 순수의식인 믿음은 자신의 순수성을 넘어서 실제 세계에 귀속되어야 한다. 이러한 귀속의 이유는 무엇보다 인간이 본래적으로 순수의식과 실제적 의식의 종합이며 더 나아가 이론과 실천의 주체이기 때문이다. 본래적 인간에 도달하는 것이 종교의 사명 가운데 하나라면 이러한 종합을 향해 나아가는 의식의 도정은 필연적이다.

1.3 정신의 자기의식으로서의 종교

헤겔에게 불행한 의식과 믿음의 의식은 초월자와의 통일로 나아가는 통과점이다. 불행한 의식과 믿음의 의식의 표상에서 보이는 절대존재의 불투명성은 어떤 방식으로든지 투명성을 얻는 길로 전개되어야 한다. 헤겔은 불행한 의식과 믿음의 의식을 종교적 의식의 형태로 보지만 이를 종교 자체로 간주하지 않는다. 종교적 의식의 이런 형태들은 실제 세계로부터의 도피에 지나지 않으며 그 자체가 아직 즉자대자적이지 않다. 본래적 종교는 실제적 의식에 대립하는 불행한 의식이나 믿음의 의식에 귀속될 수 없다. 헤겔은 진정한 종교를 절대존재의 자기의식으로 파악한다. 절대존재와 의식의 완전한 통일은 불행한 의식과 대비해서 볼 때 의식의 행복이다. 의식의 행복은 의식의 절대적 통일의 단계에서, 다시 말해서 의식과 초월자의 절대적 통합인 절대지에서 성취된다. 의식의 행복이 오로지 자신의 불행을 통해서 실현된다는 사실은 헤겔 특유의 변증법을 보여 준다.

종교 문제와 관련해서 헤겔에게 가해지는 일반적 비판은 유한한 인간이 어떻게 절대지를 가질 수 있느냐는 물음에 집중된다. 헤겔은 종교적 내용의 동일성과 이를 담아내는 형식의 차이성을 통해 이러한 비판에 응답한다. 주어져 있는 종교의 내용은 이를 드러내는 형식에 따라 가감되지 않는다는 것이다. 다만 종교의 내용을 드러내는 의식의 형식에서 차이가 있을 뿐이다. 의식은 내용에 따라 상이한 형식들을 갖는 것으로 전개되는 것이 아니라 동일한 내용을 상이한 형식에 담는 과정을 거치며 궁극적으로 내용과 형식의 완전한 통일을 지향한다. 의식의 대립자들은 이 과정을 통과하면서 모두 의식에 통합되며 그 독자성을 상실한다. 따라서 대립자의 통일인 정신은 자신 안에 의식이 산출한 다양한 존재 방식들을 갖고 있다. 절대적 통합 과정에서 의식의 대립자들이 의식의 운동을 통과하면서 사라진다 하더라도 한 계기의 의식 내용은 그 다음의 계기에 보존된다. 의식의 다양성은 의식의 운동을 형성하는 각각의 계기들이 부정되는 방식으로가 아니라 이들이 모두 보존되는 방식으로 정신에서 전적으로 통일된다.

정신의 자기의식으로서의 종교가 단순히 현실 초월적인 것이나 순수 내면적인 것이 아니라 양자의 종합이라면, 종교가 실제적 의식을 초월하는 종교적 의식의 산물이라는 통속적 주장은 잘못된 것이다. 절대정신은 초월적 세계에만 머물지 않고 유한한 정신 가운데 표상된다. 유한한 정신 가운데 표상되는 절대정신은 형성되어 가는 정신이거나 자기 자신을 의식하는 절대자이다. 유한한 정신은 의식의 운동을 통해 종교에 도달함으로써 마침내 스스로가 절대자와 동일함을 의식한다. 종교는 유한한 정신이 절대정신을 표상할 때 현상하며, 유한한 정신이 절대정신에 관계하는 과정 가운데 나타난다. 헤겔에게 종교의 역사나 실정종교들은 유한한 정신이 절대자를 실질적으로 표상한 결과들이다.

정신의 자기의식으로서의 종교는 내면성과 현실성을 아우르는 정신이지만 그것이 표상의 형식에 머무는 한에서 의식운동의 종착점이 아니다. 정신의 자기의식은 자기인식의 단계로 나아가야 하며 표상은 개념이 되어야 한다. 헤겔철학을 잘 모르는 사람에게도 알려져 있는 '절대지'가 바로 여기서 주제화된다. 절대지에서 종교는 더 이상 종교로 머물지 않고 학문으로 이행하지만 그 내용은 정신의 자기의식으로서의 종교에서 달성된 것이다. 여기서는 의식과 절대존재가 내용적으로 통일되어 있을 뿐 아니라 형식적으로도 통일되어 있다. 의식과 절대존재의 통일이 보편적 개념으로 산출된 것이다. 이것은 '철학으로 도피한 종교'나 '종교의 철학으로의 지양'이라는 말로 표현된다. 이것은 의식과 절대존재의 절대적 동일성을 개념의 상태로 붙들어 두려는 시도라는 점에서 가히 인간 정신의 최고지평이라 할 수 있다.

종교를 개념적으로 지양한 절대지가 이전의 의식운동 없이 불가능한 것이라는 사실은 자명해졌다. 결국 절대지의 내용은 의식의 운동과 그

것이 산출하는 구체적인 계기들로 구성된다. 절대지의 절대적 동일성은 스스로 대상이 될 뿐 아니라 대상성으로부터 자기 자신으로 복귀하기 때문이다. 이러한 과정은 정신현상학의 결과가 되고 절대지의 내용이 된다. 정신의 형성과 정신의 역사는 운동하는 정신의 결과적 총체이다. 정신의 총체는 각 계기의 정신들이 용해되어 있는 절대적 동일성이다. 이런 점에서 절대적 동일성은 이미 모든 계기 가운데 작용하고 있다. 종교의 관점에서 보면 절대자는 매 계기의 의식 가운데 함께하고 있는 것이다.

2. 절대지, 회의주의, 상실의 고통

헤겔은 절대지와 학문에 이르는 과정에서 '회의주의'가 차지하는 중요성을 강조한다.[17] 학문은 학문을 위해 어떠한 외적 전제도 수용해서는 안 된다면, 여기에는 전제를 전제 아닌 것으로 만드는 회의주의가 필연적으로 요구된다. 그러나 모든 전제들을 무화시키는 회의주의는 학문을 위한 방법론이 될 수 없다. 헤겔은 회의주의를 이런 의미에서 "인식의 모든 형식을 통해 수행되는 부정적 학문"[18]으로 규정한다. 부정적 학문으로서의 회의주의는 무화가 갖는 부정성을 오인함으로써 긍정적 학문의 구성을 불가능하게 한다는 것이다. 헤겔은 변증법적인 것을 부정성을 통해 매개되는 긍정성으로 간주하므로 회의주의는 전제를 무화하는 역할에 머물 수 없다. 긍정적 학문에는 "모든 존재를 의심하고 무화

---

17 Hegel, *Enzyklopädie der philosophischen Wissenschaften im Grundrissen I*, §78, Frankfurt 1970, 168.

18 Hegel, *Enzyklopädie der philosophischen Wissenschaften im Grundrissen I*, §78.

하는 무전제성이 선행해야 한다." 더 나아가 회의주의는 긍정적 학문을 위해 스스로 완성된 회의주의가 되어야 한다. 학문은 결국 회의주의를 통해 긍정적으로 성취되는 무전제성의 체계이다. 무전제성은 "순수하게 사유하려고 하는 결단에서 자유를 통해 성취"된다.[19] 무전제성은 모든 것이 부정되어 버린 무의 세계에 대한 규정이라기보다 회의주의를 통해 긍정적으로 규정된 순수사유 세계의 성질을 의미한다.

　회의주의가 긍정적 학문을 위해 기여한다는 논제는 종교 문제에도 적용된다. 전제를 전제 아닌 것으로 변화시키는 사유 내적 동력은 종교를 회의주의의 방법으로 자기화하는 작업과 직결된다. 인간에게 주어진 정신적 전제 가운데 종교보다 더 큰 전제는 없다. 이것은 절대적 존재라는 내용 때문에 그럴 뿐 아니라 절대자에 대한 표상의 역사적 축적이 행사하는 영향 때문에도 그러하다. "종교사와 철학사는 절대지 도출의 구성적 전제"[20]인 것이다. 앞서 살펴 본 종교적 의식의 여러 형태들은 결국 이 엄청난 전제를 의식 내적으로 매개하는 과정에 대한 표현과 다르지 않다. 절대적 전제인 종교, 의식의 활동과 무관하게 외적으로 소여된 종교를 더 이상 전제 아닌 것으로 변화시키는 일은 한편으로 절대적 내용을 부정적으로 무화하는 작업이며, 다른 한편으로 이를 의식 내에서 긍정적으로 개념화하는 작업이다. '전제의 무전제화'에서 관건은 외부에서 부과된 종교의 가르침을 자기 안에서 되살리는 일이다. 이것은 결국 종교적 전제에 대한 무화와 부정을 통해 그 내용을 긍정적으로 파악하는 것으로 종결된다.

　종교적 전제의 무화가 종교에 대한 부정적 회의주의로 귀결된다면

---

19 Hegel, *Enzyklopädie der philosophischen Wissenschaften im Grundrissen I*, §78.

20 W. Jaeschke, "Das absolute Wissen", in: A. Arndt, E. Müller(Hg.), *Hegels 'Phänomenologie des Geistes' heute*, Berlin 2004, 199.

신의 죽음을 이보다 더 분명하게 선언하는 일은 없을 것이다. 이를 통해 종교가 부정될 뿐 아니라 종교사 전체가 거부되며 이것이 보존해 온 모든 가치체계가 붕괴될 것이다. 이런 점에서 헤겔은 일정 부분 니체의 사유를 선취하고 있다. 그러나 헤겔의 의도는 분석적 이성의 틀에서 모든 가치를 분해하고 해체하는 데만 있지 않다. 오히려 '자기 스스로를 완성시키는 회의주의'는 절대적 전제에 대한 부정을 통해 절대적 존재에 깃들여 있는 모든 가치와 의미를 개념의 상태로 되살리려는 종합적 사유이다. 종교를 철학으로 지양한다는 것은 철학을 통해 종교의 내용을 무화하고 파괴하는 것이 아니라 오히려 그것을 아무런 손상 없이 개념화하는 것을 가리킨다. 그렇지만 바로 여기에 종교의 보존과 파괴라는 양의성이 자리 잡는다. 종교를 철학으로 지양함으로써 사유는 종교의 절대적 내용까지 획득하지만, 이러한 절대적 획득은 역설적으로 종교 자체의 상실로 나타날 수 있다. 철학에게 자신의 자리를 내준 종교가 과연 독자적으로 존립할 수 있는가하는 것은 상실을 염두에 둔 예민하고 심각한 물음이다.[21]

이러한 상실의 문제는 절대지에서도 확인할 수 있다. 완성된 회의주의를 표현하는 절대지는 정신의 최고 상태이며 지(知)의 최고지평임에 틀림없다. 그러나 헤겔을 철학사적으로 돌아볼 때 절대지에서 현실적 모순을 생각해 볼 수 있다. 헤겔에 의하면 절대적 동일성으로서의 절대지는 정신의 전개 과정에 나타나는 모든 분화와 분열의 극복을 요구한다. 그러나 이러한 요구와 달리 절대지가 정신의 끝없는 분화 과정의

---

21 종교를 일상언어로 번역했을 경우 종교가 종교로 남지 않을 수 있다는 지적이 흥미롭다. M. Quante, "Reflexionen der entgleisenden Modernisierung", in: H. Nagl-Dockekal/W. Kaltenbacher/L. Nagl(Hg.), *Viele Religionen – eine Vernunft? Ein Disput zu Hegel*, 169 참조.

'한 단계'로 평가될 수 있다. 철학사의 실제적 진행에서는 이러한 평가가 전적으로 틀린 것만은 아니다. 이렇게 본다면 절대지는 정신현상학적 종결이 보여 주는 하나의 패러독스이며[22] 변증법의 모순이기도 하다. 물론 절대지는 순수한 자기의식으로서 이러한 패러독스까지 인식한다. 그러므로 절대지가 전체만이 아니라 과정이라는 사실은, 절대지가 지식의 진정한 형태로서 자신의 내용만이 아니라 그 상실의 운명까지 인식한다는 것을 의미한다.

3. 정신의 자기의식으로서의 종교와 종교 비판에 대한 반비판

헤겔의 근대 이해는 기독교에 대한 분석과 분리할 수 없다. 헤겔에게 기독교는 사회적 원자주의와 결별한 것이라기보다 오히려 이를 실행한 것이다. 이러한 모습은 구 가톨릭교회에 맞선 종교개혁의 본질에 속하는 것으로서 교회공동체보다는 개인의 내적 심연에 토대를 두고 있다. 외적인 공동체가 종교적 진리와 무관하다는 것이 아니라 개인의 내면성이 진리를 받아들이고 확정하는 토대라는 것이다. 종교개혁이 근대적 개인의 출발점이라는 주장에는 인간의 내면성 가운데 그 무엇으로도 환원될 수 없는 독자성이 존재한다는 사실이 깃들어 있다. 이러한 내면성은 내적 반성에 근거하며 자기 가운데 일체의 대상성을 남겨 두지 않으려는 사유의 철저성에 토대를 둔다. 종교적 개인은 철저하게 자기만의 확신에서 출발하며, 그의 삶 전반은 이러한 확신에 근거하는 다양한 국면들로 전개된다. 따라서 삶의 축적인 역사는 내면의

---

22   W. Becker, *Hegels Phänomenologie des Geistes*, Stuttgart 1977, 139 이하 참조.

종교적 확신이 개인적으로, 공동체적으로 전개된 결과이다. 헤겔에게 "인간적 실천의 인륜적 형식 및 인간 삶의 인륜적 성질은 기독교 공동체의 실존을 전제한다."[23] 종교와 현실 간의 뗄 수 없는 관계는 이렇게 설명된다.

종교개혁이 인간에게 절대적 주관성을 일깨웠다는 것은 계몽의 주관성을 초월하는 정신적 지평이 존재한다는 사실을 가리킨다. 오성적 계몽의 관점에서는 신이 유한한 존재의 피안에 있을 뿐이며 인간은 신과 긍정적 관계를 맺을 수 없다. 헤겔이 선호하는 표현 방식을 빌면 오성적 관점은 추상적 사유에 그치며 그렇기 때문에 신에 대해 아무런 규정을 가질 수 없다. 그러나 종교개혁을 철학적으로 해석하는 헤겔에 의하면 근대는 종교개혁을 통해 유한한 계몽의 상태를 극복하고 절대적 주관성을 소유할 수 있게 되었다. 내면성 가운데 신과의 직접적 관계가 성취되었다는 해석은 주관성의 지평을 유한성에서 무한성으로 넓힌 계기가 된다. "기독교 시대에는 신적 정신이 현세 속에 나타나서 마침내 완전히 자유로운 상태에서 그 자체 안에 실체적 자유를 마련하였다. 이것이야말로 주관적 정신과 객관적 정신의 유화를 이룬 것이다."[24]

종교개혁의 핵심사상인 자유의 문제도 마찬가지이다. 계몽이 성취한 자유는 유한한 현실의 자유에 그친다. 이에 반해 종교개혁을 통해 달성된 자유는 무한한 내면성의 자유로서 신과의 관계를 통해 그때마다 정신의 지평을 확대하는 자유이다. 이 자유는 신앙적 확실성을 전제한다. 종교개혁의 모토 가운데 하나인 '오직 믿음'(sola fide)은 내면의 확실

---

23 G. Rohrmoser, *Glaube und Vernunft am Ausgang der Moderne. Hegel und die Philosophie des Christentums*, St. Ottilien 2009, 336.
24 Hegel, *Vernunf in der Geschichte*, 임석진 옮김, 『역사 속의 이성』, 지식산업사 1992, 218.

성에 대한 요구이다. 헤겔은 이러한 확실성을 신의 본성과 인간의 본성의 통일에 대한 확실성으로 간주하며 여기서 개인의 의식이 신과 통일을 이룬 것으로 평가한다. "기독교가 표방하는 일반적 원리는 1) 하나의 정신, 즉 진리가 존재한다는 것, 2) 모든 개인은 신의 은총에 의하여 절대적 정신성을 부여받아야만 할 무한한 가치를 지닌다는 것이다. 이러한 결과로서 개인은 인격의 측면에서 무한하며 또한 자기의식 일반으로서, 그리고 자유로운 존재로서 인정받는다."[25]

현실과 역사의 삶에서 자유를 최고의 가치로 간주하는 헤겔은 자유를 실천의 측면에서만 설명하지 않는다. 오히려 현실적 자유는 이론적 자기의식과 뗄 수 없는 관계 속에 있으며 오로지 이를 통해서만 성취된다. 이러한 사상은 종교개혁의 정신에서 출발하여 독일관념론을 통해 지속적으로 연마되고 축적되어 온 것이다. 자기의식을 '생명의식'으로 규정한 청년 헤겔의 사상은 애당초 기독교적 연관에서 출발한 것이며, 그의 자유 개념은 이러한 내적 생동성과 그 끝없는 전개 가능성에 토대를 두고 있다. 생명의식은 자기 자신에 대한 성찰 없이 현실로 나아갈 수 없으며 현실의 역동성을 확인하지 않고 지속될 수 없다. 자유는 내면의 확실성에서 출발하여 현실을 거쳐 다시금 내면으로 되돌아오는 의식의 운동 없이 이루어질 수 없다. 이러한 맥락에서 헤겔은 역사를 '자유의식의 진보'로 규정한다.

역사와 현실의 종교연관성을 거론하는 것은 교리에 대한 형식적 실행만을 강조한 것이 결코 아니다. 앞서 언급한 종교적 의식의 전개 과정은 종교가 계몽이 이룩한 시대변화의 토대라는 사실에 대한 확인이기도 하다. 헤겔의 종교 담론은 종교적 가르침에 대한 철학적 정당화로

---

25 Hegel, 『역사 속의 이성』, 193.

평가할 수 있지만, 그 진면모는 종교의 가르침을 현실의 구체적 원리로 파악하는 데서 확인된다. 이러한 맥락에서 헤겔은 자기의식 또는 "자기와 자기의 깊이에 대한 정신적 앎"을 아예 "서구세계의 최고원리"[26]로 간주한다. 프로테스탄티즘이야말로 새로운 시대정신이며 계몽의 역사를 주도하는 원리와 힘이라는 주장이다.

종교를 절대정신의 자기의식으로 규정하는 헤겔에게 중요한 포인트는 다음과 같다. 첫째, 유한한 정신이 아니라 무한하고 절대적인 정신이 진정한 자유의 토대이다. 둘째, 이 정신의 자기관계적 운동이 진정한 자유를 실현할 수 있다. 계몽주의의 한계는 헤겔 뿐만 아니라 칸트 이후의 다양한 철학이 공통적으로 지적한다. 분석적 이성은 유한한 현실과 과학기술의 지평에서 유효하지만 인간의 내면성까지 유한성에 묶어 두는 한계를 보인다는 것이다. 내면성을 유한한 상태에 구속하는 것은 인간성에 대한 평가절하이며 파편화된 개인주의와 기계론적 인간론을 무분별하게 용인하는 것이 된다. 이러한 맥락에서 슐라이어마허를 비롯한 초기 낭만주의자들은 계몽주의에서 보이는 유한한 정신의 한계를 종교를 통해 극복하려고 했다. 이것은 결코 간과할 수 없는 정신사의 발전으로 간주되어 마땅하다.

헤겔의 종교 담론에 나타나 있는 절대정신의 지평은 의식 저편에 있는 절대자를 동경하거나 절대자와 대립하는 순수의식의 상태가 아니라 현실 속에서 절대자와 통일을 이룩한 상태이다. 이것은 종교개혁을 통해 성취된 신과 인간의 통일을 주관성 철학 속에 반영한 것이다. 이 통일은 운동 없는 실체적 통일이 아니라 자기의식이 수행하는 통일이다. 중요한 것은 역사적으로 발생한 거대사건으로서의 종교개혁이 아니라

---

26 Hegel, 『역사 속의 이성』, 215.

이 사건에 대한 매순간의 기억과 내면화이다.[27] 종교개혁이 일깨운 신과 인간의 절대적 통일은 절대적 주관성의 구체적인 활동이 수반되지 않을 때 분석적 이성의 계몽활동에도 미치지 못하는 아집과 독단에 갇힐 수 있다.

종교의 양면성은 이렇게 확인된다. 계몽주의가 비판하는 종교가 있는가 하면 계몽주의를 뛰어넘는 종교도 분명 존재한다. 내면성의 활동과 무관한 종교, 생각하지 않는 무리를 권위로써 지배하는 종교는 계몽주의의 비판을 받아 마땅하다. 여기에는 일방적으로 요구되는 교리와 실천적 명령만 존재하기 때문이다. 진정한 인간성은 이러한 비판을 통해서 회복할 수 있고 또 회복해야 한다. 문제는 계몽이 종교를 비판하면서 정신의 절대적 지평까지 비판한다는 데 있다. 계몽과 정신의 유한성은 동전의 양면처럼 맞닿아 있다. 계몽주의를 통해 잘려나간 무한한 정신은 역설적으로 계몽주의의 종교 비판을 반비판함으로써 회복할 수 있다. 이런 점에서 절대정신의 자기의식으로 규정되는 종교는 계몽주의의 종교 비판을 다시금 비판함으로써 계몽의 계몽을 수행한다.

헤겔이 즐겨 사용하는 '절대적 자유'와 '절대적 화해'라는 표현은 계몽주의가 파괴한 절대적 주관성을 회복하려는 목적을 갖는다. 종교에 대한 인정 없이 절대적 주관성 자체가 거론될 수 없다면 계몽주의의 종교 비판에 대한 반비판은 종교의 재건에 해당하며 종교를 통한 새로운 시대창출과 다르지 않다. 이러한 맥락에서 헤겔은 계몽주의에 의해 비판 받을 수 있는 종교적 의식의 형태를 불행한 의식과 믿음의 의식을 통해 밝히는 동시에, 이를 극복할 수 있는 형태로 '절대정신의 자기의

---

27 정신현상학은 기억을 '내면화'(Er-innerlichung)로 표현한다. *Phänomenologie des Geistes*, 591.

식으로서의 종교'를 제시한 것이다. 절대정신의 자기의식에서 인간은 신과 통일을 이룰 수 있으며 이를 통해 신에게 속하는 절대적 자유를 획득할 수 있고, 더 나아가 자신의 내면 가운데 절대적 화해의 토대를 마련한다. 절대적 자유와 절대적 화해는 이것을 가르치는 교리에 대한 맹목적 수용에서가 아니라 이 사실을 자기 안에서 인식하는 절대적 자기관계에서 나온다는 사실은 이제 반복할 필요가 없다. 진정한 자유는 종교 가운데서 자신을 위해 자신을 아는 것이다.

4. 절대종교와 계몽의 계몽

계몽주의의 종교 비판을 반비판하고 종교를 재건함으로써 정신의 무한한 지평을 회복한 것이 헤겔의 절대종교라면, 여기에는 근대의 기획이라 불리는 계몽에 대한 입장이 잘 나타나 있다. 계몽의 기획은 자연에 대한 인간의 자립성을 가능하게 한 획기적인 사실이지만 모든 것을 유한한 오성의 지평하에 둠으로써 고대로부터 실체적인 방식으로 존재해 왔던 정신의 무한한 지평을 송두리째 말살하고 말았다. 자연에 대한 인간의 맹목적 믿음을 오성의 지식하에 둔 것은 진일보한 역사적 사건이지만, 초월적 세계에 대한 지적 접근의 여지를 말살한 것은 정신의 스캔들임이 틀림없다. 계몽주의의 오성은 신을 알 수 없다. 칸트의 물자체 논변은 그 시대에서 가장 첨단적인 방식으로 이를 대변하고 있다. 그러나 칸트는 자신이 전통 형이상학을 파괴한 것을 인정하고 자기 나름의 방식으로 신학의 문제를 도덕에 내맡긴다.

칸트가 강조한 심정의 능력에 비추어볼 때 인간이 소유하는 제반 능력(감성, 오성, 이성)은 서로 간의 매개 없이 분열되어 있으며 각각의

능력이 관계하는 세계(현상계, 물자체) 역시 분열되어 있다. 계몽주의
가 도달한 최고영역은 분열로 마감된 것이라 해도 과언이 아니다. 도덕
은 절대적 자발성에서 출발한다 해도 현실을 고려하지 않는 의무 명령
에 근거하는 한 추상성을 피할 수 없다. 추상성은 구체성으로부터의 분
열이다. 계몽은 결국 분열로 마감된다.

　헤겔은 초기 낭만주의가 강조하는 종교체험에서 확인할 수 있는 보
편성과 구체성의 연관에 주목하면서, 절대자를 구체적 보편자로 파악
할 수 있는 인식의 길을 모색한다. 체험 종교와 인식 종교 간의 차이에
대해서는 독자적 논의가 필요하지만 계몽주의 '이후'의 사유라는 차원
에서 양자는 같은 길을 간다. 양자 간에는 계몽의 계몽을 탈계몽 내지
탈이성의 방식으로 수행할 것인지, 아니면 이를 이성의 변형을 통해 성
취할 것인지의 차이가 있을 뿐이다.

　헤겔에 의하면 인간은 신을 인식할 수 있다. 오성은 신을 알지 못하
며 절대성의 영역이 오성 밖으로 밀려난다는 계몽주의적 사유는 여기
서 단호히 부정된다. 오히려 인간은 정신과 영을 통해 신을 알 수 있으
며 교회공동체 가운데 임재 해 있는 신을 인식할 수 있다. 신은 불행한
의식과 믿음으로서의 종교에서 드러났듯이 의식에 맞서는 대상이 아니
다. 헤겔은 신을 교회공동체 가운데, 즉 정신과 영의 공동체 가운데 존
재하는 것으로 파악한다. 여기서는 의식과 대상의 관계가 아니라 정신
과 정신의 관계가 중심을 이룬다.[28] 정신과 정신의 관계에서 교회공동
체는 영과 정신인 신을 인식한다. 신은 자신을 인식하는 교회에서 비로
소 정신으로 존재하며 그 가운데서 활동할 수 있다.

---

28 최신한, 「헤겔의 삼위일체론」, 『기독교사상』, 487호, 대한기독교서회 1999, 90-
111 참조.

　　이러한 파악은 종교개혁과 개신교에 대한 헤겔의 고유한 이해와 맞
물려 있다. "프로테스탄트적 종교로부터는 모든 개인 상호 간의 신뢰
또는 그들 각자의 신념이나 지조에 대한 믿음이 움터 나왔다. 왜냐하면
프로테스탄트적 교회에서는 종교적 일이 곧 생활의 전체나 일체의 생
존활동 그 자체를 뜻하기 때문이다."[29] 공동체 가운데서 신을 인식한 사
람은 홀로 신과 관계하는 사람과 다르다. 헤겔의 신 인식에서 중요한
것은 정신과 정신의 관계이며 이 관계의 조건이 되는 정신의 공동체이
다. 공동체 가운데서 신을 인식한다는 사실은 신과 관계하는 사람들의
정신적 상호관계를 전제한다. 프로테스탄트적 자기의식은 애당초 공동
체의 자기의식과 구별될 수 없으며 항상 공동체의 정신을 수반한다. 공
동체를 통해 타자와 관계하지 않는 사람은 신을 온전한 방식으로 인식
할 수 없으며 절대정신의 영역과 관계할 수 없다.

　　헤겔은 종교를 절대정신의 자기의식으로 파악한다. 종교가 절대자를
의식 내적으로 매개하는 것을 넘어서서 절대자와 관계하는 개인들 간
의 관계로 나타나야 한다는 주장은 현대의 상호주관성 이론을 선취하
고 있다. 계몽은 항상 개인주의와 개인의 파편화 문제[30]라는 한계를 드
러내었다면 그 극복은 오로지 개인과 개인의 관계를 통해서만 가능하
다. 공동체와 집단적 동일성은 이것의 토대가 되는 상호주관성 없이 불
가능하므로, 절대정신의 자기의식으로서의 종교는 집단적 동일성을 위
한 실질적 근거가 될 수 있다. 이것은 신의 죽음 이후의 시대에서 집단
적 동일성을 창출할 수 있는 토대를 마련하기 위해 하버마스가 적극적
으로 수용하는 칸트의 도덕신학이나 반사실적(kontrafaktisch) 가능성

29　헤겔, 『역사 속의 이성』, 275.
30　Ch. Taylor, *The Malaise of Modernity*, 송영배 옮김, 『불안한 현대사회』, 이학사
2001, 특히 제9장 참조

과 일맥상통한다. 중요한 것은 새로운 차원의 계몽과 상호주관적 관계이다.

5. 맺음말

헤겔은 근대를 분열의 시대로 파악한다. 분열은 고통을 수반하므로 동시에 고통과 상실의 시대이기도 하다. 근대 이후를 지배하고 있는 정신적 상황은 전근대에서보다 더한 분열과 고통일 수 있다. 고통을 고통으로 의식하지 못할 때 이를 더 쉽게 감내할 수 있기 때문이다. 계몽된 개인에게는 모든 것이 반성의 대상이 되므로 실제로 고통과 무관할 수 있는 것도 고통으로 나타난다. 자기 철학을 정립할 때부터 분열과 고통의 치유를 '철학의 욕구'로 보았던 헤겔에게 종교는 이 문제에 대한 탁월한 해법이었다. 그 핵심은 모든 분열을 끌어안는 전체성과 모든 고통을 뛰어넘는 초월성에 있다.

절대종교 가운데는 최고의 고통과 무한한 고통이 가장 적극적으로 주제화되어 있다. 절대종교에서는 최고의 고통이 구원의 가능성을 잃어버린 감정과 신 자신(성자)의 죽음으로 주어져 있기 때문이다. 그러나 이 고통은 신에 대한 신앙 가운데 용해되어 있는 무한한 고통이며 그렇기 때문에 이를 통해 극복할 수 있는 고통이다. 절대종교의 계기가 신에서 출발하여 신의 아들을 거쳐 신에게로 복귀하는 삼위일체의 과정으로 이루어져 있다면 이는 분열 및 고통과 이것을 극복하는 사랑의 과정이다. 절대적 화해와 절대적 자유는 바로 이러한 계기들의 진행에서 성취된다.

헤겔은 애당초 분열과 고통의 극복 가능성을 사랑의 패러다임에서

찾는다. 계몽되었지만 홀로 존재하는 개인은 이 문제를 결코 해결할 수
없다. 오로지 부정성을 슬로건으로 하면서 자기반성의 능력마저 상실
해 버린 근대적 주체에게, 그리고 모든 가치가 상실된 시대 속에서 스
스로 가치를 창출해야 하는 깨어 있는 개인에게도 이 문제는 결코 용이
하지 않다.[31] 그러나 절대정신의 자기의식으로서의 종교는 그 가운데 이
미 사랑의 계기를 포함하고 있기 때문에 인륜적 공동체와 화해의 공동
체를 정당화 할 수 있다. 사랑은 주관적 감정의 상태를 벗어나 객관적
인 틀을 얻을 때 현실의 공동체를 떠받칠 수 있다. 이것은 절대정신의
종교를 사유의 방식으로 받아들이는 것을 의미한다.

　종교를 사유의 방식으로 받아들이는 것은 종교를 철학으로 지양하는
논제에서 확인된다.[32] 진리는 종교적 내용을 필연적으로 요구하지만
"그 확실성과는 여전히 동일하지 않은 내용이다." 종교의 내용과 그것
에 대한 파악이 완전히 동일하게 되는 것은 "내용이 자기의 형태를 획
득할 때"[33] 가능하다. 종교적 사랑이 '자기'와 '개념'의 형태를 띠게 하
고 이 사랑을 인간의 존엄 및 정의와 같은 사회적 개념과 연관시키기
위해서는 절대종교의 외연을 손상시키지 않으면서 이를 현실의 언어로
번역하고 실제 삶에 적용할 수 있어야 한다. 이를 통해 우리는 근대적
계몽을 수용하면서도 이를 넘어서는 새로운 계몽을 수행할 수 있으며
진정한 의미의 인간화를 성취할 수 있다.

---

31 D. Andersen, *Hegel after Habermas. Speculation, Critique and Social Philoso-phy*, Saarbrücken 2008, 74 이하 참조.

32 본서 제4장 참조.

33 Hegel, *Phänomenologie des Geistes*, 583.

2

새로운 종교철학의 방법

사변적 해석
─종교적 표상의 철학적 번역

1. 종교의 객관적 측면과 주관적 측면

종교에는 누구에게나 통용될 수 있는 객관적인 측면이 있다. 이것은 객관적인 것이라기보다 오히려 초월적인 것이다. 초월적인 것이기 때문에 종교는 그 누구도 부정할 수 없는 객관적인 것이 된다. 그런데 이런 객관적인 것을 받아들이는 사람은 개인이므로, 종교의 주관적 측면을 결코 간과할 수 없다. 종교의 객관성과 주관성은 동전의 앞뒤와 같아서 실제로는 분리되지 않는다. 양자를 구별하는 것은 종교의 특성과 현실을 밝히기 위한 이론적 작업에 속한다. 게오르크 짐멜의 구별처럼 종교의 객관성이 '거룩함'이라면 그 주관성은 '신앙'이다. "거룩함은 영혼의 가장 심원한 존재를 완성시킨다."[1] 신앙은 초월을 내면에 담지하고

---

[1] 본서 제2장 참조. G. Simmel, *Die Religion*, in: Gesamtausgabe, Bd. 10, Frank-

있는 운동으로서 이로부터 삶의 의미가 발생한다. 초월적 거룩함이 없
다면 내면에서 새로운 의미가 발생할 수 없으며, 거룩함을 담아낼 내면
의 그릇이 없다면 초월은 아예 드러날 수 없다. 신앙인의 내면성은 신
의 인격성과 통한다. 거룩함의 객관성과 신앙의 주관성 없이 종교는 현
실 속에 있을 수 없다.

종교의 객관성을 드러내려는 종교철학의 오랜 노력은 신의 이념에
대한 추구로 요약될 수 있다. 신의 이념은 당연히 정신적이고 이성적인
것이다. 순수 개념적인 것으로 보이는 신의 이념도 이를 받아들이는 개
인의 특수한 경험 없이는 무실(無實)한 것이 된다. 자유로운 종교적 체
험과 무관한 신의 이념은 존재하지 않으며, 있다 하더라도 그것은 '역
사 속의 종교'와 무관하다. 그러므로 신의 객관적 이념은 주관적 신앙
체험과 함께 간다. 주관적 신앙 체험은 이념의 분화 과정과 다르지 않
다. 이념이 분화됨으로써 추상적인 신은 현실 가운데 구체적으로 드러
난다. 개인의 체험을 통해 이루어지는 이념의 분화는 현대성을 만들어
낸 사회적-문화적 분화와 직결된다. 그러므로 현대성은 종교 '이후'의
시대를 지칭하는 것이 아니다. 그것은 오히려 종교에 의해 형성된 시대
의 특징으로 간주되어야 한다. 그러므로 '계몽주의 이후의 종교'는 그
이전의 종교와 확연히 구별된다.[2]

객관성으로서의 종교, 이성적 신 개념, 신의 이념 등으로 표현되는
신의 초월성은 결코 흔들릴 수 없는 신의 자립성을 지칭한다. 적어도
종교철학의 테두리 안에서는 신의 초월성과 자립성을 거론하는 것이
당연하다. 거룩함으로 대변되는 신의 초월성은 이를 대하고 받아들이

---

furt 1995, 99.

2 H. Lübbe, *Religion nach der Aufklärung*, Graz/Wien/Köln 1986 참조.

는 개인의 종교성과 만나며, 이 만남에서 주관성으로서의 종교, 즉 신앙이 등장한다. 신앙은 어디까지나 개인의 내면성에서 출발하며 생생한 체험적 사실에 토대를 둔다. 신의 초월성은 신앙인 개인의 내면성과 만나면서 그때마다 상이한 모습으로 등장한다. 개인의 체험을 통해 등장하는 현실 속의 신은 흔들림 없는 모습이라기보다 개인의 상황과 그를 에워싸고 있는 환경에 따라 차별화되어 나타난다. 신의 초월성과 신앙의 현실성은 보편(신)과 특수(개인의 신앙)의 관계로 간단히 설명될 수 있는 것이 아니다. 특수는 보편과 관계하지만 그 자체가 보편이 아니라면, 그것은 보편을 구체화하는 과정으로 나아가야 한다. 그것은 특수와 특수의 관계, 즉 개인의 체험이 타자의 체험과 맺는 공동체 형성의 과정이다.

개인의 신앙은 신과 맺는 초월적 관계에서 나온다. 그리고 이 관계의 핵심은 종교적 체험에 있다. 종교적 체험은 체험주체에게 드러난 신의 흔적이다. 신앙인 개인의 입장에서 볼 때 그에게 나타난 신의 흔적은 자신에게 자명한 신의 모습이다. 그러나 이 흔적은 신 자체가 아니며 신앙인 개인에 의해 드러난 제2의 신이다. 이것은 초월적 신에 대한 신앙적 표현, 즉 초월의 현실적 번역이다. 초월적 신은 현실적으로 체험되는 만큼 다양하게 번역될 수 있다. 그러나 개인의 체험이 신 자체를 보여 줄 수는 없으므로 개인의 체험은 타자의 체험과 소통해야 한다. 이것 또한 번역의 과정이다. 체험하는 개인들 간의 소통은 곧 초월에 대한 번역의 구체화이다. 신에 대한 개인의 번역이 타자와 소통하면서 또 다른 번역으로 전개된다. 이렇게 보면 종교공동체는 초월적 신에 대한 공동체적 번역의 마당이자 그 결과이다.

제의와 예배는 공동체적 번역을 대변한다. 제의는 문화의 한 현상으로 간주될 수 있지만 초월의 상징이라는 점에서 여타 문화와 근본적으로 다르다. 제의는 초월자와 초월적 세계를 상징화하고 그 의미를 구체적으로 표현하며 이를 소통하는 마당이다. 신은 그 직접적 현시(顯示)와 상관없이, 제의에 참여하고 의미를 나누는 공동체를 통해 상징화되며 그때마다 새로운 모습으로 번역된다. 그러므로 "번역의 달성은 종교적–상징적 소통에서 무제약자의 상징이 제약자와 유한자의 장소로 환원되는 데 달려 있다."[3] 거룩한 신성은 번역을 통해 유한한 인간에게 상징화되며, 인간은 상징을 통해 무한한 존재를 인간의 틀 안에서 언급할수 있다. 따라서 종교적 번역은 무한한 신과 유한한 인간을 연결하는 매체이며 인간에게 초월적 의미를 부여하는 통로이다. 그러나 종교적번역이 개인만을 위한 것이 아니며 그 안에 공동체적 번역을 포함하는한, 사람들은 누구나 종교적 번역을 통해 다른 사람과 만나며 초월적의미를 공유한다. 공동체적 번역의 관점에서 볼 때 종교공동체는 분명히 하나의 사회적 가치체계이다. 종교를 통해 강화된 무한한 가치가 개인과 개인의 관계를 통해 더욱 확대되기 때문이다. 따라서 구원의 현실적 의미는 바로 이러한 가치체계 안에 있다고 할 수 있다.

2. 종교적 번역과 세속적 합리화

종교는 삶의 현장 가운데 있다. 종교는 한편으로 현실 초월적이지만 다른 한편으로 현실 속에 있다. 그래서 종교는 그때그때 사회문화적 형식과 더불어 존재한다. 물론 종교 고유의 세계와 영성이 분명히 있다. 이영역은 그때마다 새로운 것이면서 영속적인 것으로서 종교의 근간을

---

3 J. Dierken, *Ganzheit und Kontrafaktizität*, Tübingen 2014, 169.

이룬다. 그렇지만 종교는 그때그때 사회문화적 현장과 결코 무관하지 않으며, 이 현실에 무관심해서도 안 된다. 어떤 종교이든 그것은 이미 "유의미한 사회적 행동의 형태"[4]를 지니고 있다.

종교의 진정한 능력은 그것이 현실 너머의 지평에 속한다는 데에 있다. 종교는 사회와 문화의 변형이 필요한 곳에서 숨 쉰다. 사회와 문화의 변형은 종교가 지니는 초월적 가치와 가르침을 현실의 언어로 풀이하고 표현함으로써 가능하다. 종교는 세상을 등진 사람들의 전유물이 아니라 삶을 보다 낫게 영위하기 위해 요구되는 삶의 현상이므로, 종교 가운데는 이미 현실을 향한 관심과 욕구가 자리 잡고 있다. 이런 맥락에서 종교는 이성이 쇠퇴해 가는 시대에 이성의 반대급부로서 적극적으로 인정되어야 하는 것이다.[5] 우리는 종교가 갖고 있는 초월적 내용을 올바로 번역하고 해석함으로써, 현실의 여러 문제를 드러내고 해소할 수 있다. 현실의 문제는 현실 너머에서 조명할 때 분명하게 드러나기 때문이다. 문제를 문제로 규정하는 것은 그 해결의 지름길이다. 종교는 적절한 해석을 거치지 않을 때 그 자체가 불투명하므로 모든 사람에게 다가갈 수 있는 이성적인 언어로 번역되어야 한다. 이것은 분명히 종교의 이성적 측면이다. 초이성적인 가르침을 이성적으로 이해하고 이를 삶에 합리적으로 적용할 수 있기 위해 요구되는 것이 종교적 번역의 핵심이다.

종교적 번역은 그 자체의 고유한 힘으로써 세속을 초월하는 영역을 합리적인 방식으로 보여 준다. 종교의 초월적 능력은 애당초 세속 너머

---

4 M. Riesebrodt, *Cultus und Heilsversprechen. Eine Theorie der Religion*, München 2008, J. Dierken, *Ganzheit und Kontrafaktizität*, 162에서 재인용.

5 J. Habermas, *Zwischen Naturalismus und Religion. Philosophische Aufsätze*, Frankfurt 2005 참조.

의 영역을 가리키고 있으며, 이런 점에서 '반(反)사실적'이다. 종교가 반사실적 힘을 지니고 있지만 그것이 개인과 내면의 신비적인 차원에만 머물러 있다면, 이 힘에 대해 무지한 세속에 영향을 미칠 수 없다. 종교에 이르는 길은 무한자에 대한 예감적 접촉에만 있는 것이 아니다. 종교적 번역은 세속과 초월을 연결하는 논리적 가교이다. 종교적 번역은 합리적인 방식으로 초월을 세속 가운데 드러내며, 세속으로 하여금 합리성이 도달하지 못하는 영역에 이르게 한다. 종교와 전통 형이상학의 관점에서 보면 근대의 합리화 과정은 지극히 축약된 내용에 국한된다. 합리화와 계몽의 과정을 통해 세계가 남김없이 객관화된다는 것은 대단히 근시안적이며, 이것은 근대성 비판을 통해 드러난 사실이다. 그러므로 종교적 번역은 근대의 축약된 합리성을 비판하면서 초월적 세계를 모든 사람들이 인정하는 방식으로 보여 주려고 한다.

종교적 번역은 합리성과 비합리성의 연결고리이며 초월을 세속 가운데 이식하는 과정이다. 이러한 이식은 종교적 체험을 매개로 해서 일어난다. 종교적 체험은 초월에 대한 주체의 고유한 접촉이다. 서로 남남으로 존재했던 초월적 세계와 유한한 세계는 이러한 접촉을 통해 하나가 된다. 종교적 번역의 첫 단계는 초월과의 만남과 접촉이다. 그런데 초월적인 힘을 세속 가운데 이식할 때 두 가지 일이 일어난다. 먼저 세속의 전모가 적나라하게 드러나며, 이로써 세속은 새로운 변화를 모색한다. 종교적 번역의 비합리성은 세속에 묶여 있던 인간을 초월과 접촉하게 한다면, 그 합리성은 세속의 문제를 발견하고 이를 이성적으로 규정한다. 초월을 발견할 때 가졌던 비합리적이고 신비적인 경험은 합리성의 도움으로 세속의 문제를 해결할 수 있다. 세속이 안고 있는 문제의 해결은 곧 현실의 변화이다. 초월을 향한 세속의 변화는 종교적 번역의 최대 효과이다.

모든 사람이 종교적 체험을 하는 것은 아니다. 그렇지만 체험이 없는 사람도 종교적 번역을 수행할 수 있다. 어느 시대에나 종교와 종교적 가르침은 존재한다. 세속 가운데 종교가 있기 때문에 이를 합리적으로 표현하는 번역은 언제나 가능하다. 개인이 비록 초월을 체험하지 못했다 하더라도 종교적 가르침을 합리적으로 번역할 수 있다. 종교적 체험이 개인의 차원에서 일어나는 종교적 번역이라면 합리적 번역은 공동체의 일이다. 종교적 체험이 초월에 대한 일차적 번역이라면 이를 합리적으로 옮기는 일은 이차적 번역이자 공동체적 번역이다. 세속은 공동체적 번역을 통해 비로소 변화할 수 있다. 개인의 특수한 체험은 종교적 번역을 통해 공동체의 보편적 수행으로 바뀐다.

종교에 대한 일차적 번역이 무한자를 유한자 가운데 옮겨 놓는 것이라면, 이차적 번역은 유한자들 사이에 형성되는 무한자에 대한 보편적 상징과 의미이다. 이차적 번역은 그 올바른 수행을 위해 불가피하게 의사소통과 교제를 요구한다. 종교적으로 대화하고 소통하는 것은 개인이 체험한 종교의 의미를 다른 사람들과 나누는 것이며 이를 통해 대화에 참여한 사람들이 함께 종교적 상징과 의미를 인정하는 일이다. 이러한 상호인정은 대화에 참여한 사람에 대한 인정인 동시에 그가 체험하고 표현한 종교적 내용에 대한 인정, 즉 대화 주체가 번역한 초월의 의미에 대한 인정이기도 하다. 이러한 상호인정을 통해 무한과 초월은 피안에만 존재하는 것이 아니라 차안, 즉 현세에 내려오며 현세적 삶에 구체적으로 개입한다. 구원은 피안에서 비로소 이루어지는 것이 아니라 세속에서 이미 성취되고 있다. 종교적 번역이 창출하는 의사소통은 세속의 우연적 연관에서 이루어진다. 그렇지만 세속은 초월과 만나는 가운데 이유 있는 초월적 의미를 동시대와 공유한다. 종교적 번역은 우연적 삶의 연관을 이유 있는 연관으로 탈바꿈시킨다.

이유 있는 종교적 번역은 세속의 안정을 흔들어 놓는다. 종교적 번역은 초월을 세속 가운데 옮겨 놓는 작업이므로 세속의 질서를 근본적으로 뒤흔든다. 안정에서 안정으로 이행하는 데서는 새로움이 나올 수 없다. 종교적 번역의 근본 목표는 잘못된 세속의 질서를 깨뜨리고 이를 올바른 질서로 나아가게 하는 데 있다. 올바른 질서의 창출은 오로지 초월의 힘에 의해 가능하다. 세속 가운데 초월적 힘이 작용하면 세속은 더 이상 이전의 질서를 유지할 수 없다. 이전의 질서가 흔들리고 깨짐으로써 새로운 질서가 도래하며 이를 통해 새로운 삶의 연관이 주어진다. 그러나 초월과 관계함으로써 늘 안정된 삶을 영위할 수 있다고 믿는 사람은 초월의 본질에 대해 오해하고 있다. 초월과 관계함으로써 삶이 지속적으로 안정된다는 사실을 굳게 믿는 것을 틀렸다고 할 수 없다. 그러나 이러한 믿음은 이기성의 함정에 빠질 가능성이 높다. 더 나아가 이러한 상태만을 바라는 믿음은 아예 반종교성으로 타락할 수 있다. 이것은 종교의 본질인 보편성과 무관하기 때문이다.

3. 종교의 철학적 번역 – 헤겔

변형된 종교철학은 종교적 가르침을 초월적 교리의 차원에서 생활세계의 언어로 번역할 수 있어야 한다. 종교 간의 대화 없이 세계 평화 없다는 '세계-에토스 운동'(H. Küng)이나, 9.11 테러 이후의 국제 질서를 염두에 둔 '세속화의 변증법의 완성에 대한 요구'(Habermas)는 헤겔의 종교철학을 근간으로 한다. 여기서 중요한 문제는 종교적 표상을 철학적 개념으로 번역하는 일이다. 그것은 역사와 현실 가운데 현존하는 종교를 인식하고 파악하는 '사변적 해석학'이다. 사변적 해석학으로서의 종교철학은 당면한 현실 문제 해결해 줄 수 있는 정신적 열쇠로 기능한다.

종교는 그 자체가 번역되어 세상 속으로 들어감으로써 스스로를 실현시킨다. 이것은 헤겔이 파악한 세속화의 기본 개념이다. 세속화는 종교의 거룩함이 사라지고 타락하는 세속주의가 아니라 종교적 진리가 세상 가운데 실현되는 것을 의미한다. 세상 가운데 실현되는 종교적 진리는 다름 아니라 자유이다. 기독교가 함유하는 자유의 정신은 종교의 영역을 넘어서서 세상 가운데서 실현되어야 한다. 진정한 의미의 세속화는 자유가 현실 가운데 실현됨으로써 성취된다. 종교의 가르침은 종교 내적 영향력만이 아니라 사회와 역사를 변화시키는 힘을 갖는다. 사회와 역사의 변화는 종교의 세속화를 통해서 이루어지며, 이러한 변화는 종교언어를 일반언어로 번역할 때 가능해진다. 헤겔은 이 사실을 표상이 개념으로 이행하는 것으로 설명한다.[6] 종교적 표상은 철학적 개념으로 이행해야 한다. 종교적 진리는 철학적 파악을 통해 현실 가운데 보편적으로 실현된다.

종교가 철학으로 번역될 수 있기 위해서 양자의 공통분모가 존재해야 한다. 헤겔에 의하면 종교와 철학의 공통분모는 이성이다. 철학뿐만 아니라 종교 속에도 이성이 존재한다. '종교 속의 이성'은 실정종교에서는 잘 드러나지 않기 때문에 이에 대한 번역이 요구된다. 철학적 번역은 종교가 담고 있는 특수한 내용을 일반언어로 옮기는 일종의 합리화 과정이다. 종교적 교리 가운데 감추어져 있는 내용은 번역을 통해 모든 사람이 받아들일 수 있는 내용으로 바뀐다. 번역은 종교를 인륜성

---

6 최신한, 「종교적 진리와 철학적 진리」, 『헤겔철학과 종교적 이념』, 한들출판사 1997, 121-142 참조.

과 연결시킨다. 종교와 인륜성은 각각 독자적인 것이 아니다. 종교적 진리는 번역을 통해 인륜성으로 이행한다. 종교가 가르치는 자유는 현실 가운데 인륜적으로 실현되지 않는 한 내면세계에 국한된다. 종교의 자유는 인륜적 현실의 자유가 되어야 한다. 종교에 대한 번역, 종교의 세속화는 인륜성의 토대이다.

헤겔은 종교를 표상으로 간주한다. 표상은 종교의 차원을 넘어 철학으로 이행할 때 보편적 개념을 획득한다. 그렇지 않을 때 종교적 표상은 개인의 확신과 공동체의 불투명한 기억에 머문다. 표상은 "감각적 직접성과 그 보편성의 종합적 결합"이다.[7] 표상은 "자기의식적 현존과 외적 현존이 종합적으로 결합된" 것이다.[8] 표상 종교의 차원에서는 표상 속에 깃들여 있는 초월적 내용이 온전히 드러나지 않는다. 이것은 필연성이 결여된 표상의 인식론적 한계이다. 표상은 철학적 차원으로 이행할 때 객관적 의미를 획득한다. 초월의 객관적 의미를 드러내기 위해 종교적 표상은 철학적 개념으로 이행해야 한다. 헤겔은 표상이 개념으로 이행하는 것을 '종교가 철학으로 지양되는 것(Aufhebung)'이라 부른다.

헤겔은 철학적 주제와 상관없이 언제나 사고와 자기반성을 극대화하려고 한다. 예술과 종교도 예외가 될 수 없다. 사고와 반성은 자기 이외의 요소를 하나도 남김없이 지양해야 한다. 자기 속에 자기가 아닌 요소를 모두 자기로 환원해야 한다. 자기 가운데 자기가 아닌 타자가 남아 있다면 이것은 자기 가운데 대상이 남아 있는 상태이다. 이러한 자기는 여전히 불투명하다. 자기반성의 투명성은 자기 속에 남아 있는 대상성이 자기의 특성을 얻을 때 비로소 획득된다. 이렇게 볼 때 표상은

---

7 G. W. F. Hegel, *Phänomenologie des Geistes*, Frankfurt 1970, 556.

8 Hegel, *Phänomenologie des Geistes*, 531.

아직 자기반성의 투명성에 도달하지 못한 사고이다. 이에 반해 철학적 사고와 개념은 그 자체가 투명하다. 종교적 표상이 철학적 개념으로 이행한다는 것은 전적으로 인식론적 관점으로서 종교적 표상이 담고 있는 초월적 내용을 자기화하려는 사고의 철저성을 표현한다.

그러나 이러한 관점은 철학이 종교보다 우위에 있다는 주장으로 오해되어서는 안 된다. 종교가 오로지 철학으로 나아가야 한다는 일방통행의 관계를 지칭하는 것이 아니다. 오히려 종교는 역사적 현상으로서 철학에 전제되어 있다. 종교현상을 전제하지 않는 철학은 역사적, 현실적 삶을 전제하지 않는 윤리학과 같이 공허한 사유의 유희가 될 수 있다. 그러나 종교가 전제되어 있음에도 철학은 이를 무조건 받아들일 수 없다. 철학은 종교와 같은 내용을 갖지만 이를 담아내는 인식의 틀은 다르다. 종교는 초월적 내용을 표상에 담는다면, 철학은 이를 개념적 사고에 담는다. 종교는 철학에 초월적 내용을 부여하며, 철학은 종교에 사고 형식을 부여한다. 따라서 종교와 철학은 상호관계적이며 상호보완적이다. 이러한 주장에 동의하지 않는 전통이 있지만, 이는 대체로 반종교적이며 유물론적이다.

'종교와 철학의 상호보완성' 논제는 헤겔 해석자 미카엘 토이니센에 의해 탁월한 방식으로 밝혀진 바 있다.[9] 그는 헤겔 『철학대계』 553-577절 주석을 통해 예술과 철학, 종교와 철학의 관계를 연구사의 맥락에서 면밀하게 밝힌다. 특히 573절의 주석에서는 종교가 철학으로 지양되는 것을 "부정적-긍정적 지양"으로 규정하면서 종교와 철학의 상호성을 강조한다. 이러한 지양은 삼중적이다. 첫째는 "종교적 내용과 형식의

---

9 M. Theunissen, *Hegels Lehre vom absoluten Geist als theologisch-politischer Traktat*, Berlin 1970.

인정"이며, 둘째는 종교가 갖는 "일면적 형식의 지양"이고, 셋째는 이를 "절대적 형식으로 고양하는 것"이다.[10] 절대적 형식은 바로 '개념'이며, 이 개념에서 표상의 공동체적 객관성과 신앙의 내적 주관성이 통일된다. 그런데 이러한 통일은 이를 가능하게 하는 요소가 전제되지 않으면 일어날 수 없다. 절대적 형식과 개념으로 표현되는 철학은 완결성을 위해 종교를 요구하며, 종교의 토대 위에서 절대적 객관성에 도달한다. 종교의 내용이 철학에 전제되지만, 철학은 이 전제를 완전히 파악한다. 종교는 초월적 전제를 객관화하기 위해 철학을 요구하며, 철학은 완전한 정초(定礎)를 위해 종교를 요구한다.

종교가 객관화되기 위해 철학을 요구한다면 이는 종교 자체가 상대화되는 것과 다르지 않다. 종교는 절대적 내용을 소유하고 있다. 그러나 종교는 그 자체 안에 머물러 있을 때 모든 사람에게 수용될 수 없다. 종교언어가 특수하며 이를 수용하는 존재도 개인이기 때문이다. 종교가 모두에게 알려지기 위해서는 객관화의 과정이 필요하다. 객관화의 과정은 논리와 이성을 요구한다. 절대적 내용을 객관적으로 드러내려고 하는 종교는 역설적으로 상대화의 길을 피할 수 없다. 이러한 사정은 철학에도 해당한다. 철학은 종교가 전유하는 절대성을 통해 철학 자체를 보존하는 한 자립적인 것이 아니다. 철학의 활동은 모두가 승복하는 객관성을 창출할 수 있으나 그 소재는 외부에서 주어진 것이다. 특히 종교철학은 종교적 소재에 의존한다. 철학적 정초에 종교가 전제되는 한 철학도 종교와 같이 상대적이다.

종교와 철학의 자기 상대화는 양자 모두를 완전하게 드러내는 길이

---

10 Theunissen, *Hegels Lehre vom absoluten Geist als theologisch-politischer Traktat*, 306.

다. 헤겔이 즐겨 사용한 '절대자'나 '절대화'라는 말은 존재의 절대성과 더불어 논리적 활동의 절대성을 가리킨다. 이성은 스스로를 절대화함으로써 자기 보존에 도달한다. 이성의 자기 보존은 다른 한편으로 이성의 자기 정초이다. 그러나 이성의 자기 보존에 동원된 것은 이성의 활동만이 아니라 그것이 파악하려고 하는 절대적 내용이다. 절대적 내용의 저장소는 종교이므로 철학은 종교와 동행할 수밖에 없다. 종교가 철학으로 이행해야 한다는 논제는 결국 종교와 철학의 자기 상대화로 이해된다. 자기 상대화는 자기반성에서 나온다. "종교가 이성으로 상대화되는 것은 종교의 확실성을 보증하고, 이성이 종교로 상대화되는 것은 이성의 진리를 보증한다."[11]

종교와 철학의 관계 또는 신앙과 지식의 관계는 그 자체가 의식과 정신의 문제이다. 종교적 의식과 철학적 의식은 종교와 철학에 대한 자기반성을 전제한다. 헤겔이 파악한 '계시종교'(기독교)는 종교와 철학의 관계가 자기반성의 맥락에 있음을 잘 드러낸다. '계시'는 신의 "대자적 현현" 또는 자기 표명이다.[12] 이것은 신이 인간에게 자기를 나타낸 사실을 가리킨다. 자기현시를 통해 신의 본성과 인간의 본성이 인간 가운데 통일되어 나타난다. 계시는 신 존재의 속성을 설명하는 것이 아니라 신과 인간 사이에 일어나는 운동을 가리킨다. 계시는 신이 인간 가운데 현시된 것, 즉 신이 인간이 된 사건이다. '인간이 된 신'(Menschwerdung Gottes)은 기독교의 핵심 교리이다. 헤겔은 이 사건을 종교적 의

---

11   Ch. Glimpel, "Religionsphilosophische Begründung des Dialogs zwischen Christentum und Vernunft unter Aufnahme einiger Überlegungen aus Hegels Phänomenologie des Geistes", in: M. Gerten (Hg.), *Hegel und die Phänomenologie des Geistes. Neue Perspektiven und Interpretationsansätze*, Würzburg 2012, 232.
12   Hegel, *Religions-Philosophie*, Hamburg 1984, 210. 『종교철학』, 지식산업사 1999, 249.

식의 차원에서 이해한다. 신의 인간화는 불변하는 존재의 차원이 아니라 운동하는 정신의 차원에서 비로소 이해할 수 있다. 신과 인간의 통합은 정신 가운데 반성적으로 나타나 있다. 신은 인간 가운데 지양되어 있으며, 인간은 신 가운데 지양되어 있다. 계시종교는 이러한 지양의 상태를 가장 특징적인 모습으로 보여 준다.

계시종교를 믿는 사람들은 신과 인간의 통일을 표상한다. 이 표상은 동시에 기독교 공동체의 표상이다. 이 표상의 구체적 내용은 ① 신의 인간화, ② 인간이 된 신의 죽음, ③ 신의 죽음의 극복이다. 이러한 표상은 기독교의 가장 핵심적인 정신이다. 기독교는 이러한 표상을 간직하는 기억의 공동체로 존립한다. 기독교의 역사도 이 표상과 분리될 수 없다. 그런데 기독교 정신은 표상의 상태로 만족할 수 없다. 정신의 원래 내용, 즉 계시하는 신의 운동은 이를 표상하는 인간의 생각에서 왜곡되거나 소멸될 수 있기 때문이다. 그러므로 올바른 종교공동체는 종교적 표상을 즉자(卽自)의 상태에서 대자(對自)의 상태로 옮기는 일을 쉬지 말아야 한다. 즉자적 상태가 직접적으로 표상된 내용이라면, 대자적 상태는 이 표상을 개념적으로 파악한 내용이다. 이러한 운동을 하지 않는 한 공동체는 고착화된 표상을 무반성적으로 반복하는 의례의 집단으로 전락할 수 있다.

헤겔은 바로 이 자리에서 종교적 표상이 철학적 개념으로 지양되어야 한다고 역설한다. "종교의 정신은 그 직접성으로부터 즉자적이고 직접적인 것의 지식에 도달하는 운동이며, 이 정신이 자신의 의식에 대해 현상하는 형태가 그 본질에 완전히 일치하고 자기 자신을 존재하는 바대로 직관하는 데 도달하는 운동이다."[13] 종교공동체의 정신은 신의 현

---

13 Hegel, *Phänomenologie des Geistes*, 499.

시를 소유하고 있지만 이를 아직 대자적인 상태로 옮기거나 실현하지 못하고 있다. 신의 현시가 즉자 상태에서 대자 상태로 바뀌는 것은 표상된 절대적 내용이 개념적으로 파악되는 것을 의미한다. 그러므로 종교적 표상이 철학적 개념으로 이행해야 한다는 논제는 종교를 철학의 지배하에 두려는 것이 결코 아니며 종교의 소멸을 의도하는 것은 더욱 아니다. 오히려 철학을 통해 종교의 진정한 정신을 실현하려고 하는 것이다. 이렇게 보면 종교와 철학의 경계는 실로 유동적이다. 정신이 양자의 경계를 넘나들고 있기 때문이다.

철학 쪽에서 보면 종교는 철학을 절대적 차원에 올려놓는 동력이다. 반성이 결여된 종교는 맹목적인 필연성에 머문다. 필연성은 절대적이지만, 반성이 결여된 필연성은 인간에게 맹목적 복종을 요구한다. 종교적 맹종은 인류에게 언제나 재앙으로 나타난다. 이것은 계몽 이전의 전근대적 사실이 아니라 오늘날에도 일어나고 있는 현재적인 것이다. 종교에 대한 반성은 인간을 맹목적 필연성에서 해방시킨다. 이러한 해방을 가능하게 하는 힘은 일차적으로 인간의 반성에 있지만 그 연원은 신적 반성에 있다. 신적 반성 내지 절대적 반성은 신 자신을 존재로만 나타내지 않고 운동으로 나타낸다. 이러한 맥락에서 헤겔은 신을 존재로 이해하는 것을 넘어서서 '절대이념'으로 파악한다. 절대이념 내지 "순수이념은 개념의 규정성이나 현실성을 개념으로 고양시킨다. 이것은 더 이상 직접적 규정성이 아니라 절대적 해방이다."[14] 신에 대한 직접적 규정은 신을 추상적으로 드러낼 뿐이다. 직접적 규정에 대한 표상도 추상적 파악을 넘어서지 못한다. 종교에 대한 맹종은 이러한 직접성과 추상성에서 비롯된다. 직접성과 추상성에 매인 신앙은 자유와 무관하다.

---

14 Hegel, *Wissenschaft der Logik II*, Frankfurt 1970, 573.

여기서는 인간이 자유롭지 못할 뿐 아니라 신까지도 부자유한 존재로 전락한다. 종교에 대한 반성은 인간에게뿐만 아니라 신에게도 자유를 부여한다. 반면 종교에 대한 맹종은 신을 부자유한 존재로 격하시키는 부정적 결과를 야기한다.

앞서 언급한 종교적 표상은 추상성과 단순성에 머문다. 이것은 신에 대한 무반성적 사념(私念)과 견해이다. 그러나 절대이념으로서의 신은 이러한 견해 너머에 있다. 신은 사람들이 통상적으로 표상하거나 별 생각 없이 마음 가운데 떠올리는 그러한 존재가 아니다. 신은 절대이념으로서 "개념과 객관성의 절대적 통일"이다. 이것은 인간의 사고와 외부 사실의 단순한 일치를 넘어선다. 진리일치설에서 주장하는 바와 달리 이 통일은 개념의 자기서술과 자기규정으로 이해되는 실재성과 개념의 통일이다.[15] 신은 자기 자신을 인간과 세계 가운데 현시하면서 스스로를 규정하는 존재이다. 신은 "현시의 현시"[16]이다. 그러므로 신은 단순한 존재를 넘어서는 이념인 것이다. 이런 뜻에서 헤겔은 "절대이념은 존재이며 불멸의 생이며 자기 자신을 아는 진리이자 모든 진리"[17]라고 말한다.

4. 종교의 철학적 번역 - 하버마스

'종교의 철학으로의 지양'이라는 헤겔의 논제는 종교의 소멸로 오해되

---

15 B. Nonnenmacher, *Hegels Philosophie des Absoluten*, Tübingen 2013, 22 각주 참조. 논넨마허는 '표현과 표현된 것의 관계'를 통해 절대자의 본질을 파악한다. 표현은 표현되는 과정을 포함하는 전체 운동이다. 표현은 단순히 주어져 있는 '소산적 자연'이 아니라 그것의 '능산적 자연'을 설명하는 통일적 운동이다. 42 참조.

16 Nonnenmacher, *Hegels Philosophie des Absoluten*, 27.

17 Hegel, *Wissenschaft der Logik II*, 549.

기도 한다. 그러나 이에 대한 대표적 반증은 하버마스의 종교 담론에서 찾을 수 있다. 그는 철학적으로 형이상학 '이후'의 시대를 정초하면서 후기 자본주의사회를 분석하고 비판한다. 이러한 성향의 하버마스가 종교의 중요성을 언급하는 것은 다소 의외이다. 그러나 이성의 퇴조를 인정하면서도 규범과 새로운 질서를 강조하는 그에게 종교는 약화된 이성을 보완하는 삶의 토대이다. 이성이 종교 위에 군림함으로써 도래한 형이상학의 종언은 이성의 완전한 해체로 귀결될 수 없다는 것이다. "탈형이상학적 사유는 형이상학에 병행하여 종교적 전통을 자신의 계보학에 포함시키지 않을 때 탈형이상학적 사유 자체를 오해할 수 있다."[18] 여기서 그는 헤겔의 논제를 따른다. 역사 속에 등장한 종교들은 이성의 역사에 속한다는 것이다.

현대사회 내지 현대 문화는 단순히 '세속화'의 결과로만 이해될 수 없다. 세속화의 진행에 대한 일방적 수용은 소위 '강한 자연주의'를 만들어 내면서 오로지 지식만을 신봉하는 현대판 계몽주의가 된다. 이에 반해 세속주의에 맞서는 종교적 의식은 지식에 맞설 뿐 아니라 상이한 신앙에도 강하게 대립한다. 양자의 충돌은 특정 사회의 내부 문제를 넘어서 인류 문명 전체의 도전이 되고 있다. 9.11테러와 11.13 파리 테러는 국제정치의 문제와 더불어 종교 간의 불화에 기인한 사건이다. 하버마스는 이러한 문제를 극복하기 위해 계몽과 신앙의 한계 의식에서 출발한다. "자유주의국가 시민의 에토스는 신앙과 지식의 한계에 대한 반성적 확신을 양측에 요구한다."[19] 신앙과 지식의 한계에 대한 상호인정은 종교와 학문에 전제된 역사와 현실에 기인한다. 종교적 시민과 세속

---

18   J. Habermas, *Zwischen Naturalismus und Religion*, 13.

19   Habermas, *Zwischen Naturalismus und Religion*, 8.

적 시민이 함께 전제할 수밖에 없는 것은 "역사적 학습 과정"[20]이다. 시민은 역사적 삶의 토대에서 출발한다. 그리고 역사적 삶에는 인간의 합리성과 무관한 다양한 삶의 태도와 양식이 존재한다.

종교는 역사적 삶의 일부이다. 반면 철학은 역사적 삶에 대한 반성이다. 철학은 역사적 삶에 대한 이성적 접근인 한에서 세속의 측면에서 작동한다. 그러나 세속적 시민은 역사적 삶에 깃들여 있는 종교를 도외시할 수 없으며 종교적 시민과 소통하지 않을 수 없다. 그렇지 않으면 양자의 대립과 갈등을 피할 수 없다. 소극적인 측면에서 볼 때 양자 간의 소통은 갈등을 더 이상 유발하지 않기 위해 필요하다. 적극적으로 보면 이 소통은 종교의 가르침을 매개로 세속의 문제를 해결하는 데까지 나아갈 수 있다. 세속적 시민과 종교적 시민의 협력은 상호인정에서 출발한다. 이러한 협력은 세속적 시민이 종교적 내용에 열린 마음을 가지고, 종교적 시민과 더불어 종교의 특수한 내용을 보편적 언어로 번역하는 데서 구체적으로 이루어진다. 이러한 번역은 '종교 속의 이성'을 전제할 때 가능하다.

종교 속의 이성을 드러내는 일은 종교철학의 변함없는 과제이다. 종교가 전적으로 비이성적이고 반이성적인 것으로 이루어져 있다면, 그것은 현실의 삶과 무관하거나 왜곡된 삶의 근원이 될 것이다. 삶의 왜곡은 갈등을 낳는다. 이슬람권이 유발하는 최근의 테러도 국제정치의 갈등과 더불어 종교 내적 갈등에서 비롯된 것이다. 종교와 테러의 연관을 바라보는 오늘의 세계시민은 그 어느 때보다 이성의 얼굴을 한 종교를 요구한다. 이성의 얼굴을 한 종교는 서로 대화할 수 있다. 종교 간의 대화는 물론이고, 같은 종교 안에서의 대화도 이성적이고 합리적인 토

---

20 Habermas, *Zwischen Naturalismus und Religion*, 9.

대 위에서 가능하다. 최근에 부각된 이슬람과 테러의 연관은 무엇보다
이슬람 내부의 대화를 요구한다. 열광과 맹목에서는 대화 자체가 불가
능하다. 열광이 광신으로 이행하지 않게 하려면 모두가 종교 속의 이성
을 발견해야 하며 이를 체계적으로 드러내야 한다.

종교와 테러 간의 끔찍한 연관을 경험하면서 하버마스는 롤스와 더
불어 종교를 민주사회의 '전(前)정치적 토대'[21]로 간주한다. 종교는 현
실의 삶과 무관하거나 종교인들만의 문제가 아니라 모든 시민이 직접
관계할 수밖에 없는 문제라는 것이다. 하버마스는 세속화가 철저하게
진행된 선진사회에서도 종교가 여전히 영향을 미치고 있다는 사실을
강조한다. 한국의 경우 비록 철저하게 진행되지 않았다 하더라도 사회
의 전반적인 민주화와 더불어 종교의 세속화가 이루어졌다고 생각할
수 있다. 그러나 사회적 이슈 때마다 종교는 각자의 방식대로 시민 일
반에게 중요한 변수로 작용하고 있다. 하버마스는 이것을 시민적 삶에
대한 종교의 "인지적 도전"[22]으로 규정한다. 그에 의하면 철학은 종교의
현상을 인지적 도전으로 진지하게 받아들여야 한다. 철학은 종교로부
터 배울 준비가 되어야 있어야 한다는 것이다. 종교의 부정적 현상은
당연히 부정적 의미로 인식되어야 한다. 그러나 종교 가운데 현실을 읽
어 내는 근본적인 의미가 들어 있다면 이러한 준비는 언제나 필요하다.
종교로부터의 학습은 종교의 내용을 일반적인 언어로 번역함으로써 가
능하다. 이를 통해 특정 종교에만 갇혀 있는 내용이 모든 시민에게 전
달된다. 이 번역이 시민 일반에게 문제 해결로 다가온다면, 이러한 번

---

21 J. Habermas, "Vorpolitische Grundlage des demokratischen Rechtsstaates",
in: Ders, *Zwischen Naturalismus und Religion*, 106-118; J. Rawls, *Politischer Libe-
ralismus*, Frankfurt 1998 참조.

22 Habermas, "Vorpolitische Grundlage des demokratischen Rechtsstaates", 113.

역은 그야말로 "구원의 번역"이다. 기독교에서 말하는 '신의 형상'은 오늘날 '만민의 평등한 존엄'으로 번역된 것이다.[23] 그러므로 "자유주의적 정치문화가 세속화된 시민에게 기대하는 것은 종교의 중요한 기여를 공적으로 통용되는 언어로 번역하는 노력에 동참하는 것이다."[24]

5. 사변적 해석의 의미 – 현실 문제의 해소?

종교와 철학의 영역은 "절대적 전체"이다. "모든 가능한 경험의 절대적 전체는 경험이 아니다. 그런데도 절대적 전체는 이성을 위한 필연적 문제이다."[25] 그러므로 종교와 철학은 보편적 이성을 통해 경험의 문제를 테스트하고 방향을 제시할 수 있다. 종교철학은 "경험적으로 주어져 있는 것의 비경험적 '의미'를 묻기"[26] 때문이다. 종교와 철학이 이러한 물음을 제기하지 않는다면, 양자는 삶과 무관할 것이며 문제적 삶에 대한 기여는 더더욱 불가능할 것이다. 종교와 철학은 절대적 전체를 포기하지 않는 한에서 현실이 갖는 의미가 무엇인지 묻는다. 절대적 전체는 감성에 포착되지 않지만, 종교와 철학을 통해 가시화될 수 있다. 이념은 눈에 보이지 않지만 우리는 이념을 현실에 적용함으로써 현실을 변

23 Habermas, "Vorpolitische Grundlage des demokratischen Rechtsstaates", 113 이하 참조.

24 Habermas, "Vorpolitische Grundlage des demokratischen Rechtsstaates", 118.

25 I. Kant, *Prolegomena zu einer jeden künftigen Metaphysik, die als Wissenschaft wird auftreten können*, Akademische Ausgabe IV, 328.

26 H. Hutter, "Die Verwandschaft von Philosophie und Religion. Erinnerung an ein verdrängtes Sachproblem", in: *Neue Zeitschrift für Systematische Theologie und Religionsphilosophie*, 2010, Nr. 52, 2, 127.

화시킬 수 있다. 현실이 안고 있는 문제는 현실을 초월하는 종교의 시선을 통해 문제로 드러난다. 이 문제는 전체의 눈을 가지고 있는 종교를 통해 해법을 발견할 수 있다. 종교와 철학은 현실의 문제를 초월적 시선에서 읽어 냄으로써 이를 해소한다.

종교 속의 이성은 종교의 극단적 열광을 막아 주며, 철학(이성) 속의 종교는 이성의 자기절대화에서 나오는 오만을 깨뜨린다. 종교 속의 이성은 타 종교의 이성적 요소를 발견함으로써 개별종교의 이성을 변화시키며, 철학 속의 종교는 철학의 닫힌 눈을 다른 세계로 개방함으로써 철학의 변형을 가능하게 한다. 종교와 철학의 관계는 양자가 서로에 대한 개방성을 통해 얻게 되는 변화와 다르지 않다. 종교는 철학의 이성을 통해 새로운 차원에 도달하고, 철학도 종교 속의 이성을 통해 새로운 지평에 도달한다. 이성을 통한 이성의 전환은 항상 새로운 이성의 현실을 획득한다. 종교와 철학의 활동이 살아 있는 사회에서는 이른바 민주적 국가 시민의 에토스가 살아 숨 쉰다. 이 에토스는 종교가 일깨우는 세속적 이성의 한계 자각이다. 하버마스가 말하듯이 종교적 시민과 세속 시민은 서로가 서로를 보완하는 배움의 과정으로 들어가야 한다.[27] 여기에는 철학과 종교를 존중하는 세속 시민의 지평 확대 의식이 전제되어 있어야 한다.

---

27 J. Habermas, *Zwischen Naturalismus und Religion*, 146 참조.

5

종교적 체험의 해석학
−종교적 생기 체험에 대한 해석학적 묘사

1. 종교적 체험과 삶의 해석학

종교적 체험은 새로움의 체험이다. 이 체험은 종교적 의미의 생기(生起)에서 나오는 삶의 새로운 사건이다. 새로움의 체험이 삶의 사건인 것은 이 체험이 삶을 보다 더 생동적으로 만들기 때문이다. 삶과 생명의 실체는 살아 있음을 입증하는 운동에 있다. 삶의 사건은 이전에 겪지 못했던 것을 처음으로 접하는 체험이며 이전에 몰랐던 의미지평으로 진입하는 것이다. 이러한 체험은 새로운 실존을 형성한다. 새로운 실존은 유한한 세계에서 나오는 것이 아니라 무한자의 힘에서 유래하는 전혀 다른 삶이다. 이런 점에서 종교적 체험은 일상적 체험과 명확하게 구별된다. 종교적 체험을 통해 사람들은 새로운 주체로 탄생한다. 기독교에서 말하는 '거듭한 사람'은 이렇게 등장한다. 그러므로 변형된 종교철학은 새로운 주체를 드러내야 한다. 이 장에서는 새로움의 체험을 현상학과 해석학의 방법을 통해 묘사하려고 한다. 전문용어로서의 '묘사'(Beschreiben)는 기술(記述)과 서술의 다른 표현이다.

변형된 종교철학의 방법인 현상학적-해석학적 묘사는 주어져 있는 대상 세계의 묘사를 넘어선다. 이것은 유한한 세계의 체험을 넘어서서 무한한 세계의 체험을 드러내려고 한다. 종교적 체험은 유한한 세계의 경계를 초월하여 무한자와 만나는 독특한 체험이다. 무한한 체험은 경험 세계의 지평을 넘어서므로 경험 세계를 묘사하는 언어로 드러낼 수 없다. 무한한 체험은 선(先)언어적이고 초언어적이므로 개념화하기 어렵다. 그럼에도 변형된 종교철학은 무한한 체험을 '언어적으로' 표현할 수 있어야 한다. 그렇지 않는 한 무한한 체험은 학문 밖의 영역에 남기 때문이다.

종교를 체험으로 본 근대의 선구자는 슐라이어마허이다.[1] 그에게 종교의 본질은 직관과 감정이다. 무한자를 자기만의 방식으로 느끼고 맛봄으로써 사람들은 새로운 세계를 체험하고 새로운 주체로 거듭난다. 이와 같이 전적으로 새롭고 고유한 무한자의 의미를 일상언어와 합리적 오성으로 파악하려고 할 경우 이 의미는 사라져 버린다. 이곳은 형식논리가 적용될 수 없는 자리이며 합리적 파악이 진입할 수 없는 공간이다. 그러므로 종교적 체험은 학문적 언어로 담아낼 수 없으며 전통 형이상학과 신학의 언어도 이를 온전히 표현할 수 없다. 이러한 맥락에서 『종교론』의 '셋째 강연'은 합리적 이해에 입각한 종교교육을 "이해의 광기"[2]라고 비판한다. 모든 것을 이해하고 파악할 수 있다는 계몽주

---

1 최신한, 「종교는 체험이다」, 근대철학회, 『종교철학』, 문학과 지성사 2015.

2 "Wut des Verstehens", F. D. E. Schleiermacher, *Über die Religion. Reden an die Gebildeten unter ihren Verächtern*, Göttingen 1967. 최신한 옮김, 『종교론. 종교를 멸시하는 교양인을 위한 강연』, 기독교서회 ⁴2010, 127.

의적 자만은 결코 종교의 본질에 이를 수 없다는 것이다. 이러한 주장은 이성에 대한 비판과 더불어 이성에 억눌린 "감각의 해방"[3]을 강조하는 데까지 나아간다. 그러므로 종교적 체험은 인간의 비합리적 능력에 대한 세밀한 존중에서 비로소 보존될 수 있으며 이를 담아내는 특별한 언어를 통해 적절하게 표현될 수 있다.

감각을 이성의 지배에서 해방시키고 상상력을 자유롭게 펼치게 하는 일은 종교적 체험의 전제이다. 종교교육은 감각과 상상력의 성장을 통해 목표에 도달할 수 있다. 그런데 이러한 체험을 전달하고 상호 소통할 수 있는 길은 말과 언어를 통하지 않고는 불가능하다. 개인적 체험을 목적으로 할 경우에는 무언의 명상이 효과적일 수 있다. 그러나 종교적 체험의 전달을 위해서는 말과 언어가 필수적이다. 슐라이어마허는 『종교론』 '넷째 강연'에서 종교적 전달의 조건을 다룬다. "성스러운 설교자는 (…) 경찰 리스트에 수록되어 있는 바와 같이 서열에 따라 청중을 획득하기보다 성향 능력의 유사성에 따라 청중을 얻어야 한다. (…) 자기에게 오는 모든 사람에게 서술과 설교를 통해 종교의 감추어진 핵심을 밝혀 줄 수 있는 종교의 대가는 어디에도 있을 수 없기 때문이다."[4] 종교적 체험의 전달은 수학 공식이나 형식논리의 연장선상에 이루어질 수 없으며 모든 사람에게 적용될 수 있는 보편적인 종교언어를 기대할 수 없다. "그러므로 언어적인 모든 노력과 언어적인 기술을 가지고, 그리고 일시적이며 감동적인 말에 도움을 줄 수 있는 모든 기술의 도움을 기꺼이 받아들이면서 웅변조나 설교식으로 말하는 방법과 달리 종교를 표현하고 전달할 수는 없다."[5]

---

3 Schleiermacher, 『종교론』, 141.
4 Schleiermacher, 『종교론』, 184.
5 Schleiermacher, 『종교론』, 156.

모든 사람에게 보편적으로 다가갈 수 있는 언어는 없다. 종교적 체험을 보편적으로 표현할 수 있는 언어도 불가능하다. 이러한 언어를 가능하게 하는 논리적 지평도 기대할 수 없다. 그럼에도 종교적 체험의 차원을 드러낼 수 있어야 한다면 새로운 차원의 논리와 새로운 묘사가 필요하다. 슐라이어마허가 말하는 '감동적인 말에 도움을 줄 수 있는 기술' 및 '웅변과 설교의 방법'은 형식논리와 일상언어의 지평을 뛰어넘는다. 이러한 요구에 대해 딜타이는 '삶의 철학'과 삶의 철학의 방법론으로 응답한다. 딜타이에서 삶의 철학의 방법론은 '해석학'이다. 큰 틀에서 보면 삶의 철학과 삶의 해석학에서 우리는 종교적 체험을 담아낼 수 있는 새로운 방법을 확인할 수 있다. 이 방법의 압축판은 '현상학적-해석학적 묘사'에 들어 있다.

현상학적-해석학적 묘사는 후설과 딜타이를 배경으로 하면서 새로움의 체험을 학문적으로 표현하려고 한 미쉬(G. Misch), 쾨니히(J. König), 볼노(O. F. Bollnow)의 고유한 이론에 토대를 둔다.[6] 이들의 이론은 딜타이의 삶의 철학을 발전시킴으로써 이른바 '괴팅엔 학파'를 형성한다. 앞장의 서술과 같이 새로운 종교철학은 인간의 삶과 무관한 신을 다루는 대신 생활종교를 다룬다. 새로운 종교철학의 과제가 '생활종교'에 대한 분석에 있다면 그 방법도 실제적인 삶과 생활의 콘텍스트에서 나와야 한다. 이러한 차원에서 딜타이의 삶의 철학과 그 현대적 전개를 관통하는 방법은 변형된 종교철학을 위한 방법이 될 수 있다.

딜타이와 괴팅엔 학파에서 삶은 '불가사의하고 신비적인'(unergründlich) 것이며 결코 '소진되지 않는'(unerschöpflich) 것이다. 삶

---

6 F. Kümmel, *Spricht die Natur?*, Hechingen 2014, 최신한 옮김, 『자연은 말하는가?』, 탑출판사 1995 참조. 이 책은 독한대역본으로 한국에서 먼저 출판되었다.

은 생명이며, 생명은 그 자체가 무한한 것이다. 인간의 삶이 비록 죽음과 맞닿아 있지만 진정한 삶은 무한하게 펼쳐질 수 있으며 그 전개에서 해명할 수 없는 신비적인 것과 맞닥뜨린다. 그래서 삶은 어떤 위기를 맞더라도 이를 이겨내는 힘을 가질 수 있다. 측량할 수 없는 삶의 "신비함은 인간 삶의 내적 위력에 대한 표현으로 파악되어야 한다."[7] 측량할 수 없고 파악할 수 없는 삶의 위력은 인간 인식능력의 결핍으로 표현되지만 이는 동시에 인간의 새로운 가능성이다. "삶의 신비함은 인간을 가능성과 위력으로 이해하는 전제이며 근본적으로 예측할 수 없는 미래에 대한 개방성이다."[8]

가능성으로서의 삶은 이전에 없던 새로운 삶으로 현실화된다. 새로운 삶을 만들어 내는 요소 가운데 종교적 체험은 결정적이다. 왜냐하면 이 체험은 일상의 경험과 달리 유한성의 경계를 넘어서는 것이며 무한한 존재와 관계함으로써 초월적 세계와 접촉하는 것이기 때문이다. 초월적 존재와의 접촉은 땅에 발을 딛고 있는 인간의 내면을 천상의 세계로 이끈다. 이것은 인간 내면에서 일어나는 초월의 체험이다. 철저하게 깨어 있는 내면에서 초월적 존재와의 통일이 이루어진다. 이러한 체험은 종교학에서 말하는 누미노제의 체험이며 거룩함의 체험이기도 하다. 이것은 마이스터 엑크하르트의 '신비적 합일'이 내면 가운데서 성취된 것이다. 그러므로 종교적 체험은 내재적-초월적 삶으로서 전적으로 새로운 삶이다. 이러한 삶에서 새로운 가능성과 희망과 개방성이 나온다. 결국 종교적 체험은 인간의 유한성을 초월하는 힘과 위력이다.

---

7 O. F. Bollnow, "Georg Misch und der Göttinger Kreis", in: Bollnow, *Studien zur Hermeneutik, Bd. II, Zur hermeneutischen Logik von Georg Misch und Hans Lipps*, Freiburg/München 1983, 35.

8 Bollnow, "Georg Misch und der Göttinger Kreis", 35.

숄라이어마허 이후 종교에 대한 논의는 체험주체와 무관하게 언급될 수 없다면, 종교는 체험하는 인간에게 다가오는 심원한 현실과 뗄 수 없는 관계 속에 있다. 종교는 "인간과 그 질서가 마음대로 처분할 수 없는 신비스런 현실의 심원한 차원에 묶여 있음을 인정하는 것이다."[9] 중요한 것은, 쉽게 다가갈 수 없으며 확인하기 어려운 깊은 차원의 현실이 존재하며 이것이 인간을 근본적으로 흔들어 놓을 수 있다는 사실이다. 분명 이러한 힘이 존재하며, 이 힘이 인간을 변화시킨다. 그러므로 "종교는 감정의 고양을 통해 직접적으로 경험되는 삶의 힘이 출현하는 과정이다."[10]

삶이 일상을 벗어나 새로운 세계로 진입하는 것은 인과관계로 이루어진 기계적 과정이 결코 아니다. 삶의 새로움은 시간의 연쇄 속에서 일어나는 자연적 과정도 아니다. 삶의 새로움은 그 자체가 하나의 돌파이며 심원한 현실로의 진입이다. '돌파'로 표현되는 삶의 상황은 그 자체가 초월적 운동이며 낮은 단계에서 높은 단계로 올라서는 도약이다. 그러므로 돌파하는 삶은 일상을 넘어서는 초월이며 평범함을 뛰어넘는 탁월함이다. 질적인 탁월함으로 진입하는 돌파를 통해 실존은 삶의 새로운 힘을 획득하며 이전에 경험하지 못한 삶의 의미를 획득한다. 돌파를 통해 접하게 되는 세계는 실존적 의미의 토대이지만, 이 토대와 근거는 실존에게 알려지지 않는다. 그럼에도 실존의 주체는 이 근거에 대한 무한한 신뢰를 가지며 이로부터 삶의 생명력을 얻는다. 이 토대를

9 W. Gantke, "Die religionsphilosophische Relevanz der Hermeneutik von Otto Friedrich Bollnow", in: F. Kümmel (Hg.), *Otto Friedrich Bollnow. Rezeption und Forschungsperspektiven*, Hechingen 2010, 119.

10 G. Klappenecker, "Otto Friedrich Bollnow: Der Beitrag seines Ansatzes für eine Theorie religiöser Bildung", in: Kümmel (Hg.), *Otto Friedrich Bollnow. Rezeption und Forschungsperspektiven*, 162.

'존재 자체'로 부를 수 있으며 '거룩함'으로 칭할 수 있을 것이다. 전통 종교에서는 신이 이 자리를 차지함이 틀림없다. 이러한 이름 부여에도 불구하고 이 근거는 여전히 밝혀지지 않는 토대로 남는다.

삶이 심원한 현실을 중시하고 해명할 수 없는 근거와의 관계를 중시하는 한 그것은 새로운 삶으로 이행할 수 있다. 변화된 삶은 심원한 현실과의 접촉에서 비롯되므로, 삶의 철학은 '심원한 현실', '알 수 없는 존재', '거룩함' 등에 대한 해명 작업을 시작할 수 있다. 여기서 소위 삶의 해석학이 출현한다. 이것은 "초월에 개방적인 삶의 해석학"[11]으로 불릴 수 있다. 괴팅엔 학파의 종교철학적 성과는 삶의 해석학에서 특징적으로 나타난다.

2. 불러내는 말 – 미쉬의 해석학

앞서 언급한 '삶의 돌파'는 게오르크 미쉬가 몰두한 중심 주제이다. 돌파는 삶을 에워싸고 있는 장애물과 한계를 내면의 힘으로 뚫고 나아가는 전철(轉轍)이다. 돌파를 통해 한계가 사라질 때 삶에는 새로운 경지가 열린다. 이 과정에서 한계의 이편과 저편이 분명히 드러나며 이편에서 저편으로 나아가는 이행도 확인된다. 삶의 돌파는 두 세계에 대한 체험이며, 그것도 한계 너머의 세계에서 얻는 새로움의 체험이다. 이러한 맥락에서 돌파는 애당초 철학함의 활동과 같다. 철학함으로써 사람들은 이전의 삶에서 알지 못했던 세계를 접하고 경이로움에 빠진다. 철

---

11 Gantke, "Die religionsphilosophische Relevanz der Hermeneutik von Otto Friedrich Bollnow", 129.

학함에서 나오는 경이(驚異)는 삶에 새로운 의미를 가져다준다.[12]

삶의 해석학에서 돌파는 이해를 통해 이루어진다. 돌파는 한계 너머의 세계에 대해 무지한 상태를 이해의 상태로 바꾼다. 이런 점에서 '이해'와 '가능'은 동일하다. "이해는 본질의 실행이 아니라 본질의 고유한 가능성을 파헤친다는 의미에서 하나의 가능함이다."[13] 따라서 새로운 세계에 대한 이해는 이해 주체의 삶을 새로운 의미로 채운다. 일상성과 실존의 차이가 '존재 가능'에 있듯이, 한계 너머의 세계에 대한 이해는 이해 주체에게 새로운 가능성을 가져다준다. 새로운 가능성은 세계와 무관한 인간 내면의 운동만을 지칭하는 것이 아니다. 새로운 삶 가운데는 이해가 개방하는 새로운 세계의 운동도 들어 있다. 변화된 삶에는 새롭게 열린 세계와 실존이 통일되어 있다. 이런 점에서 이해는 주체-객체-대립을 이미 극복한 것이다. 중요한 것은 이해를 통해 이 세계가 처음으로 드러난다는 사실이다.

게오르크 미쉬는 새로운 세계가 어떻게 드러날 수 있는지에 대해 천착한다. 종교철학적으로 본다면 이 세계는 종교적 체험을 통해 비로소 드러나는 세계이다. 이 세계는 새롭게 드러나는 것으로 그치는 것이 아니라 체험의 주체를 변화시킨다. 관건은 새로운 세계의 현시와 드러남이다. 삶의 해석학은 바로 여기서 작동한다. 그러므로 종교철학적 의미에서 해석학의 과제는 신과 거룩함의 영역을 드러내는 데 있다.

미쉬는 논리학과 명제의 틀에서 이 문제에 접근한다. 명제의 의미는

---

12 G. Misch, *Der Weg in die Philosophie. Eine philosophische Fibel*, München 1950 참조.

13 K. Giel, "Umrisse einer hermeneutischen Philosophie. Zwischen Phänomenologie und Lebensphilosophie", F. Kümmel (Hg.), *O. F. Bollnow: Hermeneutische Philosophie und Pädagogik*, Freiburg/München 1997, 19 이하.

화자(話者)나 저자의 사유 과정을 통해 규정된다. 전통논리학은 명제를 판단에 국한시키고 이를 사고 추리의 연관 속에서 파악한다. 이미 주어져 있는 판단에 근거하는 사고가 올바른 사고이며, 이 사고를 표현하는 말이 올바른 말이다. 미쉬는 이러한 말을 논증적 말 또는 개념적 말(diskursives Sprechen)로 규정한다. 예컨대 사실에 대한 규정, 자연법칙, 수학 명제, 정의(定義) 등은 논증적 말이다. 그런데 삶에는 논증적 말의 범위를 벗어나는 경험이 많이 있다. 사람들이 분명히 경험함에도 불구하고 이를 개념적으로 표현할 수 없는 경우가 적지 않게 발생한다. 특히 경이로운 사실을 경험할 때 이를 담아낼 수 있는 말은 거의 없다.

미쉬는 이와 같은 특별한 체험도 표현할 수 있어야 한다고 생각한다. 말로 표현할 수 없는 삶은 없다는 것이다. 다만 논증적 말로 담아낼 수 없는 체험이 문제이다. 모든 체험이 말과 연관되어 있다는 입장은 헤겔의 정신철학과 일맥상통한다. 헤겔은 오성의 고정된 개념으로 담아낼 수 없는 영역을 개념의 운동을 통해 체계화한다. 미쉬도 말과 무관한 영역이 독자적으로 존재한다는 데 동의하지 않는다. 모든 삶은 말과 연관되어 형성되며, 새로운 삶은 말을 통해 만들어진다. 미쉬에 의하면 말할 수 없는(unsagbar) 것도 표현될(aussprechbar) 수는 있다. "말할 수 없는 것은 표현할 수 있는 것의 극단적 한계일 뿐 그 반대는 아니다."[14] 헤겔이 오성을 넘어서는 이성을 요구한다면, 미쉬는 논증적 말을 넘어서는 또 다른 말을 창안한다. 이것이 바로 '불러내는 말' 또는 '환기(喚起, evozierend)하는 말'[15]이다. 이 말은 개념 너머에 있는 생각을

---

14 O. F. Bollnow, *Studien zur Hermeneutik, Bd. II, Zur hermeneutischen Logik von Georg Misch und Hans Lipps*, Freiburg/München 1983, 35, 164.

15 G. Misch, "Die Idee der Lebensphilosophie in der Theorie der Geisteswissenschaften", in: *Österreichische Rundschau*, Nr. 20, 1924, 359-372.

불러일으키는 말이다. 불러내는 말은 측량할 수 없는(unergründlich) 삶의 의미를 현시한다는 점에서 전적으로 '해석학적' 이다.[16]

불러내는 말의 대명사는 시적 체험과 종교적 체험에 있다. 시인의 말은 일상어를 벗어나며 논증적 말을 뛰어넘는다. 시인이 말하기 전에는 알려지지 않았던 세계가 시어(詩語)를 통해 비로소 드러난다. 시인의 생각이 시어로 나타나고 이것이 대상과 맞아떨어짐으로써 이 대상은 처음으로 발생한다. 이 대상은 시인의 말과 접촉할 때 '전율하면서' (erzittert) 등장한다. "대상은 꼭 맞는 말과 접촉하면서 언어의 행위를 통해 전율한다."[17] 알려지지 않은 대상을 대상으로 나타나게 하는 것이 바로 '말의 힘' 이다. 미쉬가 주장하는 '불러내는 말' 은 아직까지 드러나지 않은 대상과 접촉함으로써 이를 현실로 불러내는 말이다.

그러므로 불러내는 말은 이미 주어져 있는 대상을 묘사한다기보다 시적 체험과 종교적 체험을 통해 현시되는 세계를 불러낸다. '불러내는 말' 은 대상 세계와 사실세계를 넘어서는 세계를 불러냄으로써 초월적 세계가 현시되게 한다. 불러내는 말을 통해 이제까지 알려지지 않았던 세계가 처음으로 드러나는 것이다. 특히 종교적 실존의 체험은 초월적 존재와의 새로운 만남인데, 불러내는 말은 이 만남의 순간에 접촉되는 존재를 언어적으로 묘사한다. 종교적 체험에서 이 존재는 무한자이다. 이로써 무한자가 유한자 가운데 나타나는 현상을 표현하는 길이 열린다. 불러내는 말은 개념적인 말과 논증적인 말이 담아낼 수 없었던 무한자까지 표현할 수 있다. 여기서 해석학적 논리학이 작동한다. 미쉬는

---

16   V. Schürmann, *Die Unergründlichkeit des Lebens. Lebens-Politik zwischen Biomacht und Kulturkritik*, Bielefeld 2011, 143 이하 참조

17   G. Misch, *Lebensphilosophie und Phänomenologie. Eine Auseinandersetzung der Diltheyschen Richtung mit Heidegger und Husserl*. Darmstadt 1967, 96.

전통논리학을 해석학적 논리학으로 확장함으로써 전통논리학이 개념
화할 수 없었던 무한자까지 개념화하려고 한다. 이것은 미쉬의 삶의 철
학이 추구하는 "생동적 개념"과 "삶의 개념"이다.[18]

3. 심미적 작용 - 쾨니히의 해석학

종교적 체험의 영역은 생활세계의 영역과 겹치질 수 있지만 애당초 이
영역을 벗어난다. 종교적 체험은 생활세계 속에서 대상화할 수 있는 영
역 너머에서 이루어진다. 이 영역은 우리가 이론적으로 대상화할 수 있
는 세계가 아니며 일상의 실천에서 쉽게 접할 수 있는 세계도 아니다.
종교적 체험의 영역은 체험주체를 동요시키고 그를 근본적으로 변화시
키는 세계이다. 이 세계는 일상의 연장선상에 있는 영역이 아니라, 일
상의 단절에서 처음으로 접할 수 있는 영역이다. 이 세계와 접촉할 때
마음의 감동과 울림이 있으며 놀라움으로 전율이 일어나기도 한다. 슐
라이어마허는 이를 '우주'와의 접촉으로 규정한다. 그러므로 이 세계
는 전통 형이상학에서처럼 이론적 전제로 설명할 수 없다. 이것은 삶의
체험을 통해 드러나야 하며 삶의 해석학의 도움으로 명료하게 되어야
한다.

쾨니히의 고유한 이론은 이러한 문제의 해결에 많은 단서를 제공한
다. 그의 논문 「심미적 작용의 본성」[19]은 기본적으로 예술 영역의 논의
이지만, 쾨니히는 이를 전통 진리관의 확장으로도 생각한다. 따라서 대

---

18 Misch, *Lebensphilosophie und Phänomenologie*. 170.
19 J. König, "Die Natur der ästhetischen Wirkung", in: J. König, *Vorträge und Aufsätze*. Hrsg. v. G. Patzig, Freiburg i. B. 1978, 256-337.

상 영역은 예술에서 자연으로 확대되며, 자연에서 초자연적 세계로 넓혀진다. 쾨니히는 우선 괴테를 인용하면서 심미적 작용을 설명하려고 한다. "예술은 전체의 파괴력에 맞서서 스스로를 보존하려는 개인의 노력에서 나온다."[20] 예술이나 예술작품의 힘은 이를 무력화시킬 수 있는 전체에 대한 반작용의 힘에서 나온다. 예술이 자기만의 고유한 힘을 갖고 있지 않다면 그것은 등장과 동시에 사라지는 한갓된 존재자에 불과할 수 있다. 그러나 예술의 작용력은 몰락의 위기 속에서도 예술을 안정적으로 보존한다. 예술의 작용이 그 보존을 가능하게 한다. 여기서 쾨니히는 예술작품을 대하는 인간의 새로운 내면성에 주목한다. 새로운 내면성은 예술작품의 영향으로 형성된다. "심미적 작용은 우리로 하여금 이 작용에 꼭 맞아 떨어지는 말로 느낄 수 있게 하는 것"이다.[21] 여기서 심미적 작용은 이 작용에 꼭 맞는 말과 일치한다. '순수하고 정확하게 일치하는 말'을 통해 사람들은 심미적 작용의 고유한 영역을 느낀다.

심미적 작용, 심미적 작용으로 형성된 인간의 내면성, 그리고 심미적 작용에 일치하는 정확한 말, 이 셋은 동근원적이라 할 수 있다. 심미적 작용은 이 작용을 표현하는 말이 있을 때 가능하며, 이를 받아들이는 인간 내면의 감동이 있을 때 가능하다. 심미적 작용은 이를 언어적 묘사할 때 비로소 실현된다. "심미적 작용을 묘사하는 것은 묘사로서의 바로 이 작용 자체이다."[22] 심미적 작용이 먼저 있고 그 다음에 이 작용에 대한 정확한 묘사가 뒤따르는 것이 아니다. 심미적 작용에 대한 묘사와 동시에 그 작용이 일어난다. 심미적 작용에 대한 묘사가 언어적

---

20 König, "Die Natur der ästhetischen Wirkung", 262.

21 König, "Die Natur der ästhetischen Wirkung", 264.

22 König, "Die Natur der ästhetischen Wirkung", 267.

묘사인 한에서 이 작용을 묘사하는 말은 새로운 세계와 존재자가 드러
나게 하는 힘을 갖는다. 심미적 작용만 있고 묘사가 없을 때 그것은 아
무런 작용 없이 사라진다. 묘사하는 말은 인간 내면의 힘을 반영하므로
예술의 작용과 이에 대한 내면성의 응답이 묘사로 구체화된다.

심미적 작용은 '일어남'이나 '사건'(Geschehen)으로 규정된다. 심
미적 작용은 "작용자와 피작용자가 각각 독자적 존재자로서 작용 과정
과 분리되어 있는 것이 아니라 양자가 작용자, 작용함, 작용으로 구분
되는 구조 전체 가운데 오로지 계기로만 등장하는 사건이다."[23] 따라서
심미적 작용은 인과관계가 아니다. 예컨대 술이 사람을 취하게 하는 경
우 술이 원인이며 취함은 술의 작용이다. 술 취함의 작용이 있기 전에
도 술은 존재한다. 술 취함을 통해 비로소 술의 존재가 드러나는 것이
아니다. 그러나 심미적 작용의 주체는 그것이 작용하기 이전에는 드러
나지 않는다. 심미적 작용과 더불어 이것에 영향 받은 인간 내면의 운
동과 언어적 묘사에서 비로소 일어나는 것이다. 그러므로 심미적 작용
과 비심미적 작용은 분명하게 구별된다.

심미적 작용이 인과관계가 아니라는 사실은 이미 존재하는 대상을
'규정하는 술어'와 '변양하는 술어'를 구별하는 데서 잘 드러난다. 쾨
니히는『존재와 사고』[24]에서 이 두 가지 술어에 대해 다룬다. 규정하는
술어는 "무엇을 사실적으로나 객관적으로 규정하는" 술어인 반면, 변양
하는 술어는 "인상을 파악하는" 술어이다.[25] "색깔, 소리, 냄새 등과 같

23 O. F. Bollnow, "Über den Begriff der ästhetischen Wirkung bei Josef König",
in: *Dilthey-Jahrbuch für Philosophie und Geschichte der Geisteswissenschaften*,
Band 7/1990-91, Göttingen 1991, 25.
24 J. König, *Sein und Denken. Studien im Grenzgebiet von Logik, Ontologie und
Sprachphilosophie*, Halle 1937.
25 Kümmel,『자연은 말하는가?』, 98 이하.

이 감각적으로 파악할 수 있는 사물의 성질은 규정적 속성이나 규정적 술어의 사례이다. 이에 반해 '이성적', '옳은', '아름다운', '좋은', '타당한', '고귀한' 등과 같은 단어는 변양된 술어로 불러야 한다."[26] 우리는 규정적 술어를 통해 아무런 의심 없이 대상을 지시할 수 있다. 대상은 이미 존재하는 것이며 술어는 이 대상에 덧붙여진 말일 뿐이다. 여기서는 '대상이 작용한다'고 말할 수 없다. 그런데 변양된 술어의 대상은 쉽게 규정할 수 없으며 항상 동일하게 규정할 수도 없다. 어떤 행동이 옳고 타당하다고 말할 때 우리는 이 행동을 쉽게 확정할 수 없다. 오히려 이 행동이 과연 옳은 행동인지 타당한 행동인지 신중하게 판단해야 한다. 이 행동이 나에게 옳은 행동으로 영향을 미치고 내가 이를 옳다고 판단할 때 비로소 이 행동은 옳은 행동으로 규정된다. 여기서 '이렇게 영향을 미치는 활동'이 있기 때문에 사람들은 이 행동을 옳다고 규정한다. '이렇게 영향을 미치다'와 이에 대해 '판단하고 결정하다'는 밀접하게 관련되어 있다. 쾨니히는 이렇게 변양하는 술어가 심미적 작용을 표현하는 데 적합한 술어라고 생각한다.

심미적 작용은 예술작품과 인간을 연결하는 고리이다. 이 작용이 없으면 예술작품과 인간은 서로에게 남남이다. 이 작용을 통해 인간은 예술작품과 연결되며 이를 어떤 방식으로든지 파악할 수 있다. 더 나아가 심미적 작용은 바로 이 작용을 통해 예술작품을 예술작품이라는 하나의 분명한 사실로 현시한다. 이 현시를 통해 인간은 예술작품의 고유한 내용적 규정을 획득한다. 예술작품의 현시는 예술작품 쪽에서 나오는 운동이라면 이를 이 예술작품만의 규정으로 파악하는 것은 감상자 쪽에서 나오는 운동이다. "예술적 산출의 사건은 자기 자신을 만나는 사

---

26 Bollnow, "Über den Begriff der ästhetischen Wirkung bei Josef König", 18.

건이다."[27] 이 두 가지 운동은 설명을 위해서는 구별되지만 사태 자체의 차원에서는 구별되지 않는다. 예술적 체험은 심미적 작용을 수반하면서 해당 예술작품의 진정한 사실을 드러낸다. 바로 이곳이 존재의 진리가 드러나는 마당이다.

심미적 작용의 이러한 특성은 '매개된 직접성'으로 규정될 수 있다.[28] 심미적 작용은 그 자체가 직접적인 것이 아니며 그렇다고 해서 전적으로 다른 것에 의해 매개된 것도 아니다. 대상과 내면성의 만남이 만들어 내는 현상인 것이다. "쾨니히는 '그렇게-작용함'과 '그러한-성질로-작용함'의 일치를 논리적 중간자로 파악한다."[29] 대상이 그렇게-작용하며, 내면성이 이를 바로 그러한-성질의-작용으로 받아들인다. 바로 여기에 내면성의 자기-매개가 개입한다. 작용이 전적으로 대상 쪽에서 나오는 운동이 아니고 전적으로 내면에서 나오는 것도 아니라는 주장이다. 전적으로 비본래적인 것(대상)도 아니고 전적으로 본래적인 것(내면성)도 아니라는 데에서 새로운 체험과 논리의 만남을 확인할 수 있다.

이러한 심미적 작용은 종교적 체험과 밀접하게 연관된다. 슐라이어마허가 『종교론』에서 '예술종교'를 언급한 이래 예술적 체험과 종교적 체험 간의 유사성과 연관성에 대한 논의가 활발하게 일어났다.[30] 종교

27 König, "Die Natur der ästhetischen Wirkung", 300.
28 V. Schürmann, *Die Unergründlichkeit des Lebens. Lebens-Politik zwischen Biomacht und Kulturkritik*, 171 이하 참조.
29 Schürmann, *Die Unergründlichkeit des Lebens*, 176.
30 W. Braungart, M. Koch, G. Fuchs (Hg.), *Ästhetische und religiöse Erfahrungen der Jahrhundertwenden. I: um 1800*, Paderborn/München/Wien/Zürich 1997; A. Franz, W. G. Jacobs, *Religion und Gott im Denken der Neuzeit*, Paderborn/München/Wien/Zürich 2000; S. Altmeyer, *Von der Wahrnehmung zum Ausdruck. Zur ästhetischen Dimension von Glauben und Lernen*, Stuttgart 2006 참조.

적 체험은 합리적인 차원을 넘어서는 체험으로서 '우주'를 순간적으로 접촉함으로써 얻는 내면의 변화이다. 슐라이어마허에게 종교적 체험은 직관과 감정으로 이루어지며, 이는 애당초 수동적이다. "모든 직관은 직관되는 존재가 직관하는 존재에 끼치는 영향으로부터 출발하며 (…) 직관되는 존재의 근원적이고 독립적인 행위에서 출발한다."[31] 직관되는 존재는 우주이므로, 종교적 체험은 무한자의 영향과 작용으로 이루어진다. "종교는 우주를 직관하려 하며 우주의 고유한 서술과 행위 속에서 그에게 경건히 귀 기울여 들으려 하고 스스로 어린아이의 수동성으로 우주의 직접적인 영향에 사로잡히고 충만하게 채워질 수 있으려고 한다."[32] 따라서 종교적 체험은 우주의 영향과 작용에 열린 마음을 가질 때 성취된다.

심미적 작용과 종교적 작용의 유사성은 이들 작용을 통해 인간의 내면 가운데 새로움이 발생한다는 데 있다. 종교적 새로움과 예술적 새로움을 구별하기에 앞서, 이 새로움은 체험주체에게 처음으로 일어나는 사건이다. 그리고 이 사건의 내용은 전혀 알려지지 않은 현실 저편의 내용이다. 심미적 작용에서 예술적 사실이 드러난다면 종교적 작용에서 신적 사실이 드러난다. 새롭게 드러나는 사실은 체험주체를 흔들어 놓으며 삶에 새로운 의미를 부여한다. 새로운 의미의 원천은 새로운 사실 및 새로운 존재와의 만남이다. 이 만남이 없으면 체험주체에게 아무런 영향이 나타나지 않는다.

슐라이어마허는 자기 직관과 세계 직관의 종합에서 예술종교가 가능하다는 사실을 시사한다.[33] 자기 속에서 자기를 만나고 자기 속에서 세

---

31 Schleiermacher, 『종교론』, 60.

32 Schleiermacher, 『종교론』, 56.

33 Schleiermacher, 『종교론』, 144 이하 참조.

계를 만날 때 자기와 세계를 연결하는 새로운 의미 결정체가 등장한다. 이것은 양자의 종합이므로 자기도 아니고 세계도 아니다. 심미적 작용에서 예술작품의 새로운 의미가 발생하듯이 종교적 작용에서 무한자의 새로운 의미가 발생한다. 새로운 의미는 모두 자기 속에서 일어나며 자기의 토대 위에 발생한다. 자기 속에서 변화가 일어난다는 사실을 아는 것은 가장 확실한 체험이다. 이러한 변화의 체험은 그때마다 삶을 새롭게 형성한다. 새로운 삶의 형성은 새로운 우주의 형성으로 이어진다. 우주의 작용에서 새로운 우주의 형성으로 이어지는 과정은 창조의 중요한 계기이다.

심미적 작용과 종교적 작용의 유사성은 종교가 예술적이라는 사실에서 보다 분명해진다. 예술과 종교는 합리성과 오성이 미치지 못하는 영역과 접촉한다는 면에서 동일하다. 예술과 종교는 한계를 초월하려는 내면의 힘으로써 무한한 세계와 만날 수 있다. 예술이 자연의 내면화라면 종교는 또 다른 자연의 내면화이다. 자연의 내면화가 고유한 방식으로 일어난다면 이러한 현상은 종교에서도 유사하게 펼쳐진다. 무한한 자연을 내면 가운데 소유하려는 노력은 그때마다 상이한 의미를 가져온다. 중요한 것은 상이한 내용 가운데 보편의 편린이 들어 있다는 사실이다. 이것은 무한자와의 접촉에서 적용되는 "예술적 원리"이다.[34]

---

34 에밀 브룬너는 슐라이어마허의 종교 개념을 "우주적 미학주의"로 부르며, 헤겔은 프로테스탄트의 내면성에서 "예술적 원리"를 통찰한다. W. Braungart, M. Koch, G. Fuchs (Hg.), *Ästhetische und religiöse Erfahrungen der Jahrhundertwenden*, 158.

4. 분절적 묘사/명료한 묘사 - 볼노의 해석학

종교적 체험은 삶을 가로지는 체험이며 새로운 차원으로 진입하는 관
문이다. 종교적 체험에서 사람들은 삶의 심연을 맛보며 지금까지 알지
못했던 무한자와 접촉한다. 미쉬는 이러한 돌파를 통해 도달하는 삶의
새로운 경지를 언급하며, 쾨니히는 이 새로운 경지가 인간에게 미치는
미세한 작용을 다룬다. 딜타이의 삶의 철학을 구체화하려는 괴팅엔 학
파의 노력은 인식론과 밀접한 관련이 있으며, 이러한 삶의 해석학은 말
과 언어에 대한 분석으로 이루어진다. 이러한 분석은 전통 논리학이 미
치지 못하는 영역을 논의의 대상으로 끌어들임으로써 인식론과 논리학
의 지평을 확장하는 데까지 나아간다. 논리적 개념의 경계 밖에 있는
새로운 의미를 위해 볼노는 고유한 해석학적 철학[35]을 전개한다. 해석
학적 철학의 중심 개념은 '철학적 묘사'(philosophische Beschreibung)
이다.

볼노는 미쉬가 말하는 '돌파'의 체험을 중시하면서 일상적 삶을 넘
어서는 놀라움과 경외의 순간을 주제화한다. 그는 낭만주의적 자연 탐
구자 슈베르트(G. H. Schubert)의 말을 빌려 이 순간을 '우주적 순간'
으로 표현한다. 우주적 순간의 체험은 슐라이어마허의 종교적 체험과
유사하다. "빠르고도 신비스럽게 한 형상과 한 사건이 우주의 형상으로
전개된다."[36] "이 순간은 종교 속의 모든 생명체가 탄생하는 시간이

---

35 '철학적 해석학'을 전개한 가다머도 이 개념을 인정한다. F. Rodi, "Herme-
neutische Philosophie im Spätwerk von Otto Friedrich Bollnow", in: F. Kümmel
(Hg.), *O. F. Bollnow: Hermeneutische Philosophie und Pädagogik*, Freiburg/
München 1997, 67: H.-G. Gadamer, "Die Hermeneutik und die Diltheyschule",
in: *Philosophische Rundschau*, 38 (1991), 174 참조.
36 Schleiermacher, 『종교론』, 74.

다."[37] 이 우주적 순간에 사람들은 지금까지 접해보지 못한 심연을 맛보며 여기서 무한한 세계의 영혼과 몸을 느낀다. 갑작스럽게 일어나는 마음의 감동과 심금의 울림을 체험하고, 헤아릴 수 없는 실재의 깊이를 맛보는 것이다. 볼노는 이러한 순간 체험을 언어로 묘사함으로써 쉽게 접할 수 없는 존재를 포착하려고 한다. "묘사는 너무 쉽게 사라져 버리는 것을 붙들 수 있게 하고 이것이 '전달하는 것'을 더욱 깊이 파헤칠 수 있게 한다."[38]

묘사에는 기본적으로 '실제적 묘사'와 '사실적 묘사'가 있다. 실제적 묘사는 길을 묻는 사람에게 길을 가르쳐 주며 분실물 센터에서 잃어버린 분실물의 크기와 색깔 등을 지칭할 때 쓰인다. 사실적 묘사는 학문적-과학적 묘사이다. 식물학이나 동물학에서처럼 탐구 대상을 낱낱이 정확하고 완전하게 묘사한다. 이것은 아무런 전제 없는 묘사이며 앞서 형성된 개념체계나 사상의 힘을 배제하는 묘사이다. 이들 묘사와 달리 해석학적 철학에서 다루는 묘사는 '명료한 분절적 묘사'(artikulie-rendes Beschreiben)이다. 명료한 묘사는 일상언어를 넘어서는 "섬세한 언어"(subtilere Sprache)를 요구한다.[39] 이것은 지금까지 주목받지 못한 사실을 입체적으로 드러낸다. 이 사실은 묘사를 통해 처음으로 명료하게 나타난다는 의미에서 창조적 묘사이기도 하다.

명료한 묘사는 실제적 묘사나 사실적 묘사와 달리 정신적 삶의 현상을 기술(記述)한다. 정신적 삶 내지 영혼의 삶은 이미 세상에 존재하는

---

37 Schleiermacher, 『종교론』, 75.

38 O. F. Bollnow, "Versuch über das Beschreiben", in: *Hommage à Richard Thieberger. Publications de la Faculté des Lettres et Sciences Humaines de Nice*, N° 37 – 1ère série, Les Belles Lettres 1989, 59.

39 Ch. Taylor, *Die Formen des Religiösen in der Gegenwart*, Frankfurt ⁴2013, 89.

사물과 근본적으로 다르다. 정신적 삶은 그때마다 새롭게 형성되며 그 가운데 새로운 의미를 담는다. 그러므로 이러한 정신적 삶을 묘사하기 위해서는 이 삶에 걸맞은 말을 찾아야 한다. 묘사에 쓰인 말이 정신적 삶의 사실에 정확하게 맞아떨어져야 한다. 화살이 과녁을 맞히듯이 말이 정신적 삶의 사실을 맞혀야 한다. 그것도 적확(的確)하게 맞혀야 한다. 적확한 말을 찾아내는 것은 사실적 묘사가 추구하는 정확한 말보다 더 어렵다. 왜냐하면 사실적 묘사의 대상은 이미 세상에 존재하는 것이지만 명료한 묘사의 대상은 아직 나타나지 않았기 때문이다. 정신적 삶의 현상은 명료한 묘사를 통해 비로소 그 모습을 드러낸다. 이런 맥락에서 볼노는 명료한 묘사가 새로운 삶의 현상을 "산출"한다고 말한다.[40] 이렇게 삶의 현상을 산출하기 때문에, 이것은 '창조적 묘사'로 불리기도 한다. 적확한 묘사를 통해 비로소 드러나는 삶의 현상은 미쉬와 쾨니히가 주장하는 새로움의 구조와 같은 맥락에 있다. 즉, 불러내는 말에 의해 전율하는 대상, 그리고 심미적 작용을 묘사하는 바로 그 순간 묘사하는 사람에게 등장하는 심미적 작용과 유사하다.

말하기 전에는 말의 의미가 알려지지 않으며, 말로 묘사하기 전에는 묘사되는 정신적 현상이 나타나지 않는다. 그럼에도 정신적 사실과 이를 묘사하는 말 이전에 양자와 관련된 힘이 있다. 왜냐하면 이 힘에 의해 정신적 현상과 말이 등장할 수 있기 때문이다. 볼노는 이 힘의 영역을 무한자로 간주하며 '근원적 신비적 의식'이라고 규정하기도 한다. 이 영역은 단순히 말과 묘사의 영역이 아니라 종교적, 형이상학적 영역이다. 이곳은 모든 존재와 현상의 원천이다. "인간은 과거에 사물들과 통합되어 살았으며 이 사물들의 언어를 이해했던 근원적 의

---

40 Bollnow, "Versuch über das Beschreiben", 63.

식"[41]을 갖고 있다. 그러므로 인간이 적확한 말로 묘사하면 묘사된 사물은 '깨어나면서' 세계로 등장한다. 사물은 불러내는 말에 대해 응답한다. 그리고 올바른 묘사는 사물을 "각성"[42]시킨다.

사물 입장에서 본다면, "명료한 묘사의 대상은 나에게 다가와서 내 마음을 끄는 것이다. (…) 어떤 것이 내게 다가와서 스스로 얘기하거나 자기 스스로를 드러내는 것이 주요 문제이다."[43] 우리에게 말을 걸고 우리의 마음을 끄는 대상이 있다면 우리는 그것이 말하는 것에 귀를 기울이고 그것에 상응하는 말을 발견해야 한다. 명료한 묘사는 이러한 말의 발견에서 구체적으로 실행된다.

비밀스럽고 신비스런 영역에 존재하던 사물은 이를 불러내는 명료한 묘사를 통해 처음으로 세상에 나온다. 이러한 사물의 등장은 그 자체가 하나의 사건이다. 명료한 묘사는 전적으로 새롭게 등장하는 사물을 기술하는 것이다. 따라서 명료한 묘사는 전이해(前理解)를 넘어선다. 볼노의 명료한 묘사는 전이해와 선입견을 배제하려는 노력에서 현상학적이다. 명료한 묘사는 전이해와 선입견을 중시하는 가다머의 해석학과 거리가 멀고, 판단중지를 통해 사실의 본성에 접근하려는 현상학에 가깝다. 볼노의 "해석학적 처리 방법은 전이해와 무관하게 문화와 전통의 한계를 뚫고 나간다."[44] 그에게 중요한 것은 명료한 묘사를 통해 처음으로 등장하는 사실이다. 이런 점에서 하이데거의 생기(生起)해석학은 볼노의 해석학적 철학과 일맥상통한다.

---

41 Bollnow, "Versuch über das Beschreiben", 65.
42 Bollnow, "Versuch über das Beschreiben", 64.
43 Kümmel, 『자연은 말하는가?』, 93.
44 K. Giel, "Umrisse einer hermeneutischen Philosophie. Zwischen Phänomenologie und Lebensphilosophie", 44.

　명료한 묘사의 방법은 종교적 체험을 드러내는 데 기여할 수 있다.
종교적 체험은 무엇보다 새로움의 체험이며 이전에 없었던 의미의 전
유(專有)이다. 종교적 체험이 종교현상으로 남으려면 이를 적확하게
묘사하는 말이 필요하다. 명료한 묘사는 종교적 체험의 영역을 드러내
며 이를 타자에게 전달할 수 있다. 묘사는 그 어떤 묘사이든 언어적 표
현이므로 전달의 역할을 수행한다. 종교적 체험에 대한 명료한 묘사를
통해 고유한 종교현상이 확인되며, 이것은 분절적 묘사의 도움으로 상
호소통의 마당으로 들어설 수 있다. 볼노가 의도하는 명료한 묘사는 일
상을 넘어서는 시적 세계와 종교적 세계를 드러내려는 것이며, 이를 통
해 인식의 영역을 확장하려고 한다. 종교적 체험을 통해 인간 삶의 범
위가 확장되는 것처럼, 확장된 삶은 명료한 묘사를 통해 구체적으로 인
식된다.

6

종교적 언어형성
－해석학적 개념형성

1. 종교적 체험과 종교언어

종교적 언어는 일상언어에 국한되는 언어가 아니며 과학적 주장을 전달하는 매체도 아니다. 대표적인 종교언어는 경전의 계약과 신앙인의 고백이다. 전통적인 기독교 신학은 계약과 고백을 신과 인간의 대화로 간주하고 이것의 객관성을 탐구한다. 신학도 학문이므로 엄격한 개념을 사용하는 논리의 학이다. 신앙을 가진 모든 사람에게 정당성을 지니지 못하는 언어는 신학의 범주 안에 들어올 수 없다. 그럼에도 초월자에 대한 논의는 항상 경험의 틀을 벗어나므로 종교언어는 (기독교) 신학의 언어에 국한될 수 없다. 전통적 교의학을 신앙론으로 대치한 슐라이어마허에 와서 종교언어는 전통 신학의 범주를 벗어나 종교현상 일반을 다룰 수 있게 된다. 슐라이어마허가 현대 종교학의 배경이 된 연유도 종교적 언어에 대한 그의 새로운 이해에 있다.

슐라이어마허에 의하면 종교적 언어는 다양한 종교적 체험과 종교적
의식(意識)의 표현이다.[1] 새로운 종교철학이 자연종교보다 생활종교에
집중하는 한에서, 종교적 언어는 이미 확정되어 있는 교리 언어보다 종
교적 체험에서 나오는 언어형성에 관심을 기울인다. 종교적 언어형성
은 애당초 종교적 체험과 이 체험의 전달과 관련된다. 기존의 교리는
대부분 확정된 종교언어인 반면 종교적 체험에서 나오는 언어는 새롭
게 형성되는 언어이다. 이것은 실정종교에 대한 객관적 설명의 언어가
아니라 심정 가운데 새롭게 발생한 종교적 의미를 담아내는 해석학적
언어이다.

근본적인 종교체험이나 개종을 결심하는 마음 상태는 언어 이전의
차원에 있기 때문에 '선술어적'이다. 종교언어는 말할 수 없이 내밀한
것, 신비적인 것 내지 지극히 개인적인 종교체험을 다른 사람에게 전달
할 때 주제화된다. 종교언어는 근본적 체험 상태에 대한 매개이기 때문
에 이 체험에 대해 '2차적'이다. 그러나 종교언어는 종교적 개인의 내
적 형성과 외적 전달을 위해 필수적이다. 종교공동체는 '상호전달'에
의해서만 형성된다.[2] 종교는 의사소통을 통해 사회적인 것이 된다. 종
교적 의사소통은 종교적 체험의 연장선상에 있기 때문에 종교언어는
종교적 체험의 확장을 위해 필수불가결하다. 그러나 종교적 전달은
고유한 종교적 체험에서 출발하기 때문에 일상적 전달과 결코 같을 수
없다.

종교적 전달 안에서도 상이한 언어형성이 이루어진다. 개인의 종교
체험에서 종교공동체가 형성되지만 같은 공동체 안에서도 개인의 고유

1　A. C. Dole, *Schleiermacher on Religion and the Natural Order*, Oxford/ New
York 2010, 192 참조.
2　Schleiermacher, 『종교론』, '넷째 강연' 참조.

한 종교체험이 가능하다. 개인의 종교체험에서 나오는 종교언어가 특수한 것이라면, 종교공동체의 언어는 보편적이다. 특수(개인)와 보편(공동체) 간의 긴장이 있을 수 있다. 개인의 특수한 종교언어는 공동체의 사회화 과정에 대해 일종의 '차이'를 만들어 낸다. 이 차이는 개인만이 이해할 수 있는 의미 결정체이다. 반면에 종교공동체는 차별화하려는 개인의 요구에 대해 동일한 언어의 총체성을 요구한다.³ 그러나 개인은 이러한 총체성 요구에 대해 거리를 유지함으로써 자기만의 종교적 의미를 간직하려고 한다.

종교적 언어형성은 종교적 체험을 전제한다. "신을 높이기 위해 특정한 말의 선택을 정당화하는 어떤 연관이 확실히 존재한다. 그럼에도 불구하고 찬미의 행위에 있어서 말은 더 이상 우리 인간이 마음대로 할 수 있는 것이 아니다. (…) 찬미 행위에서 우리의 말은 신에게 바쳐져 있는 것이고, 화자와 신의 관계와 신의 구체적인 행위에 대한 체험만이 우리의 말이 어떤 상태에 있었는지를 증명해 줄 수 있다."⁴ 종교적 언어와 종교적 체험은 뗄 수 없는 관계 속에 있다.

종교체험에서 나오는 언어형성은 근원적 언어형성이며 종교적 의미의 새로운 발생이다. 그런데 이러한 종교적 언어형성은 종교체험에 대한 이해와 해석 없이는 불가능하다. 종교체험에 대한 해석은 개인성의 형성이자 확인이다. 이 해석은 곧 개인의 정체성이다. 이러한 해석은

3 V. Krech, "Religiöse Erfahrung und artikulatorische Identitätsbildung in Konversionserzählungen", in: M. Schlette, M.Jung (Hg.), *Anthropologie der Artikulation: Begriffliche Grundlagen und transdisziplinäre Perspektiven*, Würzburg 2005, 362 이하 참조.
4 W. Pannenberg, *Questioni fondamentali di teologia sistematica*, tr. it. Brescia, 1975, 209-210쪽. B. 몬딘, 『인간: 철학적 인간학 입문』(B. Mondin, *Anthropologia Filosofica*, Roma 1983)), 서광사 1996, 174에서 재인용.

동시에 상호전달을 거치면서 사회적 관계로 확대된다. 종교체험에서 출발한 종교공동체도 해석학적 맥락 속에 있다. 공동체가 갖는 경건의 형태는 종교의 사회적 형태로 이어지는데, 이 과정의 토대에는 항상 해석학적 활동이 펼쳐지고 있다.

2. 종교언어의 토대로서의 삶

종교적 언어형성의 토대는 무엇보다 삶이다. 삶을 총체적으로 다루고 치밀하게 분석한 철학은 딜타이와 딜타이학파인데, 이들의 삶의 해석학에서는 삶의 내적 깊이와 초월에 대한 해석이 중요하다. 삶의 일상성을 넘어서는 정신적이고 영적인 차원의 개방은 곧바로 종교철학과 연결된다. 정신적 삶을 언어적으로 표현하는 문제는 삶의 해석학의 주제인 동시에 '해석학적 논리학'의 주제이다. 해석학적 논리학은 전통논리학의 범위를 넘어서는 영역까지 논리적으로 파악하려고 한다. 해석학적 논리학은 이론의 차원을 넘어서서 실천적 삶의 관계까지 다룬다. 종교적 체험은 실천적 삶의 관계에 포함된다. 전통 철학이 대립적으로 파악해 온 '삶'과 '개념'은 이제 하나의 틀 안에서 다루어진다. 이것은 '해석학적인 것'과 '논리적인 것'의 결합이다.

딜타이학파 가운데 특히 게오르크 미쉬는 오로지 직관적으로만 파악할 수 있으며 해명하기 어려운 삶의 생동성을 담론적(diskursiv) 사유 및 합리적 사유와 결합하려고 한다. 이것은 '삶의 유대'(vinculum fidei et amoris)와 '사상의 유대'(vinculum rationis)의 결합이다.[5] 삶은 개

---

5 F. Kümmel, *Logik und Hermeneutik*, Hechingen 2013, 216.

념과 학문 이전의 내용으로 이루어지며, 이 내용은 삶의 새로움과 근원
성을 구성한다. 종교는 삶의 새로움과 근원적 체험을 담고 있는 최고의
영역이다. 논리적 개념으로 파악할 수 없었던 삶의 근원성은 이제 해석
학의 도움으로 초개념의 영역에서 해방되어야 한다. 삶의 근원성은 논
리학이 해석학과 결합할 때 비로소 개념화될 수 있다. 논리와 보편을
앞세우면서 해석학의 도정을 포기한다면 삶의 근원성은 영원히 묻힌
다. 해석학과 논리학의 결합에서 수행되는 "이해와 파악은 [삶에 대해]
거리를 두는 순수 대상적 규정이 아니라 삶의 자기해석이다."[6]

앞장에서 살펴보았지만 게오르크 미쉬는 논리학을 삶의 철학의 토대
에서 건축하려고 한다. 이른바 해석학적 논리학을 구성하는 핵심은 '담
론적 말'과 '불러내는 말'의 구별에 있다. 담론적 말은 진술 명제로 표
현된 화자(話者)의 의도라면, 불러내는 말은 진술 명제로 도저히 표현
할 수 없는 화자의 의도를 담아내는 말이다. 진술 명제와 대상적 지식
의 한계점에서 화자가 의도하는 대상을 불러냄으로써 이 의도에 꼭 맞
는 대상을 표현하려고 한다. 그러므로 불러내는 말은 통상의 개념과 논
리로 '말할 수 없는 것'을 불러냄으로써 살아 있는 대상이 화자에게 현
전하게 하는 말이다. 이런 맥락에서 미쉬는 불러내는 말이 피히테의
'사행'(事行, Tathandlung)과 같은 역할을 한다고 생각한다.[7] 사행은
자기의식의 근원 현상으로서 대상의식의 토대를 이룬다. 그러므로 불
러내는 말은 삶의 고유한 체험을 담아내는 동시에 삶에 대한 개념적 해
석과 담론적 해석의 토대가 된다.

종교적 언어형성에서 중요한 것은 종교적 체험을 표현하는 언어, 새

---

6 Kümmel, *Logik und Hermeneutik*, 220.
7 G. Misch, *Der Aufbau der Logik auf dem Boden der Philosophie des Lebens*, Freiburg/ München 1994, 537 참조.

로운 종교적 지평을 드러내는 언어, 그리고 새롭기 때문에 그 자체가 근원의 역할을 수행하는 언어이다. 이전에 알려진 것이나 옛것으로 환원될 수 없는 체험은 그 자체가 새로운 것이며 근원적인 것이다. 이것은 지금까지 볼 수 없었고 생각할 수 없었던 것으로서 전혀 새로운 것이다. 이러한 새로움은 "의식의 옛 편견에서 깨어나서 사물을 새롭고 신선하게 바라보며 세계의 정신적 깊이에 대해 더 많은 의미를 부여"[8] 함으로써 가능하다. 이러한 체험은 살아 있는 체험이며 사람을 살리는 체험이다. 그런데 이러한 체험은 순간적으로 지나간다. 사라지듯 순간에만 등장하는 체험의 내용은 일반적인 개념에 온전히 담을 수 없다. 일반적인 개념에서는 체험의 의미가 사라진다. 일반적 개념, 보편적 개념이 살아 있는 체험을 죽이는 자리에 해석학적 개념이 등장한다. 해석학적 개념형성의 과제는 살아 있는 체험을 아무런 손상 없이 언어로 표현하는 데 있다. 이것은 논리적 개념형성의 한계를 넘어선다. 더 나아가 순간의 체험을 '말할 수 없는 것'의 영역에 밀어 넣고 끝내 버리는 신비주의도 넘어선다. 새로운 종교철학은 새로운 종교언어를 필요로 한다. 그렇지 않는 한 더 이상 종교에 대한 학문은 없을 것이다.

종교적 체험은 지극히 개인적인 것이다. 개인적인 것은 개인적인 영역에 머문다. 개인의 체험을 이전 체험에 비추어 이해하는 것은 오해를 낳으며 이를 다른 사람의 기준으로 이해하는 것도 오해를 낳는다. 슐라이어마허의 주장처럼 오해와 비이해(Nichtverstehen)가 해석학의 출발점이다.[9] 개인적인 체험을 이해할 수 있는 왕도는 없다. 일상의 기준과 논리적 기준은 개인적 체험을 제대로 이해할 수 없다. 그렇지만 과거에

---

8 Kümmel, *Logik und Hermeneutik*, 206.

9 Schleiermacher, *Hermeneutik und Kritik*, 『해석학과 비평』, 철학과현실사 2000, 41

입각하는 이해 대신 현재의 이해를 나누려는 시도는 올바른 이해를 가능하게 한다. 체험한 사람과의 대화만이 이해에 이르는 통로가 된다. 과거에 대한 전제 없는 대화와 공감에서 개인적인 것에 대한 이해가 시작될 수 있다.

개인적인 것에 대한 이해는 그것에 대한 규정과 비규정의 뒤얽힘에서 시작한다. 개인적인 것에 대한 규정은 우선 삶의 공통분모에서 가능할 것이다. 삶의 공통분모는 체험의 공통분모이기도 하다. 공감은 바로 이러한 체험의 공통분모에서 가능하다. 그렇지만 다른 사람의 체험을 전적으로 공감할 수는 없다. 공감할 수 없는 타인의 체험은 나에게 규정되지 않은 것으로 남는다. 이런 점에서 해석학적 이해는 개인적인 것에 대한 규정과 비규정의 교차를 벗어날 수 없다. 해석학의 성과는 비규정에서 시작한 이해가 규정에 이를 때 분명하게 나타난다. 이것은 개인적인 체험에 걸맞은 언어를 발견함으로써 비규정을 벗어날 때 가능하다. 비규정에서 규정에 이르는 동력은 개인적인 것을 드러내는 말과 언어에 있다. 개인적인 것을 정확하게 드러내는 말, 개인적인 것이 담고 있는 의미를 재현하는 언어의 발견이 관건이다.

3. 종교언어와 지각의 표현

초월적 존재의 체험은 초월적 존재가 미치는 영향과 이 영향을 받아들이는 인간존재의 지각(Wahrnehmung)으로 이루어진다. 종교적 지각은 지각 주체 바깥에 있는 초월적 존재가 지각 주체의 내면에 행사하는 비가시적 운동이다. 이 운동은 종교적 체험의 내적 단계로 규정할 수도 있다. 슐라이어마허는 이 운동을 직관되는 존재가 직관하는 인간에게

미치는 영향으로 표현한다.[10] 지각은 초월자의 영향을 내면의 형식 가운
데 받아들이는 것이다. 인간 내면의 형식은 종교적 의미를 담을 수 있
는 힘을 갖고 있다. 딜타이가 말하는 '체험'(Erleben)의 생생한 의미는
바로 이 지각에서 드러난다. 체험의 순간을 통해 인간은 자기만의 의미
를 획득한다. 지각이 담아내는 의미는 지극히 개인적이며 고유하고 새
로운 것이다.

종교적 체험은 초월적 존재에 대한 직접적 체험인 동시에 현존하는
생활종교의 체험이기도 하다. 생활종교의 체험은 종교적 생활세계에
대한 체험이다. 종교적 생활세계는 체험에 앞서 존재하는 종교적 의미
연관의 현실이다. 종교적 지각은 생활종교에 대한 현상학적 체험으로
서 생활종교에 담겨있는 의미에 대한 지각이다. 이것은 생활종교에 녹
아 있는 직접적 체험에 대한 체험이므로 이차적 체험이며 매개적 체험
이다. 생활종교의 체험은 지각 주체에게 직접적으로 주어지지만, 그것
의 의미는 다른 사람의 체험을 통해 매개된 것이다. 그러므로 생활종교
의 지각은 매개된 직접성이다. 현상학적 체험은 직접적인 동시에 매개
적인 것으로서 그 자체가 삶의 구조를 보여 준다.

지각의 직접성은 밀어닥치듯 지각 주체에게 초월적으로 각인되는 최
초의 의미라면, 그 매개적 직접성은 타자와 맺는 관계를 통해 펼쳐지는
또 다른 현실의 의미이다. 양자는 지각의 운동을 통해 독자적인 의미연
관으로 변모한다. 이런 의미에서 지각은 단순히 수용적 방법만이 아니
라 창조적인 활동성이다.[11] "지각은 의미를 부여하는 세계 개시(開示)의
과정이다."[12] 그러므로 지각활동은 독자적인 운동으로서 기존의 의미연

---

10 Schleiermacher, 『종교론』, 60 참조.
11 S. Altmeyer, *Von der Wahrnehmung zum Ausdruck*, Stuttgart 2006, 87 참조.
12 P. Biehl, "Wahrnehmung und ästhetische Erfahrung", in: A. Grözinger, J.

관에서 벗어나 자유롭게 의미를 형성할 수 있으며 전통적으로 확정되어 온 의미를 폐기하기도 한다. 기독교 실천신학의 차원에서 본다면, 지각은 단순히 성서와 교의학 텍스트에 대한 이해를 넘어서서 이러한 이해의 기저에 놓여 있는 현실의 삶을 드러낸다. 현상학적 지각은 직접적 체험을 넘어서서 경전 이해와 현실 이해로 들어간다. 그래서 지각의 현상학은 지각의 해석학으로 이행한다. 지각은 그 자체가 의미 구성적이다.

여기서 체험과 지각은 자연스럽게 이해와 표현으로 이행한다. 지각은 표현으로 이어질 때 지각한 내용의 의미연관을 완성할 수 있다. 지각의 표현은 말과 언어로 나타난다. 내면성의 운동은 표현을 통해 이를 접하는 사람들의 공통 운동으로 변모한다. 개인의 내면에서 일어난 새로운 의미는 표현을 통해 모두에게 새로운 의미로 현시된다. 개인이 자기만의 방식으로 지각한 대상은 표현을 통해 다른 사람과 소통하는 영역으로 들어선다. 표현은 지각과 반대되는 운동이다. 지각이 외면에서 내면으로 나아가는 운동이라면, 표현은 내면에서 다시금 외면으로 나아가는 운동이다. 이것은 외부 세계1 → 지각 → 표현 → 외부 세계2로 이어지는 운동이다. 그러나 지각이 표현을 거치면서 다시금 외부 세계로 나아간다 하더라도, 이 세계는 지각에 영향을 미치는 세계와 동일하지 않다. 지각에 영향을 미치는 세계가 직접적이라면, 이 지각에 대한 표현은 직접적인 세계를 내면화한 세계이다. 내면화의 매개 가운데는 의식의 활동이 들어 있으며 이 활동이 산출한 의미가 들어 있다. 그러므로 의미는 감각적인 것과 정신적인 것의 종합이다.

Lott (Hg.), *Gelebte Religion*, Rheinbach-Merzbach 1997, 389, Altmeyer, *Von der Wahrnehmung zum Ausdruck*, 87, 각주 96에서 재인용.

종교적 의미는 당연히 정신적인 것이다. 그러나 이 의미가 정신적인 것에만 있다고 할 때 종교의 정신은 추상성에 빠진다. 회자되는 '종교의 위기'는 바로 이러한 추상성에서 출발한다. 아무런 감동을 주지 못하며 마음을 흔들 수 없는 정신은 존재하지만 없는 것과 다를 바 없다. 종교의 역사가 있는 한 종교는 있다. 그러나 아무런 영향을 미치지 못하는 종교는 있으나 없는 것과 같다. 존재함에도 불구하고 존재하지 않는 역설 가운데 종교 위기의 현재성이 있다. 이것은 역사 속에 있지만 현재 속에 있지 않는 종교의 실상이다. 우리는 이 원인을 감각적인 것을 결여한 정신적인 것에서 찾을 수 있다. 개인의 마음 가운데 지각되지 않는 신은 인간 가운데 계시될 수 없다. 따라서 신을 지각하지 않는 사람에게 신은 존재하지 않는다.

그러나 계시를 체험하고 지각하는 개인에게 신은 살아 있다. 이러한 체험과 지각은 개인의 마음을 흔들어 놓으며 그를 새로운 존재로 탈바꿈시킨다. 더 나아가 이 지각은 표현을 통해 다른 사람에게 전달되며, 이러한 전달은 공동체의 현실을 바꾼다. 그러므로 신의 초월적 계시는 이를 지각하는 개인의 표현을 통해 공동체의 계시로 바뀐다. 공동체가 경험하는 계시는 역사를 바꾸므로 지각과 표현은 결국 역사적 계시를 가능하게 한다. 요컨대 신앙 체험과 신앙 표현은 교호적으로 관계한다. 내적인 감동 없는 신앙 표현은 불가능하며, 신앙 표현 없는 감동은 금방 사라진다. 초월적 존재에서 출발하는 신앙 체험은 신앙 표현을 통해 그의 살아 있음을 입증한다. 종교적 지각과 표현은 초월과 현실을 아우르는 신의 운동을 잘 드러낸다.

종교적 체험은 지극히 고유하고 개별적이지만 고립적인 것은 아니다. 종교적 지각이 내면에서 산출하는 의미는 자기를 넘어서 다른 사람에게 전달할 수 있다. "인간이 언어를 갖고 있는 존재"라는 사실은 "우리가 지각하는 모든 것을 표현하고 이를 언어적으로 의미할 수 있다는 것을 뜻한다.[13] 의미의 내적 산출과 전달은 각각 해석학적 함의를 지닌다. 지각이 산출하는 의미는 이미 존재하는 의미와 동일한 것이 아니다. 오히려 이 의미는 기존의 의미에 맞서며 그렇기 때문에 놀라움을 가져다주는 것이다. 기존의 의미를 벗어나는 의미, 기존의 틀을 벗어나기에 놀라움을 가져다주는 의미는 그 자체가 새로운 것이다. 이 새로운 의미가 신앙 체험을 가능하게 한다면 그것은 해석학적 함의를 충분히 지닌다. 기존의 의미와 새로운 의미의 연관은 이해의 전진을 통해 새로운 현실을 가능하게 한다. 종교적 지각은 새로운 현실을 가능하게 하는 해석학적 원리에 속한다.

종교적 표현도 해석학적 함의를 지닌다. 기존의 표현과 동일한 표현은 듣는 귀를 확보할 수 없다. 기존의 체험을 능가하는 체험을 접할 때 사람들은 이 체험의 표현에 귀를 기울인다. 표현은 언어적인 틀에서 많은 것을 전달한다. 새로운 체험은 새로운 언어를 요구한다. 새로운 언어는 전혀 새로운 언어일 수 없지만 새로운 의미를 담은 언어임이 틀림없다. 새로운 의미를 담은 표현은 체험 맥락에 대한 해석, 즉 현실 언어에 대한 해석을 담고 있다. 현재의 현실을 도외시한 표현은 그 자체가 불가능할 뿐 아니라 전달될 수도 없다. 새로운 체험표현은 현실의 맥락을 고려한 표현이며, 이는 현실에 대한 새로운 해석에서 출발한다.

신의 음성을 들은 사람은 이 체험을 자기만의 언어로 말할 때 듣는 사람을 얻을 수 없다. 이 체험은 신의 음성에 대한 역사적 언어와 연결됨으로써 해석학적 연관을 얻을 수 있으며 이를 토대로 그 의미를 전달

---

13 J. König, *Der logischer Unterschied theoretischer und praktischer Sätze und seine philosophische Bedeutung*, Freiburg/ München 1994, 528 이하.

할 수 있다. 신의 음성은 체험주체가 홀로 발견한 것이라기보다 전통의
연장선상에 있는 체험이다. 역사와 전통에서 발견하지 못한 것을 표현
하는 것은 거의 불가능하다. 이때 필요한 새로운 언어 역시 해석학적
맥락 속에 있다. 리쾨르는 이러한 연관에서 신의 이름 내지 신에 대한
명명(命名)을 설명한다. "나는 나의 신앙 가운데서 신의 이름을 부를 수
있다. 왜냐하면 나에게 선포된 텍스트가 이미 신의 이름을 불렀기 때문
이다."[14] 신앙은 종교적 표현의 영향과 이에 대한 지각에서 등장한다.
신앙에서 경전의 표현과 전승은 불가분리적이다.

　따라서 종교적 지각의 표현은 종교적 지각에 대한 해석 없이 출발할
수 없다. 지각과 체험에 대한 해석 없는 표현은 부정확하거나 전달력이
없거나 독백과 같은 것이다. 표현은 다른 사람을 향한 전달인 한에서
내면의 지각을 객관화하는 것이다. 내면의 체험을 객관화하는 것은 체
험에 대한 해석을 수반한다. 체험에 대한 해석은 기존의 체험에서 출발
하여 이를 능가한다. 새로운 체험의 표현은 실질적인 전달을 위해 새로
운 해석을 요구한다. 진정한 해석에서 나온 표현은 실질적으로 전달되
며, 이 전달은 새로운 체험을 자극한다. 해석 없는 전달은 독백과 같아
서 듣는 사람의 마음을 움직일 수 없다. 반향 없는 전달은 전달자의 공
허감과 무기력을 야기한다. 반면 해석을 수반하는 전달은 듣는 사람을
변화시키며 그를 새로운 체험으로 이끈다.

　이렇게 볼 때 종교적 지각과 표현은 결코 이론과 앎의 영역에 머물지
않는다. 종교적 지각이 전인적인 체험이듯이 지각과 표현도 삶 전체의
운동이다. 종교적 지각의 표현은 언어형식으로 등장하지만, 이 언어는

14　P. Ricœur, "Gott nennen", in: B. Casper (Hg.), *Gott nenne. Phänomenolo-
gische Zugänge*. Freiburg, München 1981, 48. S. Altmeyer, *Von der Wahrnehmung
zum Ausdruck*, 361에서 재인용.

곧 삶의 실천으로 이어진다. 종교적 체험은 일상의 삶을 벗어나는 특별한 체험이며, 이 체험에 대한 표현은 일상언어의 차원을 넘어선다. 왜냐하면 일상언어를 벗어나는 표현이 사람을 변화시키며 세상을 바꾸기 때문이다. 사람과 세상의 변화를 수반하는 종교적 표현은 새로운 삶의 요소일 뿐 아니라 그 자체가 하나의 실천이다. 종교적 지각과 표현에서 나오는 실천은 일상의 행위를 넘어서서 신적인 행위가 된다. 왜냐하면 종교적 체험, 종교적 지각, 종교적 표현은 모두 신과 인간의 만남을 전제하고 있기 때문이다. 현대 언어철학에서 언어가 곧 행위라는 비밀이 드러나기 전에 이미 종교언어는 삶의 실천을 포함하고 있었다. 신에 대한 지각이나 경전에 대한 지각은 자기를 변화시키며 이를 통해 세상을 변화시킨다.

언어행위(J. L. Austin)를 주장하는 언어철학의 변화는 진리 문제와 연관되면서 현대 종교의 위기를 가져왔다. 이것은 근대 이후 등장한 종교의 주관화 및 개인화가 만들어 낸 위기와 유사하다.[15] 문제는 언어행위가 애당초 개인의 수행이기 때문에 다른 개인과 공유할 수 있는 객관적인 진리와 무관하다는 데 있다. 그렇지만 해석학적 언어 이론의 입장에서 언어행위가 진리와 전혀 무관하다는 데 의문을 제기할 수 있다. 예컨대 사도신경의 암송에는 언어행위의 측면과 더불어 고백하는 신앙인의 인지적 요소가 들어 있다. 고백의 내용이 종교공동체가 공유하는 진리를 향하고 있다. 신앙을 고백하는 실존은 오로지 자기 자신과만 관계하는 것이 아니라 자기 밖의 진리에 의지한다. 실존의 진리는 주관적이지만 전적으로 주관적인 것은 아니다. 언어행위로 표현되는 종교적

---

15 W. Pannenberg, "Wahrheit, Gewißheit und Glaube", in: Pannenberg, *Grund-fragen systematischer Theologie. Gesammelte Aufsätze Bd. 2*, Göttingen 1980, 226 이하 참조.

언어도 진리가(價)를 갖는다. 그러므로 종교적 체험의 표현과 전달은
그 자체가 언어행위이면서 동시에 진리를 담을 수 있다.

종교적 체험의 전달이 진리를 담을 수 있다는 사실은 '약속', '기원',
'명령'과 같은 언어행위의 경우와 다르다. 약속, 기원, 명령의 명제는
언어행위이지만, 그 명제 자체가 진리인지 거짓인지 판단할 수 없다.
이들 명제가 대상의 성질과 특징을 드러내는 진술적(apophantisch) 명
제가 아니라는 것이다. 그러나 전달은 실천적 명제로서 특정 등급의 진
술 명제이다. 쾨니히에 의하면 전달은 '은유적 표현'이며, 이 은유적 표
현은 이렇게 표현한 사람에 의해 형성된 의미의 사실(Sache)이다.[16] "누
군가가 누군가에게 무엇을 전달한다는 은유적 말은 그가 의미하는 사
실을 형성한다."[17] 우리는 이렇게 형성된 사실을 마치 사물처럼 지각할
수 있다. 그러나 이러한 지각 가능성은 자연 사물에 대한 지각 가능성
과 근본적으로 다르다. 체험주체의 의미부여에서 나온 은유적 말의 사
실은 진리를 소유하고 있다.

쾨니히의 특징적인 설명을 들어보자.[18] ①'X에게 꽃다발을 준다'는
사실은 하나의 행위이다. 마찬가지로 ②'X에게 이것이나 저것을 전달
한다'는 사실도 하나의 행위이다. 그런데 ①은 언어를 소유한 주체와
무관한 반면 ②는 언어주체만 할 수 있는 행위이다. 언어주체에 의해
이루어지는 대화와 전달은 전달 행위를 위한 수단이 아니라 그 자체가
목적이다. 이러한 목적에는 전달하는 사람의 의도와 뜻이 들어 있다.

---

16   König, *Der logischer Unterschied theoretischer und praktischer Sätze und seine
philosophische Bedeutung*, 391 이하 참조.

17   König, *Der logischer Unterschied theoretischer und praktischer Sätze und seine
philosophische Bedeutung*, 294.

18   König, *Der logischer Unterschied theoretischer und praktischer Sätze und seine
philosophische Bedeutung*, 284 이하 참조.

즉, 대상의 진리와 구별되는 정신적 사실의 진리가 들어 있는 것이다. 동일한 맥락에서 ③ 'X의 머리에 공을 던진다' 는 행위는 ④ 'X의 거짓말에 대해 X를 비난한다' 는 언어행위와 구별된다. ③은 언어주체와 무관한 반면 ④는 언어주체만 할 수 있는 행위이다. ④명제의 진리는 언어주체와 분리시킬 수 없다. 비난하는 주체의 말은 X를 비난하기 위한 수단이 아니라 그 자체가 목적이다.

위의 사례 ③ 'X의 머리에 공을 던진다' 는 명제는 은유가 아니다. 이 사실을 표현하기 위해 은유를 동원할 필요가 없다. 일상언어로 충분하다. 반면에 ④ 'X의 거짓말에 대해 X를 비난한다' 는 명제는 은유적 표현이다. 이것은 거짓말의 상황에 부합하는 진술이 뜻하는 바이며 이 진술이 은유적으로 형성한 사실이다. 그러므로 모든 전달이 은유적 표현이라는 주장이 함축하는 중요한 내용은, 모든 전달이 대상적 사실보다 정신적 사실과 그 진리를 표현한다는 것이다. 종교적 체험은 가시적 세계나 객관적 세계의 체험이 아니다. 종교적 체험은 초월적 존재에 대한 체험이므로 그 자체가 정신적인 것이다. 은유는 이러한 정신적 사실을 표현하기 위해 요구되는 언어이다.

4. 은유

종교적 체험과 지각은 심미적이다. 이러한 특징은 종교적 표현에서도 동일하게 나타난다. 종교적 지각과 표현이 심미적이라는 것은 종교적 체험이 지극히 고유하며 늘 새롭게 이루어진다는 사실을 가리킨다. 초월적 존재가 그때마다 늘 새롭게 현시되므로 이 존재에 대한 지각도 그때마다 상이하게 이루어진다. 그리고 종교적 표현도 종교적 지각에 따라 늘 상이하게 형성된다. 그러므로 종교언어는 원칙적으로 심미적이다. 종교언어는 그 심미적 특성 때문에 일상언어의 틀을 벗어난다.

종교적 체험의 심미적 특성은 체험의 유일회성, 근원성, 번역 불가능성을 뜻한다. 진정한 체험은 그만큼 새롭고 비교 불가능하며 그 자체로 필연적이다. 따라서 이러한 체험을 언어로 표현하는 것은 대단히 어렵다. 일상언어는 아예 체험의 의미를 담을 수 없거나 그 근사치를 보여 줄 뿐이다. 종교적 언어를 대변하는 것은 상징과 은유이다. 상징은 합리적으로 번역하거나 해석할 수 없는 의미의 과잉이다. 상징은 합리적 차원을 넘어서는 의미를 이미지, 그림, 비유로 나타낸다. 은유는 문자 그대로의 의미를 넘어서는 의미의 전이이다. 사전적 개념으로 담을 수 없는 내용을 전이된 표현에 담은 것으로 그때마다 적절한 해석을 요구한다.

은유적 표현은 감각 대상의 지각과 연결되는 비은유적 표현에 기인한다. 은유적 언어는 일상언어에서 나온다. 그러나 은유적 표현의 대상은 감각적으로 지각할 수 없다. 비은유적 표현은 감각 대상을 정확하게 본 뜬 모상(模像)인 반면, 은유적 표현은 이 표현을 통해 처음으로 드러나는 '근원적 상'(Bild)이다. 이런 점에서 은유적인 말을 사용하는 사람은 "언어를 창조하는 인간"[19]이다. 그리고 "언어 정신의 무의식적 창조적 지배는 완전한 비밀이다."[20] 은유적 표현을 통해서 처음으로 새로운 말이 등장하며 이 말이 지시하는 이미지와 상이 드러나기 때문이다. 종교적 체험에 대한 표현은 이미 주어져 있는 세계의 표현이 아니라 새로

---

19 König, *Der logischer Unterschied theoretischer und praktischer Sätze und seine philosophische Bedeutung*, 299.

20 König, *Der logischer Unterschied theoretischer und praktischer Sätze und seine philosophische Bedeutung*, 300.

운 체험을 처음으로 드러내는 새로운 말이다. 종교적 체험에 대한 표현은 애당초 '근원적 상'에 대한 표현이다. 표현과 전달은 그 내용을 소유하지 않는 한 불가능하다. 체험의 내용이 없는 사람은 체험에 대해 말할 수 없다. 종교적 체험이 없는 사람은 종교에 관해 전달할 수 없다. 종교적 체험은 가시적 세계에 대한 체험이 아니다. 그러므로 종교적 체험에 대한 표현은 일상언어적 표현일 수 없으며 그 자체가 은유적 표현이다. 은유적 표현은 애당초 비가시적인 것과 비감각적인 것에 대한 표현이기 때문이다.

상징과 은유는 '근원적'이다. "근원적 은유는 순수한 의미체를 뜻하는 상징적 표현이다. 따라서 상징이 아닌 표현을 통해 이것을 대치하는 것은 엄격한 의미에서 불가능하다."[21] 상징과 은유가 근원적인 이유는 그것이 다른 표현의 매개를 통해 대치될 수 없으며 그 의미체가 처음으로 발생한 것이기 때문이다. 근원적 은유에는 오로지 "단수성"만이 어울리며[22] 이를 공유할 수 있는 제3의 표현은 존재하지 않는다. 이러한 맥락에서 근원적 은유는 고유한 체험에 대한 가장 순수하고 정확한 표현이다. 그러므로 종교적 상징과 은유는 아직 존재하지 않았던 것을 처음으로 드러낸다. 이것은 존재와 사실 자체를 드러내는 말의 힘이다.

근원적 은유의 조건은 ① 새로운 언어가 각인된다는 의미에서의 은유라는 것이며, ② 은유가 특정한 심미적 작용을 위한 고유명사로서 기능한다는 것이다.[23] 은유가 새로운 의미를 각인시킨다는 것은, 은유가 기존 언어로 표현할 수 없는 의미를 함축하고 있다는 것을 뜻한다. 그

---

21 Kümmel, *Spricht die Natur?*, 『자연은 말하는가?』, 118.
22 Kümmel, 『자연은 말하는가?』, 118, 119.
23 Kümmel, 『자연은 말하는가?』, 173 참조.

리고 심미적 작용을 위한 고유명사로 기능한다는 것은, 은유가 단순한 사실에 대한 지시를 넘어서서 이 사실이 작용하고 영향을 미치게 한다는 것이다. 종교적 체험을 은유적으로 표현함으로써 우리는 새로운 삶의 의미를 순수하고 정확하게 드러내며, 이를 통해 삶의 변화를 유도할 수 있다. 은유는 이미 있는 대상과 사실에 대한 표현이 아니며 기존의 삶에 대한 표현도 아니다. 오히려 은유를 통해 새로운 삶이 처음으로 가시화된다. 그러므로 상징과 은유의 힘은 삶의 변화를 순수하고 정확하게 지시할 뿐 아니라, 더 나아가 삶의 변화를 가능하게 한다. 종교적 체험에서 새로운 삶을 맛보는 것은 은유와 상징의 언어를 통해 묘사될 수 있으며, 이러한 묘사는 다른 사람을 새롭게 변화시킬 수 있는 것이다.

그러므로 근원적 은유는 일반화되어 있는 일상언어로 표현될 수 없으며 그 대상이 객관적으로 주어져 있는 것도 아니다. 은유의 실재는 감각의 대상으로 전제되어 있지 않으며 은유를 통해 비로소 등장하는 정신적인 것이다. "은유의 대상은 행위나 감각적으로 지각 가능한 운동 형태에 유추하여 생각되거나 표상될 수 없다." "근원적 은유는 오로지 자신으로부터만, 그리고 자신을 통해서만 파악되어야 하며 그 이해를 위해서 감각적 지각이나 표상의 도움을 요구할 수 없다."[24] 은유적 표현이 없을 때 그것이 묘사하는 대상은 아예 존재하지 않는 것과 같다. 이 대상은 오로지 은유를 통해 비로소 그 모습을 드러내며 은유의 도움을 받아 처음으로 작용한다. 이것이 바로 말에 응답하는 실재, 즉 대상의 작용현실성(Aktualität)이다.

---

24 Kümmel, 『자연은 말하는가?』, 155, 157.

5. 상징

종교언어와 일상언어의 차이는 양자가 지시하는 대상의 차이에 기인한다. 종교언어는 초월적 존재와의 연관을 표현한다면 일상언어는 세상의 일을 표현한다. 종교언어는 원칙적으로 일상언어의 틀을 벗어나지만 그럼에도 그것은 일상언어와 결속되어 있다. 종교언어가 초월적 존재에 대한 고유한 체험만을 담고 있다면, 이는 결코 다른 사람에게 전달될 수 없다. 상호전달은 일상언어로 이루어지므로, 종교적 언어는 일상언어의 매개를 필요로 한다. 일상언어의 마당은 생활세계이다. 따라서 종교언어는 생활세계와 매개되어야 한다. 초월적 체험도 생활세계 속에서 일어난다. 생활세계를 벗어난 언어는 새로운 언어라 하더라도 공동체의 삶과 무관하다. 종교언어는 생활세계에 토대를 두면서 동시에 생활세계 너머를 지시할 수 있어야 한다. 여기서 현재의 삶과 새로운 삶 간의 해석학적 연관이 발생한다. 종교언어의 형성이 해석학적이라는 사실이 재확인된다.

비트겐슈타인이 언어가 세계의 그림이라고 할 때, 언어와 세계는 일치의 가능성을 지니고 있다.[25] 언어는 세계를 올바로 지시해야 한다. 여기서 지시는 곧 세계의 의미가 된다. 그런데 종교적 세계는 지시의 대상이 될 수 없다. 지시하는 언어가 부족할 뿐 아니라 지시되는 대상도 불분명하다. 여기서 신과 종교는 '말할 수 없는 것'이 된다. 그럼에도 불구하고 종교는 해명을 요구한다. 이러한 요구에 응답하는 대표적인 언어가 상징언어이다. "상징은 세계의 심원함으로 인도한다. 우리는

---

25 L. Wittgenstein, *Tractatus logico-philosophicus*, Werkausgabe Bd. 1, Frankfurt 1984, 4.01 참조.

원칙적으로 상징의 단서에서만 심원한 세계를 파악할 수 있다."[26] 심원한 세계는 가시적인 세계를 넘어선다. 심원한 세계는 일상의 현실과 다른 현실로서 종교적 체험을 하는 사람에게 새롭게 개시되는 세계이다. 상징언어는 감추어진 세계를 드러낸다. "반응의 표현으로서의 상징은 현실을 개시한다."[27] 그리고 상징은 "존재론적 해석에 대해 열려 있다."[28] 개시된 현실은 상징언어의 매개를 통해 비로소 드러나는 가능성의 세계이며, 이 세계는 사고의 결정적인 돌파를 가능하게 한다.[29]

상징언어는 객관적 세계의 그림이 아니다. 그것은 주어져 있는 세계를 단순히 반영하는 것을 넘어서서 보다 심원한 세계를 열어 보여 준다. 상징언어는 삶의 철학이 '측량할 수 없는 것'으로 규정하는 심원한 세계를 드러내는 유일한 통로이다. 그런데 이 세계는 해석 없이 드러나지 않는다. 상징언어는 일상성을 벗어나 있는 전혀 새롭고 비밀스런 세계에 대한 발견과 해석의 결과이다. 비밀스런 세계를 발견하는 것 자체가 세계에 대한 해석이며 이를 언어로 표현하는 것도 해석이다. 성직자가 신에 대해 말한다면 그는 신을 상징언어를 통해 표현하는 동시에 이 표현을 상징으로 만든다. 그는 해석을 통해 신에 대해 말하고 그가 신에 대해 말함으로써 신에 대한 상징이 만들어진다. 반대로 기존의 상징을 해석함으로써 이미 확정된 신의 표상을 깨뜨리고 새로운 신에 대해

26 O. F. Bollnow, "Religionsphilosophie als hermeneutische Disziplin", in: *Zeitschrift für Religions- und Geistesgeschichte*, Bd. 231, 1979, 367.

27 F. Ricken, Religionsphilosophie, Stuttgart 2003, 이종진 옮김, 『릭켄의 종교철학』, 하우 2010, 96.

28 Ricken, 『릭켄의 종교철학』, 586.

29 F. Kümmel, ""Denken Lernen". Zum Problem einer logischen Grundbildung", 미간행 원고, 13 참조.

말할 수 있다. 볼노는 크로이츠의 연구[30]를 들어 상징을 해석하는 것과 상징을 형성하는 것이 일치한다고 주장한다.[31]

상징은 표피적인 세계를 지시하지 않는다. 상징이 상징인 이유는 그 것이 드러나 있는 세계에 대한 직접적인 묘사가 아니기 때문이다. 아직 드러나지 않은 세계를 묘사하기 위해 상징언어가 필요하다면 이러한 묘사에는 해석이 필수적이다. 해석학적 묘사는 두 가지 목표를 갖는다. 하나는 기존의 문화 가운데 존재하는 역사적 상징을 해석하는 것이며, 다른 하나는 아직 드러나지 않은 세계를 드러내는 것이다. 종교현상학 의 목표는 기존의 종교현상에 대한 해석에 있다. 그러나 종교적 체험은 기존 종교현상의 반복에 그치지 않으며 새로운 체험으로 이어진다. 새 로운 체험은 전적으로 새롭게 드러나는 현실과의 만남이기 때문에 그 자체가 발생적이다. 발생의 사건에서 핵심적인 것은 체험주체에게 전 적으로 새롭게 열리는 현실이다. 그런데 이 현실은 체험하는 사람과 무 관하게 등장한 것이 아니라 바로 그를 통해 그에게 열려진 현실이다. 그러므로 해석은 바로 이러한 열림의 가능성과 현실성이다. 이곳은 '종 교현상학'과 구별되는 '종교해석학'의 마당이다.

상징언어는 동시에 종교해석학의 언어이다. 왜냐하면 상징언어는 표 피적인 것을 넘어서는 심연의 영역을 접촉할 때 얻어진 것이기 때문이 다. 상징언어는 이미 존재하는 상징에 대한 해석과 더불어 아직까지 드 러나지 않은 존재에 대한 해석에서 나온다. 아직 드러나지 않은 존재에 대한 해석은 그 존재와의 접촉에서 시작하며 그 존재가 체험주체에게 구체적으로 열림으로써 완성된다. 그러므로 상징언어는 일상언어가 아

30 F. Creuzer, *Symbolik und Mythologie der alten Völker*, Leipzig/ Darmstadt 1819–1823, Bd. 1, 15.

31 Bollnow, "Religionsphilosophie als hermeneutische Disziplin" 369 참조.

니라 심층언어이다. 상징언어는 이미 완결되어 있는 사전적 의미로 표현할 수 없다. 심층언어는 삶의 심연에서 새로운 의미를 끌어올린다. 이런 맥락에서 상징언어는 새롭게 창출된 의미를 담아내는 그릇이다.

종교언어의 형성에서 중요한 것은 새로움의 의미이다. 새로움의 체험과 이 체험의 표현, 그리고 이 표현이 형성하는 새로운 상징언어. 이 셋은 종교해석학의 주요 요소이다. 그런데 상징언어는 삶의 역사와 무관하지 않다. 상징언어는 삶의 역사 가운데서 펼쳐지는 새로움의 경험을 반영한다. 새로움의 해석학적 함의는 새로움이 역사적 과정 속에 있다는 사실에서 잘 드러난다. 역사의 연속성과 단절은 새로운 의미의 출현에도 나타난다. 새로운 의미는 기존의 의미연관에서 나오지만 전적으로 다른 의미지평을 개방한다. 이로써 의미는 역사적 연속과 단절을 동시에 표현한다. 상징언어의 힘은 이러한 의미의 연속과 단절을 잘 드러냄으로써 사람들에게 의미의 지평을 확대하는 데 있다. 어쨌든 종교언어는 상징을 통해 새로움의 지평을 구체적으로 드러낸다. 해석에서 창출된 종교의 상징은 신앙인에게 새로운 세계를 개방하고 그를 교리의 구속에서 해방한다. 해석과 상징은 신앙적 자유의 조건이다.

결론적으로 종교언어는 전통형이상학의 개념일 수 없다. 형이상학의 개념은 직관적 사유운동을 받아들이지 않으며 직관의 구체적 이미지를 지양한다. 무한자에 대해서 오로지 비직관적–개념적 파악만을 추구한다. 그러므로 무한자에 대한 형이상학적 개념은 추상성을 벗어날 수 없다. 이러한 개념이 신학에 도입되면 무한자는 교리의 틀에 갇혀 버린다. 따라서 삶의 근본적 변화는 형이상학의 개념과 아무런 상관이 없게 된다. 형이상학의 개념에는 실존이 무한자와 만남으로써 일어날 수 있는 생동적인 것과 구체적인 것이 결여되어 있기 때문이다. 형이상학을 비판하는 정신과학 개념도 사유의 틀을 벗어나는 심연의 세계를 표현할 수 없다. 심연의 세계는 상징을 통해 비로소 매개될 수 있다. 상징은 시적이고 종교적인 말을 통해 감추어진 심연의 비밀을 드러낸다. 그러므로 정신과학의 개념은 해석학적 개념을 요구한다. 해석학적 개념에서 감추어진 세계는 서서히 그 실상을 드러내 보인다. 한스 립스가 말하는 '구상'(Konzeptionen)처럼 우리는 "언어적 구상 가운데 포함되어 있는 전이해의 구속"을 벗어날 수 없다.[32] 그러나 전이해를 의식하고 수용하고 표현함으로써 이를 자기화할 때 우리는 이 구속에서 해방될 수 있다. '구상'은 "이전에 가능했던 숙련된 파악"(gekonnte Griffe)[33]이므로 이로부터 새로운 삶의 지평이 충분히 열릴 수 있기 때문이다. 특히 립스가 말하는 '테스트 하는(sichtend) 구상'은 삶의 지평 확대를 가능하게 한다.[34] 결국 해석학적 개념은 삶을 열린 미래로 이끈다.

---

32 O. F. Bollnow, *Studien zur Hermeneutik Bd. II*. Freiburg/ München 1983. 282, 285.

33 Bollnow, *Studien zur Hermeneutik Bd. II*., 226.

34 립스는 'sichten'(보다/시험하다)을 "사물에 질서를 부여하는 테스트"라고 규정한다. 사물을 보고 시험함으로써 그것에서 종래의 규정과 다른 새로움을 끌어낸다. Bollnow, *Studien zur Hermeneutik Bd. II*., 230 참조.

3

비판적 종교철학의 전망
-시민종교, 문화종교, 생활종교의 공조

7

시민종교 재조명

시대의 종교는 생활 속에서 새롭게 발견하는 초월의 의미이며 이를 나누는 상호관계성과 만남이다. 이것은 교리에 대한 복종이 아니며 단순한 전통의 반복도 아니다. 변형된 종교철학이 집중적으로 고찰한 생활종교는 현실 속에서 문화종교와 시민종교로 구체화 되어야 한다. 새로운 종교철학은 종교 고유의 내용을 인간 삶에 대한 해석으로 고양시킴으로써 종교 다원 사회가 상위의 차원에서 공유할 수 있는 의미를 창출해야 한다. 이것은 새로운 의미로 무장한 개인들의 사회적 통합을 가능하게 하는 새로운 지평이다.

제7장은 이러한 지평의 이론적 토대를 추적하기 위해 루소의 시민종교를 탐구하고, 헤겔에서 종교와 인륜성의 관계를 밝힌다. 루소와 헤겔의 연관은 정치철학의 맥락을 넘어서서 종교와 정치의 관계를 보여 준다. 더 나아가 벨라가 규명한 미국의 시민종교를 살펴보고, 루만이 주장하는 종교의 사회적 기능을 다룬다. 이 모든 이론은 경전 중심의 전

통신앙을 넘어서서 시민들의 실제적 필요에 응답하는 종교를 논의한
다. 시민종교는 시민의 일상적 삶을 염두에 두기 때문에 개인의 경건에
만 머물 수 없으며 생활세계 속에서 이루어지는 연대적 실천으로 나아
가야 한다.[1]

1. 루소 - 일반의지와 사회적 감정

루소의 시민종교는 신앙이 국가와 상관없는 것이 아니라 정치적 실존
과 분리될 수 없다는 데서 출발한다. 정치공동체와 종교공동체는 대립
하지 않는다. 국가가 계몽 이전의 종교와 결합하는 것은 불가능하므로,
정치는 탈교리적인(postdogmatisch) 기독교와 화해해야 한다. 루소의
시민종교는 세속화된 이념으로 무장하여 시민 의식을 도덕적으로 향상
시키고 보다 높은 단계로 교육시키려고 한다.

　루소의 '시민종교' 사상은 그의 『사회계약론』[2] 말미에 간략하게 서술
되어 있다. 루소는 사회계약이 대답해야 할 근본 문제를 다음과 같이
말한다. "모든 공공의 힘으로부터 각 구성원의 신체와 재산을 방어하고
보호해 주는 한 연합의 형태, 그리고 이것에 의해 각 개인은 전체와 결
합되어 자기 자신에게만 복종하고 이전과 마찬가지로 자유로울 수 있
는 그런 연합의 형태를 발견할 것."[3] 이로부터 사회계약의 핵심 내용이

1　H. Kleger/A. Müller, "Mehrheitskonsens als Zivilreligion? Zur politischen Reli-
gionsphilosophie innerhalb liberal-konservativer Staatstheorie", in: *Religion des
Bürgers. Zivilreligion in Amerika und Europa*, Berlin 2011, 253 참조.

2　J.-J. Rousseau, *Du Contrat social*, Paris, 1964, 이환 옮김, 『사회계약론』, 서울대
학교출판문화원 1999.

3　루소, 『사회계약론』, 19.

나온다. "우리는 각자 자신의 신체와 모든 능력을 공동의 것으로 만들어 전체 의사(la volonté générale)의 최고 감독하에 둔다."[4] 여기서 '전체 의사'로 번역된 말은 '일반의지'를 가리킨다. 일반의지를 받아들이면 스스로 타인의 의지에 종속되지 않으며 타인을 자신에게 종속시키지도 않는다. 이러한 일반의지가 실현될 때 사회적 자유가 가능해진다. 시민종교에 대한 루소의 관심은 종교를 통해 일반의지의 상태를 유지하려는 데 있다.

루소는 "사회와의 관련하에서 고찰된 종교"를 "인간의 종교와 시민의 종교(la religion du citoyen)"[5]로 양분한다. 인간의 종교는 "신에 대한 순전히 내면적인 신앙과 도덕의 영원한 의무로 한정지어진 것"이다. 이에 반해 시민의 종교는 "국가에 신과 고유한 수호신을 제공"함으로써 시민적 권리나 신앙의 권리로 이름 붙여질 수 있는 종교이다.[6] 루소가 볼 때 인간의 종교는 내면에만 집중하고 하늘의 일에만 전념하는 점에서 한계를 갖는다. 루소는 기독교를 이러한 종교로 간주한다. 인간의 종교는 영적인 것에만 관심을 갖기 때문에 지상의 모든 일에는 무관심하다. 반면에 시민의 종교는 법에 대한 사랑을 신앙과 일치시킨다. 그러나 이 종교는 신정(神政)이 되면서 미신적이고 폭군적인 것으로 타락할 수 있다. 신에 대한 믿음을 군주에 대한 복종으로 속임으로써 시민을 잔혹하고 편협한 사람으로 만들 수 있다는 것이다.

루소는 기독교를 인간의 종교 내지 내면의 종교로 간주하면서 비판하지만, 다른 한편으로 기독교의 높은 위상과 필요성과 인정한다. "사회가 평화롭고 조화가 유지되려면 모든 시민이 예외 없이 똑같은 훌륭

---

4 루소, 『사회계약론』, 20 이하.
5 루소, 『사회계약론』, 171.
6 루소, 『사회계약론』, 171.

한 기독교도여야 한다."[7] 서로를 형제로 생각하는 기독교의 가르침을 부정할 수 없다는 것이다. 이러한 맥락에서 그는 "기독교 공화국"이라는 표현도 사용한다. 그러나 루소는 기독교를 굴종과 예속만을 가르치는 종교 또는 현세를 부정하고 내세만을 희구하는 종교로 규정한다. 기독교는 내면 가운데서 신을 순수하게 예배하는 종교이지만 개인적인 차원에 머물기 때문에 사회를 하나로 묶는 힘이 결여되어 있다. 여기서 기독교에 대한 루소의 양가적(兩價的) 태도가 드러난다.

루소의 관심은 양자를 넘어서는 시민종교를 향한다. 시민종교는 탈교리적 기독교와 정치적인 것의 화해이다. 이것은 "사회계약의 성스러움"[8]으로 나타난다. 이러한 사상의 핵심은 '사회적 통합'에 있다. "사회적 통합을 깨뜨리는 모든 것은 아무 가치도 없다."[9] 시민종교는 "인간의 종교와 시민의 종교를 결합하려는, 즉 '인간'과 '시민'을 결합하려는 시도이다."[10] 이러한 맥락에서 루소는 시민종교의 신앙고백을 언급한다. "순수히 시민적인 신앙고백이 있는데, 그 신조를 정하는 것은 주권자가 할 일이되 종교의 교리로서가 아니라 사회적 감정(sentiments de sociabilité)으로서이다. 이 감정 없이는 선량한 시민도 충실한 국민도 될 수 없다."[11] 시민종교의 신앙고백은 교리로 이루어지는 것이 아니라 사회적 감정으로 이루어진다. 시민은 누구나 이러한 감정을 소유해야

---

7 루소, 『사회계약론』, 173.

8 H. Kleger/A. Müller, "Vorwort zur 2. Auflage: Von der atlantischen Zivilreligion zur Krise des Westens", in: H. Kleger/A. Müller (Hg.), *Religion des Bürgers. Zivilreligion in Amerika und Europa*, Berlin 2011, IV.

9 루소, 『사회계약론』, 172.

10 공진성, 「루소, 스피노자, 그리고 시민종교의 문제」, 『정치사상연구』, 제19집 1호, 2013, 119.

11 한국어 번역본은 '사회적 감정'을 '사회적 의식'으로 (잘못) 옮기고 있다. 영역본 (*The Social Contract*, Jonathan Bennett)도 social sentiment로 옮긴다.

한다. 그렇지 않으면 시민은 주권자로서 시민종교를 믿지 않는 사람을 심지어 국가에서 추방할 수 있다. 이런 사람은 법과 사회정의를 사랑하지 않으며 의무를 위해 목숨을 바칠 수 없기 때문이다.

그런데 법과 사회정의를 사랑하는 마음이 시민에게 선천적으로 주어져 있는가? 자연 상태와 사회 상태의 구별에서 본다면 이것은 선천적인 것이 아니다. 자연적 인간이 자유로운 인간으로 변화되어야 하며, 이를 위해 개인의지를 넘어서는 일반의지가 마련되어야 한다. 입법자도 마찬가지이다. 입법자가 애당초 특별한 인간으로 탄생하는 것이 아니며 지배자라고 무조건 입법권을 갖는 것도 아니다. "한 국민이 형성되면서부터 정치의 건전한 원칙들을 이해하고 국가 존재 이유의 기본적 규칙들을 따를 수 있게 하려면 결과가 원인이 되어야 하고, 입법의 결과로서 얻어져야 할 사회정신이 그 입법의 동기가 되어야 한다." 이것은 입법의 결과가 입법의 동기가 되어야 하는 순환 현상이다. 이 문제를 해결하기 위해 루소는 논리를 넘어서는 "다른 영역의 권위에 의존"한다. 어느 시대나 지배자는 하늘의 도움에 의존했다. "입법자는 일반 대중이 결코 이해할 수 없는 이 숭고한 국가의 존재 이유를 신들의 결정에 위임함으로써 인간의 지혜로는 움직일 수 없는 사람들을 신의 권위를 빌어 이끌어 가는 것이다."[12]

그렇지만 정치와 종교가 공동의 목적을 갖는 것은 아니다. 루소는 이를 단호하게 부정하면서, 종교가 정치의 도구로 쓰인다고 주장한다."[13] 입법을 정당화하는 신의 권위가 정치를 위한 도구로 쓰인다. 루소가 신의 권위를 이성과 논리의 영역에서 찾지 않고 '사회적 감정'에서 찾은

---

12 루소, 『사회계약론』, 57.

13 루소, 『사회계약론』, 58 참조.

것은 특징적이다. 실제로 신의 권위에 대한 감정은 시대를 불문하고 모든 종교와 정치의 토대를 이루었으며, 이 감정에 호소할 때 집단의 결속은 쉽게 달성되었다.

인간 행동의 동기를 합리성 대신 감정과 정념에서 찾는 것에 대해서는 인식론적 설명보다 역사적 관찰로 충분하다. 합리적 판단을 위해서는 외적인 교육과 내적 계몽이 필수적인 반면, 정념은 대부분은 기존의 관습과 삶의 양식에서 자연스럽게 형성된다. 그러므로 사회계약 이전의 정치적 변화는 시민들의 자발적인 생각에 앞서 그들을 지배하고 있는 종교에서 출발한다. 루소에게 시민종교는 사회계약을 이성적으로 이해할 수 없는 사람들로 하여금 이를 받아들이게 하는 매체이다. 이들은 시민종교를 이해함으로써 사회계약을 받아들이는 것이 아니라 이를 단순하게 믿음으로써 사회계약을 받아들인다. 이성적 판단 대신 믿음을 통해 집단의 결속을 이룬다는 점에서 루소의 시민종교는 정치적 이데올로기로 이해되기도 한다.[14] 그렇지만 시민종교는 단순히 정치적 이데올로기에 머무는 것은 아니다. 정치를 종교와 현실의 연결고리로 간주하고 이를 시민종교로 묘사한 것은 루소의 공헌이다. 시민종교는 정치적 이데올로기라는 부정적, 소극적 차원을 넘어서는 현실 변화의 긍정적이고 적극적인 힘이다. 이러한 모습은 루소를 비판적으로 수용하는 헤겔에게서 확인할 수 있다.

---

14 강성훈, 「루소사상에서 정치적 이데올로기로서의 '종교' : 플라톤과의 비교를 중심으로」, 『교육철학』, 제49집, 2010, 1-24 참조.

2. 헤겔 – 민족종교와 인륜성

헤겔은 평생에 걸쳐 종교에 관심을 기울였다. 마르크스를 통해 헤겔을 접한 사람들에게는 이 말이 이상하게 비칠 수 있다. 그러나 헤겔은 수미일관 종교의 현실연관을 주장했다. 종교의 현실연관은 종교와 인륜성의 관계로 파악된다. 다른 이론가들과 마찬가지로 헤겔도 종교를 초월적 존재와 인간의 관계로 파악한다. 그런데 이 관계는 내면에만 머물러서는 안 되며 현실의 삶 가운데 구체적으로 나타남으로써 문제를 안고 있는 현실을 개선할 수 있어야 한다. 헤겔의 종교관은 초월과 현실의 역동적 관계를 통해 현실의 변화를 이끌어 내는 데 그 핵심이 있다.

루소의 시민종교 개념은 청년 헤겔에게 영향을 미친다. 종교의 현실연관을 밝히려는 헤겔에게 루소의 사상은 자연스럽게 수용된다. 루소의 시민종교와 가장 유사한 개념은 헤겔의 '민족종교'(Volksreligion)이다. 루소의 시민종교가 사회적 감정을 통해 나타나며 합리적 판단에 선행하는 믿음의 대상이라는 점은 헤겔의 민족종교에서도 유사하게 나타난다. '민족'에 해당하는 독일어 Volk는 '서민'으로 옮겨질 수 있다. 서민은 합리적 판단 이전에 종교를 통해 공동체의 연대에 참여한다. 민족종교는 동시에 서민종교이다.[15] 서민종교는 전승된 삶의 내용이며 행위의 인륜적 토대이다. 헤겔에게 "종교는 신과 그 속성에 관한 학이 아니며 신에 대한 우리의 관계나 신에 대한 세계의 관계에 관한 학이 아니고 우리 영혼의 지속에 관한 학도 아니다." 종교는 신학적 지식을 소유한 성직자의 전유물이 아니며, 지식을 소유하지 못한 서민도 접할 수

---

15 최신한, 「형이상학의 미래와 새로운 신화학」, 『헤겔철학과 형이상학의 미래』, 서광사 2015, 311-336, 특히 324 이하 참조.

있는 세계이다. "종교는 마음으로 하여금 관심을 갖게 하는 것이며 우리의 느낌과 의지 규정에 영향을 끼치는 것이다."[16] 청년 헤겔에게 종교는 신학과 달리 감정적이며 직접적이다.

감정적이며 직접적인 종교는 생동적인 반면 신학적 지식을 앞세우는 종교는 메마르고 운동력이 없다. 여기서 종교에 대한 구별이 나온다. 생동적인 종교는 '주관적 종교'인 반면 지식과 교리를 앞세우는 종교는 '객관적 종교'이다. 주관적 종교는 심정의 운동으로 나타나므로 개인적 만족에 머무르지 않고 다른 사람에게 종교적 심정을 전달한다. 따라서 주관적 종교는 공동체를 형성할 수 있다. 심정의 운동을 가능하게 하는 것은 딱딱한 교리나 신학적 지식이 아니라 감동 받은 마음과 자극 받은 지각이다.

주관적 종교에 대한 청년 헤겔의 관심은 루소의 시민종교와 맞닿아 있다. 루소의 시민종교가 감정의 종교라면 청년 헤겔의 종교는 "심정의 사실"이다.[17] 양자는 "규범적 실정성 없는 공적 유대"를 지향한다.[18] 인류적 규범은 사람들에게 외적으로 부과되는 한에서 행위의 자유를 구속한다. 이러한 자유를 위해 루소의 시민종교는 이성적 판단에 선행하는 사회적 감정의 유대를 강조한다. 헤겔의 민족종교도 종교적 가르침과 정치적 권위에 토대를 두는 이성적 유대를 지양하려고 한다. 종교적 가르침과 정치적 권위는 객관종교의 성격을 지니기 때문에 생동적인 유대를 형성할 수 없기 때문이다. 양자는 배제와 불관용의 대명사이다.

---

16 G. W. F. Hegel, *Frühe Schriften*, Frankfurt 1970, 11.

17 Hegel, *Frühe Schriften*, 17, 19.

18 H. Busche, "Öffentliche Verbindlichkeit ohne normative Positivität. Zum Problem einer staatsbürglichen Religion bei Rousseau und Hegel", in: H. F. Fulda/R.-P. Horstmann (Hg.), *Rousseau, die Revolution und der junge Hegel*, Stuttgart 1991, 141-159 참조.

이에 반해 시민종교는 관용을 강조한다. 그러므로 진정한 사회적 유대
는 객관종교를 주관종교로 대치함으로써 달성할 수 있다. 민족종교는
주관종교의 특징을 지닐 때 교리와 의무가 만들어 내는 유대를 넘어설
수 있다. "민족종교는 상상력과 심정에 강하게 작용함으로써 영혼 전반
에 힘과 정열, 즉 정신을 불어넣는다."[19] 민족종교, 서민종교는 상상력
과 심정의 운동에 토대를 두므로 사회적 유대를 자발적으로 형성한다.
반면 객관종교나 도덕종교는 이성의 자율과 가르침의 타율이라는 모순
을 벗어날 수 없다.

　이러한 모순은 칸트의 종교관에서 확인할 수 있다. 그의 도덕종교
는 실천이성의 자율과 더불어 의무를 강조한다. 칸트에서 의무는 애당
초 자발적 이성의 의무이므로 타율과 다르다. 그러나 칸트는 도덕종교
에서 감정과 상상력의 활동을 제거함으로써 도덕법칙의 경직성에 빠
진다. 칸트의 실천철학이 형식주의에 불과하다는 비판은 이성의 자율
이 불가피하게 타율로 현상하는 문제에 대한 지적이기도 하다. 그러므
로 헤겔은 도덕종교의 대안으로 주관종교와 상상력의 종교를 제시한
다. 그는 이성의 추상성을 넘어서기 위해 이성에 상상력과 감정을 결
합한다.

　헤겔의 주관종교와 민족종교는 종교의 정치적 역할을 잘 드러낸다.
종교는 국가의 내적인 유대를 형성하며 결과적으로 국가의 통합을 만
들어 낸다. 종교에 대한 청년 헤겔의 관심은 종교적 교리보다, 인간의
다양한 정서를 묶어 내는 종교적 가치와 인간의 행위를 유발할 수 있는
동기에 있다.[20] 종교의 정치적 역할은 종교가 갖는 문화적 가치에 의해

19　Hegel, *Frühe Schriften*, 31.

20　Hegel, *Frühe Schriften*, 16 참조.

구현된다. 종교의 문화적 가치, 즉 문화적 상상력과 심정의 생동성은 사람들을 하나로 묶고 사회를 통합하는 힘을 갖는다.[21] 이러한 사회 통합은 민족종교의 중요한 기능이다. 헤겔이 볼 때 민족종교는 국가에서 중심적 역할을 한다. "민족의 정신, 역사, 종교, 정치적 자유의 등급은 모두 하나로 결속된다."[22]

헤겔의 종교적 인륜성은 루소의 사유를 심화시킨다. 종교적 인륜성을 통해 초월과 무관한 현실은 그 가운데 초월이 살아 있는 현실로 바뀐다. 이러한 변화가 없다면 계몽된 현실은 기존의 정치적 인륜성을 파괴할 수 있다. 종교가 갖는 사회적 감정과 문화적 가치는 현실의 삶을 신적인 삶으로 고양시킨다. 루소와 헤겔의 시민종교는 실정적 규범 없이도 사회를 하나로 통합시키는 길을 보여 준다.

루소의 시민종교나 헤겔의 민족종교는 그 자체가 하나의 실정종교인가? 루소와 헤겔 공히 이 물음을 제기하지만 결정적인 답을 제시하지는 않는다. 그 대신 기독교를 언급하면서 그 정치적 역할을 소극적으로 보거나 양가적으로 본다. 루소는 기독교를 내면에 매몰된 종교로 간주하고 신에게 복종하는 노예의 종교로 평가한다. 이와 동시에 기독교의 사랑의 가르침을 시민종교와 연결시키려고 한다. 청년 헤겔도 기독교를 개인의 종교(Privatreligion)[23] 또는 전제주의(Despotismus)[24]로 본다. 기독교가 전제주의인 이유는 인간이 신과 대립하고 있으며 신에게 복종해야 하기 때문이다. 이러한 대립 구조는 청년 헤겔이 파악한 기독교

21 김동하, 「시민종교와 정치통합. 헤겔의 규범적 통합이론의 문화론적 재구성」, 『한국정치연구』 제21집 제2호, 2012, 356 참조.
22 Hegel, *Frühe Schriften*, 42.
23 Hegel, *Frühe Schriften*, 71.
24 Hegel, *Frühe Schriften*, 210.

의 구조일 뿐 아니라 후기 헤겔이 파악한 가톨릭의 구조이기도 하다. 자유를 중시하는 헤겔에게 가톨릭은 의존성의 종교, 부자유의 종교, 양심의 노예의 종교이다.[25]

이와 달리 후기 헤겔은 기독교의 정치적 역할을 긍정적으로 평가한다. 기독교는 자유의 종교이며 특히 정치적 자유의 종교이다. 왜냐하면 기독교에서 사람들은 이질적인 권능으로서의 신에게 더 이상 복종하지 않기 때문이다. "베를린의 헤겔에게 기독교인의 자유는 단순히 내면적인 것이 아니라 근대 국가에서 실현된 것이다."[26] 국가와 종교는 "자유의 개념에서 하나"이다.[27] 개신교에서는 종교적 양심과 인륜적 양심이 동일하다. 이러한 파악은 청년 헤겔의 입장과 상이하며, 이것은 종교 개념의 변화에 기인한다. 종교 개념은 무한자와 유한자의 (대립)관계에서 "절대정신의 자기의식"으로 바뀐다. 절대정신의 자기의식은 "유한한 정신의 매개를 통해 성취되는 신적 정신의 자기지식이다. 따라서 종교는 최고 이념에서 인간의 용무가 아니라 본질적으로 절대이념 자체의 최고 규정이다."[28] 현실국가에서 자유를 실현하지 않는 정신은 신적 정신이 아닌 것이다. 이것은 개신교(Protestantismus)에 대한 헤겔의 고유한 해석이다. 명시적으로 언급하지는 않지만, 헤겔의 개신교는 정치적 자유의 종교로서 시민종교와 민족종교의 이상을 담고 있다.

25 Hegel, *Enzyklopädie der philosophischen Wissenschaften III*, Frankfurt 1983, 359 참조.

26 T. Peterson, "Religion civile, Volksreligion und Protestantismus. Rousseauismus beim alten Hegel?", in: H. F. Fulda/R.-P. Horstmann (Hg.), *Rousseau, die Revolution und der junge Hegel*, 169.

27 Hegel, *Enzyklopädie der philosophischen Wissenschaften III*, 364.

28 Hegel, *Vorlesungen über die Philosophie der Religion I*, Frankfurt 1982, 198.

3. 벨라 - 미국의 시민종교

벨라는 그의 대표적 논문 「미국의 시민종교」[29]에서 케네디 대통령의 취임연설로부터 논의를 시작한다.

오늘 우리는 한 정당의 승리에 대한 증인이 아닙니다. 오히려 우리는 자유를 축하하고 있습니다. 이러한 행위는 끝과 시작을 동시에 상징하며 개선과 변화도 의미합니다. 왜냐하면 나는 여러분 앞에, 그리고 우리의 선조들이 약 175년 전에 전능한 신 앞에 행했던 것과 똑같은 엄숙한 선서를 하였기 때문입니다. (…) 중요한 것은 인권이 국가의 아량에서 나오는 것이 아니라 신의 손에서 비롯된다는 믿음입니다.[30]

벨라는 케네디의 연설에 들어 있는 신에 대한 언급을 주목하면서 이것이 미국 시민종교의 중요한 부분임을 강조한다. 이것은 미국인의 삶에서 차지하는 종교의 중요한 기능이며 사람들은 이것을 진지하게 받아들여야 한다. 같은 맥락에서 벨라는 아이젠하워의 말도 소개한다. 우리의 행정 체계는 깊은 종교적 확신에 근거하지 않는다면 그 자체가 무의미하다.[31] 벨라가 말하는 시민종교는 기독교도 아니고 유대교나 가톨릭도 아니다. 그것은 종교의 가르침을 현실에 적용할 수 있는 유의미한 내용이며, 시민은 이를 종교의 중요한 기능으로 받아들인다. 시민종교는 특정의 실정종교를 언급하지 않아도 인간의 내면에 자리 잡고 있는

---

29 R. N. Bellah, "Zivilreligion in Amerika", in: H. Kleger/A. Müller (Hg.), *Religion des Bürgers*, Berlin 2011, 19-41.

30 Bellah, "Zivilreligion in Amerika", 19.

31 Bellah, "Zivilreligion in Amerika", 21 참조.

종교적 확신의 의미를 드러낸다. 요컨대 시민종교는 종교적 구원이 아니라 사회적 질서와 법과 권리를 말하려고 한다. 이렇게 보면 시민종교는 "국민의 종교적 자기이해의 진정한 받침목"[32]이며, "정치적 도덕의 보존과 정치적 전체주의의 방지를 위한 이니셔티브"이다.[33] 종교는 개인뿐만 아니라 전체 시민을 위한 의미연관이다.

최고 형태의 시민종교는 보편적이고 초월적인 종교 현실을 진정으로 이해한다. 이 점에서는 교회 지도자가 시민종교의 대변자보다 종교를 더 높은 차원에서 이해했다고 말할 수 없다. 라인홀드 니버에 의하면 노예해방을 주도한 애이브러햄 링컨은 그 시대의 정치 지도자나 종교 지도자보다 더 깊고 순수한 종교적 확신을 지녔다.[34]

시민종교는 신학적이고 영성적이라기보다 도덕적이고 사회적이며[35], 강한 도덕적 합의를 창출하는 정치적 제도[36]이다. 벨라가 많이 인용하는 토크빌에게 "종교는 우리의 첫 번째 정치제도이다. 종교는 공화주의적 종교이며 민주적 종교이다."[37] 시민종교는 정치사회의 현실을 염두에 두면서 현실의 인류와 종교의 연관을 가능하게 한다. "성공적인 공화국을 위해서는 종교와 인류성이 필수적이다."[38] 이러한 사유는 루소

---

32 Bellah, "Zivilreligion in Amerika", 27.

33 R. Schieder, "USA: Säkularer Staat mit Zivilreligion", Ch. v. Braun/W. Gräb, J. Zachhuber (Hg.), *Säkularisierung. Bilanz und Perspektiven einer umstrittenen These*, Berlin 2007, 106 이하.

34 Bellah, "Zivilreligion in Amerika", 31 참조.

35 S. M. Lipset, *Religion and american values*, New York 1964; Kleger/Müller (Hg.), *Religion des Bürgers*, 31에서 재인용.

36 A. Tocqueville, *Democracy in America*, Vol. 1, New York 1954, 310; Bellah, "Zivilreligion in Amerika", 31 참조.

37 Bellah, "Die Religion und die Legitimation der amerikanischen Republik", in: H. Kleger/A. Müller (Hg.), *Religion des Bürgers*, Berlin 2011, 55.

38 Bellah, "Die Religion und die Legitimation der amerikanischen Republik", 56.

및 헤겔과 공유하는 것이다. 종교가 개인적이고 내면적인 것에 그치는 것이 아니라 인륜적 현실 정립을 위해 필수적이라는 사유의 연속이다. 인륜적 현실의 정립은 시민의 유대 및 국가의 유대를 통해 성립된다. 시민종교는 이러한 유대를 위한 상징인 것이다. '신'은 모든 실정종교의 상징일 뿐만 아니라 시민종교의 상징이기도 하다.

벨라는 시민종교를 확증할 수 있는 시대를 3단계로 나눈다.[39] 첫째 시대는 인간의 고유한 문제를 인간의 방식으로 통제하는 자립성의 물음과 관련된다. 둘째 시대는 노예제도와 관련하여 민주주의를 제도화하는 문제와 관련된다. 셋째 시대는 '통일적인 지구적 질서'의 창출과 관련된다. 특히 셋째 시대에서 요구되는 것은 "살아 있는 국제적 상징을 우리의 시민종교에 접목하는 것"이다. 이로써 미국의 시민종교는 "새로운 세계시민종교의 한 부분"[40]이 된다.

결국 사회와 국가는 시민종교를 통해 더 보편적이고 초월적인 현실이 된다. 이러한 맥락에서 민주주의는 심지어 슈퍼종교(superreligion)의 내용이다.[41] 시민종교는 특정한 실정종교라기보다 일종의 메타종교이다. 종교 간의 대화 없이 세계 평화가 없다는 한스 큉의 '세계에토스'와 같은 위상이다. 시민종교는 전체를 위한 의미연관을 위해 다양한 종교들의 연합으로 나타나거나, 듀이가 주장하는 것처럼 아예 무신론으로 보이는 인간적 신조로 등장하기도 한다.[42]

벨라는 사회정치적 변화와 혁신에 시민종교가 필수적이라고 주장한

---

39 Bellah, "Zivilreligion in Amerika", 35 이하 참조.

40 Bellah, "Zivilreligion in Amerika", 37 이하.

41 W. Herberg, "Religion in a Secularized Society", in: *Review of Religious Research*, Vol. 3, Number 4, 1962, 148.

42 최신한, 「후기세속사회의 종교담론」, 『헤겔연구』, 33집, 207; 최신한 『헤겔철학과 형이상학의 미래』, 서광사 2015, 305 참조.

다. 비록 공화국이 몰락한다 하더라도 시민종교의 도움으로 새로운 공화국이 세워질 수 있다는 강한 믿음을 갖고 있다. 몰락은 사치와 의존성과 무지에서 비롯된다. 사치에서 의존성이 나오고, 사치와 의존성에서 정치적 무지가 나온다. 물질적 욕구를 충족시켜 준다고 약속하는 사람의 지배를 용인함으로써 의존성이 생기고 여기에서 공적인 삶에 대한 관심이 사라진다. 공화국의 이러한 몰락은 이제 시민종교의 도움으로 새롭게 세워져야 한다. 벨라는 철학자 산타야나의 입을 빌어서 말한다. "문명화된 고결한 민주주의가 지속되어야 한다면 보통의 시민은 성스러움과 영웅으로부터 무엇인가를 소유해야 한다."[43] 시민종교는 새로운 현실을 탄생시킬 수 있는 인류적 힘을 갖고 있다는 것이다.

이로부터 미국 시민종교에 대한 벨라의 이해를 다음과 같이 요약할 수 있다.

① 시민종교는 사회공동체의 가치나 그 성원들의 사회적 역할을 신이라는 초월적 존재나 이상과 결부시키려는 일련의 믿음, 상징 및 의례를 지칭한다.

② 시민종교란 종교 제도(교회)와 정치 제도(정부)가 각기 독자적 영역으로 분화하게 된 정교 분리의 상황을 전제로 한 근대적 산물이다.

③ 시민종교란 액면 그대로 기성 종교와는 이름을 달리하는 하나의 독립된 종교로서 그것은 주로 통치의 정당성이나 국가 단합을 강조함으로써 사회 통합에 기여한다.[44]

---

43 Bellah, "Die Religion und die Legitimation der amerikanischen Republik", 61.
44 김문조, 「시민 종교론」, 그리스도교 철학연구소(편), 『현대사회와 종교』, 서광사, 1987, 177.

4. 루만 – 종교의 사회적 기능

종교가 사회의 중요한 기능을 맡는다는 사유는 오늘날 루만(N. Luh-
mann)이나 뤼베(H. Lübbe)에서 확인된다. 양자는 제2장에서 다룬 세
속화 문제의 연장선상에서 시민종교의 의미를 분석한다. 종교는 사회
와의 연관 속에 있으며, 현대에서는 종교와 사회의 관계가 보다 긴밀하
게 나타난다.

  루만에게 종교는 무엇보다 "의미 형식"[45]이다. "종교의 문제는 여타
의 모든 세계 탐구와 구별되는 것으로서 오로지 의미가 어떻게 가능한
가 하는 것이다."[46] 그에게 의미는 "모든 형식을 만들어 내는 가장 보편
적이고 초월할 수 없는 매체이다."[47] 그렇지만 종교는 전적으로 의미 결
정권을 갖는 것이 아니라, "의미 구성 문제에 결정권"을 가질 뿐이다.[48]
종교는 의미 전반의 주체가 아니지만 의미를 구성하는 주체이다. 그러
므로 기존의 의미는 언제든지 부정되고 새롭게 구성될 수 있다. 모든
부정은 부정된 것을 규정하므로 이 규정은 전제된 의미의 부정이다. 전
제된 의미의 부정은 새로운 의미로 이어진다. 루만은 이러한 과정을
'경계' 개념을 통해 더 상세하게 설명한다. 매체로서의 의미는 그 자체
의 경계를 지시한다. 의미는 자신의 경계를 지시하면서 동시에 경계 너
머의 세계가 있어야 한다는 사실을 가리킨다. 의미는 의미 자체와 더불
어 의미의 저편, 즉 무의미성을 함축한다. 경계 너머의 세계, 즉 의미의

---

45 N. Luhmann, *Die Religion der Gesellschaft*, hrsg. v. A. Kieserling, Frankfurt
2000, 7.

46 Luhmann, *Die Religion der Gesellschaft*, 35.

47 Luhmann, *Die Religion der Gesellschaft*, 15.

48 Luhmann, *Die Religion der Gesellschaft*, 137 이하.

저편은 우선 무의미성이지만, 이 경계를 의식적으로 넘어서는 것은 새로운 의미부여가 된다. 기존의 의미, 기존의 의미 넘어서기, 새로운 의미 획득은 의미 확장을 구성하는 계기들이다. 새로운 의미의 가능성, 의미와 무의미성의 종합이라는 맥락에서 볼 때 종교의 의미는 결코 확정된 것이 아니다.

루만은 의미와 매체를 입체적으로 드러내기 위해 '관찰' 개념을 사용한다. 매체는 의미를 관찰할 수 없다. 이것은 우리가 빛을 관찰할 수 없는 것과 같다. "관찰자는 관찰자 자신이 관찰한다는 사실 및 그가 어떻게 관찰하는지를 관찰할 수 있지만 (…) 관찰의 작동 그 자체를 관찰할 수는 없다." "관찰의 관찰 불가능성은 관찰의 가능 조건이다."[49] 이러한 맥락에서 루만은 '의미가 관찰될 수 없다'는 사실을 종교와 관련된 것으로 파악한다. 관찰 자체 안에 들어 있는 관찰의 빗장이 의미를 비합리적 요소로 에워싼다. 종교는 이렇게 "배제된 것을 포함"하며 "부재의 우주적 현존"과 관계한다.[50] 부재의 현존은 곧 관찰 가능과 관찰 불가능의 차이를 통합한 의미이다. 이러한 통합의 관점에서 볼 때 "신은 자기관찰자이다."[51]

'배제의 포함'이나 '부재의 현존' 개념은 니콜라우스 쿠자누스 철학과 연결된다. 말하자면 종교는 배제를 통해서가 아니라 등가의 포함을 통해서만 설명된다. 진리에 도달하는 길은 비진리를 배제함으로써가 아니라 "초월적 의미부여에서 나타나는 모든 구별의 가치를 새롭게 평가함으로써" 열린다.[52] 여기서 쿠자누스의 '반대의 일치'(coincidentia

49 Luhmann, *Die Religion der Gesellschaft*, 30.
50 Luhmann, *Die Religion der Gesellschaft*, 31 이하.
51 Luhmann, *Die Religion der Gesellschaft*, 133.
52 Luhmann, *Die Religion der Gesellschaft*, 91.

oppositorum)를 재발견할 수 있다. 구별에 맞서는 구별의 철저성이 바로 종교의 특수성이다. 모든 관찰은 항상 관찰 불가능성으로부터 조작된다(operiert). 루만은 이것을 "재진입(re-entry)의 조작"으로 부른다.[53] 이것은 관찰할 수 없는 것이라고 전제했던 관찰의 저편을 이편에서 관찰하는 일이다. 루만은 종교의 현실을 재진입과 관련 지으면서 다음과 같이 설명한다. "모든 [종교적] 실재성 경험은 체계 조작에 맞서는 체계 조작의 저항 및 의사소통에 맞서는 의사소통의 저항을 통해 산출되어야 한다."[54] 체계는 외부의 힘에 의해 바뀌지 않으며 오로지 자기 자신의 힘으로 스스로를 단련한다. "의미는 자기 생산적(autopoietisch) 체계의 매체이다."[55] 따라서 의미는 자기 지시적(selbstreferentiell)이다.

루만은 근대사회를 '기능적 분화'의 사회로 보고 이를 종교에도 적용한다. 사회는 다양한 기능 체계들의 연합이며 종교는 이를 구성하는 하나의 기능 체계 이상이 아니다. 종교를 '기능'으로 파악할 때 그는 이미 전통적인 종교 이해를 넘어서고 있다. 예컨대 뒤르케임에서 종교는 사회적 연대를 가능하게 하고 도덕적 통합을 이루는 기능이다. 종교는 사회 통합과 집단의식의 핵심이다. 이에 반해 루만에게 종교는 통합보다 갈등의 원천이다. 이러한 진단은 다종교 사회인 한국의 현실에 잘 들어맞는다. "종교는 더 이상 모든 사회적 활동성을 전체의미에 관계시키는 필연적 매개 심급이 아니다."[56] 기능적 관점은 우연적 관점과 통하

53   Luhmann, *Die Religion der Gesellschaft*, 91.
54   Luhmann, *Die Religion der Gesellschaft*, 254.
55   Luhmann, *Die Religion der Gesellschaft*, 50. "의미는 오로지 의미 구성의 과정에서만 그 자체의 한계를 인식할 수 있는 체계를 통해서 '자기 생산적으로' 구성된다." 같은 책, 122.
56   Luhmann, *Die Religion der Gesellschaft*, 125.

기 때문에 종교의 의미는 결코 본질적인 것이 아니다. 종교가 사회적 통합에 기여한다는 것은 낡은 테제이며, 오히려 종교가 사회적 통합에 의존하기도 한다. 루만은 이러한 현상을 동독 사회의 교회에서 발견한다.[57] 분단 시절 동독 지역에서는 통일 이후에도 기독교의 영향이 미약하다. 이러한 현실에서 보면 종교는 자기 생산적으로 형성되는 사회를 위해 기여하는 모든 체계들 가운데 하나일 뿐이며, 체계들 간의 구조적 상호 연계[58]를 벗어날 수 없다. 종교는 교리, 교회, 종교언론, 종교사회 복지기관을 통해서 여타의 사회체계들에게 영향을 미칠 수 있으며, 정치, 교육, 매체, 법과 같은 사회체계들은 역으로 종교 체계에 영향을 미칠 수 있다. 종교는 여타의 체계들에게 동인을 부여할 수 있다는 점에서 '보편성'을 가지고 있지만 그 자체가 다른 체계들을 필요로 한다는 점에서 '특수성'을 가지고 있기 때문이다.

종교에 대한 낮아진 평가에도 불구하고 사회를 위한 종교의 고유한 기능이 있다. "종교는 구원의 확신에 대한 개인의 욕구를 충족시킴으로 사회 보존의 기능을 달성한다."[59] 종교는 다른 체계들에 맞서서 '초월'이라는 반대 가치를 제시한다. 여기에 수반되는 것은 초월과 내재의 관계이다. "종교적 의미는 내재와 초월 간의 차이의 통일에 관계한다."[60] 세속화 과정에서 초월이 아예 사라진다면 종교는 더 이상 종교가 아니다. 초월과 내재의 차이가 내재 속으로 재진입해야 할 뿐 아니

---

57 Luhmann, *Die Religion der Gesellschaft*, 125, 각주 17번 참조.

58 "구조적 연계는 서로 다른 두 체계가 각자의 자기생산을 지속하고 그들의 구조적 복합성을 증진시키기 위하여 상대에 의존하는 방식으로, 상대의 환경을 형성하는 상태이다." 조규훈, 「니클라스 루만의 종교이론: 지구사회의 자기생산적 소통으로서의 종교」, 『종교문화비평』, 26호, 2014, 234 이하.

59 D. Horster, *Niklas Luhmann*, München 1997, 63.

60 Luhmann, *Die Religion der Gesellschaft*, 126.

라, 이러한 재진입이 아예 차이가 존재하지 않는 초월과도 관계를 맺
어야 한다.[61] 예를 들어 사람들은 자신이 처한 현실을 죄와 구원의 담
론의 일부로 조망할 수 있으며, 그의 잘못을 용서받았다는 희망을 가
지고 삶을 영위할 수 있다.[62] 그렇지 않다면 종교는 결국 세속의 담론
으로 그칠 것이다. 따라서 초월은 아직 분화가 이루어지지 않은 최종
의미로서 세속사회에 여전히 중요하다. 종교의 사회적 기능은 초월과
내재의 긴장에서 새로운 의미를 만들어 내는 데 있다. 종교는 이제까
지 없었던 새로운 의사소통의 형식을 제공하며, 여타의 체계들이 규
정하지 못하는 의미를 보증함으로써 상충하는 의미들을 통합시킬 수
있다.

시민종교에 대해서도 루만은 종교의 체계적 기능에서 출발한다. 종
교는 "행위를 진화적이고 창발적 체계 형성의 통일성으로 구성하기 위
해" 반드시 필요한 요소이다. 이 요소는 사회의 다양한 요소들과 상호
작용하는 체계의 맥락에서 시민종교가 된다.[63] 시민종교는 기독교나 불
교와 같은 규정적 실정종교 가운데 하나는 아니지만, 경제, 정치, 교육,
학문과 같은 사회적 분화의 결과로 나타나는 부분체계이다. 이 부분체
계 가운데 인간의 존엄, 법, 자유, 안전과 같은 합의된 가치가 자리 잡
고 있으며, 이 가치는 새로운 사회를 가능하게 한다. 사회적으로 합의
된 시민종교의 가치는 전체 사회와 관계하며 특히 모든 사람이 접근할
수 있는 것이어야 한다.[64] 그렇지만 시민종교의 가치는 그 가운데 '종

61 Luhmann, *Die Religion der Gesellschaft*, 127 참조.
62 조규훈, 「니클라스 루만의 종교이론: 지구사회의 자기생산적 소통으로서의 종교」, 246 참조.
63 Luhmann, "Grundwerte als Zivilreligion", in: H. Kleger/A. Müller (Hg.), *Religion des Bürgers*, 185.
64 Luhmann, "Grundwerte als Zivilreligion", 190 참조.

교'에 대한 지시가 있다고 해도 교회 조직의 통일이나 교리의 통일에 국한되지 않는다.

8

문화종교와 시민종교

1. 의미, 문화, 종교

문화는 "인간의 행위와 정신을 통하여 야기되고 작용된 것"이다.[1] 문화에 대한 학문적 고려에서 빠지지 않고 강조되는 것은 의미와 가치이다. 막스 베버는 문화과학의 과제를 인간 삶을 문화 의미의 관점에서 고찰하는 것으로 파악하며, 게오르크 짐멜은 인간 정신의 가치를 인간의 활동성이 만들어 내는 문화자산(Kulturgüter)에서 찾는다. 카시러는 인간의 활동성을 문화 형성적이고 문화 개발적이라고 규정한다. 리쾨르는 상징적 언어행위를 문화행위로 이해한다. 이렇게 보면 일상적 삶 자체가 문화 텍스트이다. "텍스트로서의 문화세계, 정돈된 지시연관으로서의 문화세계는 이미 형성된 의미연관의 표명일 뿐만 아니

---

1 E. Cassirer, *Zur Metaphysik der symbolischen Formen*, Hamburg 1995, 155.

라, 표명되어 드러난 것을 넘어서는 문화(의미) 형성의 장소이기도
하다."[2]

삶의 개인적 사회적 관계는 문화의 토대를 이룬다. 사회는 문화공동
체이자 문화 형성의 터전이다. 문화는 사적 공간과 공적 공간의 상호주
관적 관계없이 만들어지지 않는다. 개인과 사회의 연결고리가 표현과
전달이라면, 문화의 근간을 이루는 것도 표현과 전달이다. 표현과 전달
로 이루어지는 대화는 개인을 다른 개인과 매개하는 문화적 형식이다.[3]
이 형식은 가족과 정치뿐만 아니라 예술과 종교를 관통한다. 표현과 전
달의 문화적 형식은 그 자체 안에 이미 의미해석의 요소를 안고 있다.

삶의 경험 가운데서도 심미적 경험은 의미 충족과 밀접하게 연관되
어 있다. 아무런 의미를 발견하지 않는 곳에서는 심미적 경험이 불가능
하다. 칸트에 의하면 인간의 마음 가운데에 심미적 경험을 구성하는 능
력이 주어져 있다. 이것은 취미가 갖는 '반성적 판단력' 이다. 반성적 판
단력은 특수에서 보편을 이끌어 내는 능력이다.[4] 심미적 경험은 학문적
보편적 진술에 앞서는 것으로서 대상에 대한 반성적 판단에 의해 이루
어진다. 반성적 판단력은 대상을 개념적으로 파악하지 못하지만 그것
에 대한 특수한 파악을 보편적 파악으로 확대할 수 있다. 반성적 판단
력은 단순히 상상력의 자유로운 유희로 끝나지 않으며 오성에 부합하
는 의미를 산출한다. 상상력의 단순한 유희는 의미와 무관한 반면, 오
성에 부합하는 상상력은 의미를 산출한다. 여기서 의미는 반성적 판단

---

2 D. Graz/K. Kraimer, *Die Welt als Text*, Frankfurt 1994, 7.

3 J. Dierken, "Individualität und Identität. Schleiermacher über metaphysische,
religiöse und sozialtheoretische Dimensionen eines Schlüsselthemas der Moderne",
in: *Journal for the History of Modern Theology*, Berlin 2008, 194 참조.

4 I. Kant, *Kritik der Urteilskraft*, Hamburg 1974, 16.

력이 수행하는 해석의 결과이다. 요컨대 심미적 경험은 반성적 판단력
이 산출하는 의미의 경험이다.

예술적 경험을 한다는 것은 이를 통해 삶의 의미를 충족시키는 고유
한 방법을 얻는 것과 같다. 예술적 경험과 삶의 의미 충족은 동전의 앞
뒤와 같다. 예술은 인간의 의식적 삶에 반향을 불러일으키며 의식주에
묶인 삶을 해방시켜 주는 정신적 해방구이다. 예술적 경험의 과정이 진
행되는 것처럼 삶의 의미도 지속적으로 분화된다. 예술적 경험의 진행
과 삶의 의미 분화 과정은 병행한다. 삶의 의미가 지속적으로 발생하는
한에서 예술적 경험도 지속되며, 예술적 경험이 지속되는 한에서 삶의
의미도 지속적으로 분화한다.

예술적 경험은 초월의 특성을 갖는다. 예술적 경험은 삶의 새로운 의
미와 함께 일어나므로 그 자체가 초월적 성격을 갖고 있다. 여기서 예
술적 경험은 종교적 경험과 일맥상통한다. "표현할 수 없는 것의 표현
이라는 예술 규정은 명백히 종교적 심층 차원을 소유하고 있다."[5] 이것
은 칸트의 숭고미에서 잘 설명할 수 있다. 유한한 차원의 감성적 느낌
과 무한한 차원의 이성 내용이 불일치한다는 사실을 의식할 때 사람들
은 숭고미를 경험한다. 감각 세계가 종교의 상징과 일치하지 않는다는
의식도 마찬가지이다. 칸트는 숭고미를 통해 도덕적 세계를 확인한다.
그에게 도덕은 신의 영역이므로, 숭고미의 경험은 결국 초월적 세계의
경험이며 이를 통해 이루어지는 교화의 경험이다.

인간의 삶을 문화로 총칭하는 것은 인간과 동물이 근본적으로 구별
될 뿐 아니라 인간의 활동성이 의미와 가치를 창출하기 때문이다. 의미
와 가치는 정신의 산물이면서 동시에 해석의 대상이기도 하다. 인간은

---

5 U. Barth, *Religion in der Moderne*, 255.

세계를 해석하면서 의미와 가치를 형성하고, 자기 자신을 해석하면서
기존의 의미와 가치를 재형성한다. 세계해석과 자기해석은 문화의 근
간이다. 그런데 문화 가운데서도 종교는 가장 고상한 문화이다. "종교
는 문화의 실체이며, 문화는 종교의 형식이다."[6] 따라서 "종교는 인간적
해석문화(Deutungskultur)의 근본형식이다."[7]

  종교의 문화적 측면과 종교문화의 해석적 측면은 다양하게 전개된
다. 그러나 생활세계에서는 종교 이외의 문화도 다양하게 존재한다. 종
교는 언어, 신화, 예술, 학문과 같이 현실 해석의 한 형태이다. 종교가
해석문화의 근본이기는 하지만 다른 형태의 해석문화 및 의미 체계와
경쟁할 수밖에 없다. 현대적 삶에서 종교는 의미창출의 유일한 주체가
아니며 다른 문화주체에 대해 개방되어 있어야 한다. 종교문화와 여타
문화의 관계는 종속적이지 않고 병렬적이다. 이것은 종교와 문화의 다
원성과 관련되며, 더 넓게는 근대 종교의 특징에 속한다.

  "종교 일반의 연관지점은 세계해석과 자기해석의 상호관계"[8]이며,
이러한 상호관계에서 의미가 발생한다. 종교적 진리는 "의미로서 해석
할 수 있는 것이고, 오직 이러한 근거에서만 삶의 진리로 해석될 수 있
다."[9] 종교는 "일상 세계의 삶의 방향을 결정하는 최종심급적 지평을 상
징화하는 문화"[10]이다. "문화철학적으로 종교철학적으로 고찰하면, 종

---

6 폴 틸리히, 남정우 옮김, 『문화신학』, 대한기독교서회 2002, 52.

7 Barth, *Religion in der Moderne*, 36.

8 D. Korsch, *Dogmatik im Grundriss*, Tübingen 2000, 15. U. H. J. Körtner,
"Hermenetik der Religion?", in: G. Figal (Hg.), *Hermeneutik der Religion. Inter-
nationales Jahrbuch für Hermeneutik*, Bd. 5, Tübingen 2006, 26에서 재인용.

9 B. Vedder, "Eine Interpretation der Gegebenheit", in: I. U. Dalferth/P. Stoell-
ger (Hg.), *Hermeneutik der Religion*, Tübingen 2007, 92.

10 W. Gräb, *Lebensgeschichten, Lebenentwürfe, Sinndeutung. Eine praktische The-
ologie gelebter Religion*, Gütersloh ²2000, 51.

교는 통제할 수 없는 것에 대해 통제할 수 있는 방식으로, 마음대로 할
수 없는 것에 대해 마음대로 할 수 있는 방식으로 살아 보는 장기간의
사회적 실험이다."[11] 통제할 수 없는 것, 마음대로 처분할 수 없는 것은
인간에게 한계로 다가오는 (절대)타자이며 무제약자이다. 종교는 이러
한 타자와 무제약자 속에서 스스로를 확인하는 것과 다르지 않다. 종교
적 경험은 곧 초월의 경험이다. 그러므로 종교는 무제약자의 지평에서
자신이 무제약자와 다르다는 사실을 해석해 내는 차이의식인 동시에
그와 불가피하게 관계하고 있음을 해석해 내는 의존의식이다.[12]

2. 슐라이어마허의 문화 이론과 그 영향

생활종교의 중심은 종교적 체험이다. 슐라이어마허에 의하면 종교적
체험은 곧 상징을 만들어 내는 활동이다. 상징은 종교적인 것인 동시에
문화적인 것이다. 상징은 종교적 체험을 구체화한 것이므로 종교적이
며, 삶의 체험을 각인한 것이므로 문화적이다. 종교적 체험은 초월적
존재와의 직접적 만남이며 그를 비밀스럽게 느끼는 감정이다. 따라서
종교적 체험은 초월적 존재를 매개적으로 파악하는 언어와 사고에 앞
서는 활동이다. 슐라이어마허는 이러한 활동의 주체를 '직접적 자기의
식' 내지 '절대의존감정'이라 부른다. 종교적 체험은 직접적이기 때문
에 선(先)술어적이며 전(前)언어적이다. 초월적 존재는 모든 언어와 개
념에 앞서는 최초의 체험내용이라는 점에서 근원적 상징이다.

11 I. U. Dalferth/P. Stoellger (Hg.), *Hermeneutik der Religion*, Tübingen 2007, 12.
12 Dalferth/Stoellger, *Hermeneutik der Religion*, 18 참조.

우리는 슐라이어마허의 상징 이론과 문화 이론을 변형된 종교철학을 위한 토대로 간주한다. 슐라이어마허에게 종교는 "문화 발전의 방향을 결정하는 의미"[13]이다. 그는 이성의 행위를 조직하는(organisierend) 행위와 상징하는(symbolisierend) 행위로 나눈다.[14] 조직하는 행위는 법, 정치, 국가를 가능하게 한다면, 상징하는 행위는 학문, 예술, 종교를 가능하게 한다. 조직하는 행위는 자연에 대한 이성의 능동적 행위이다. 이에 반해 상징하는 행위는 자연의 영향을 수용하는 수동적 행위이다. 이성의 능동적 행위는 실천이며, 이성의 수동적 행위는 이론과 인식이다. 자연과 "세계는 인식을 위한 객체이거나 표현을 위한 상징이거나 이러한 인식과 표현을 위한 기관이다."[15] 상징하는 행위는 학문과 종교로 규정되는데, 이는 각각 보편적 인식과 개인적 인식을 대변한다. 상징하는 행위는 동일성과 결합할 때 학문의 인식이 되는 반면, 개인성과 결합할 때 종교 및 예술의 인식이 된다.

자연을 이성의 기관으로 형성하면 이로부터 다양한 상징이 만들어진다. "모든 기관은 동시에 상징이다."[16] "지식이 많을수록 표현하는 이념이 많으며, 기관이 많을수록 상징이 많다."[17] 예술과 종교로 구체화되는 상징은 개인의 문화에서 출발한다. 그리고 개인과 개인의 상호작용은 공동체의 문화로 귀결된다. 개인 문화의 뿌리는 감동받은 자기의식에 있다. 감동받은 자기의식은 개인을 새로운 개인으로 형성하며, 새로운

13 A. v. Scheliha, "Kultur und Religion", in: B. Weyel/W. Gräb (Hg.), *Religion in der modernen Lebenswelt. Erscheinungsformen und Reflexionsperspektiven*, Göttingen 2006, 119.

14 Schleiermacher, *Ethik* (1812/13), Hamburg 1981, 18 이하 참조.

15 Schleiermacher, *Brouillon zur Ethik*, Hamburg 1981, 12.

16 Schleiermacher, *Ethik* (1812/13), 19.

17 Schleiermacher, *Brouillon zur Ethik*, 43.

개인성은 예술과 종교라는 문화를 만들어 낸다. 예술과 종교는 "세련된 개인 문화"[18]의 대변자이다.

감동받은 자기의식은 종교적 자기의식이며, 종교적 자기의식은 초월 자에 의해 사로잡힌 내면성이다. 종교적 체험은 감동받은 자기의식 속에서 이루어지며, 개인은 종교적 체험을 통해 상징적 행위를 수행한다. "종교적 체험은 상징적으로만 서술 가능하고 전달 가능하다."[19] 상징적 서술과 전달은 개성적이지만 공감을 불러일으키며 공동체적 동일성을 만들어 낸다. 개인의 종교문화는 공동체의 종교문화로 전개된다. 이때 개인의 상징은 개인과 개인을 결속하는 상징이 된다. 그러나 상징으로 이루어진 종교문화는 학문적 파악의 대상이 아니라 해석의 대상이다. 감동을 통해 새롭게 형성된 내면성과 삶의 의미는 개념적 분석의 대상이 아니라 이해와 해석의 대상이다.

슐라이어마허의 문화 개념은 최고선을 향해 나아가는 이성적 활동 일반을 지시한다. 이성적 활동은 문화적 활동으로서 인간성의 향상을 지향한다. 따라서 최고선은 조직화와 상징화가 완성될 때 드러난다. 조직화와 상징화의 완성은 최고의 이념이 아니라 현실 가운데서 이루어지는 최고의 문화이다. 최고의 문화는 조직하는 이성과 상징하는 이성의 최고점이며, 이 최고점이 곧 최고선이다. 이성적 활동, 문화, 최고선은 서로 유기적으로 연결되어 있다.

슐라이어마허의 관점에서 볼 때 종교해석학의 요체는 상징의 형성에 있다. 해석은 종교적 체험을 개인적 인식에서 공동체적 인식으로 끌어올리는 작업이다. 물론 개인적 인식을 위해서도 해석이 필요하다. 종교

18 G. Scholtz, "Ethik als Theorie der modernen Kultur. Mit vergleichendem Blick auf Hegel", in: G. Scholtz, *Ethik und Hermeneutik*, Frankfurt 1995, 49.
19 Gräb, "Gelebte Religion als Thema der praktischen Theologie", 159.

적 체험에 대한 해석은 체험의 내용이 갖는 의미에 대한 발견이기 때문
이다. 이런 점에서 개인적 인식은 자기해석이다. 종교적 체험에 대한
해석은 자기해석을 넘어서서 타자를 위한 해석으로 나아가야 한다. 그
렇지 않는 한 체험의 의미가 흐려질 수 있으며 심지어 자기 안에 갇힌
의미가 됨으로써 독단에 빠질 수 있다. 사실 종교적 체험의 가장 큰 위
험성은 그것이 독단적이고 폐쇄적인 의미로 떨어지는 데 있다. 초월자
에 대한 생동적인 체험이 가장 독단적인 의미 획득으로 귀결된다면 이
것은 현대철학의 아이러니이다. 계몽의 한계가 다시금 계몽을 요구하
는 것이다.

종교는 문화적 차원에서 "비판적 규제"(kritisches Regulativ)[20]의 기
능을 갖는다. 종교는 현실을 비판적으로 조망하며 항상 새로운 현실을
추구한다. 종교문화의 핵심은 혁신에 있다. 이러한 혁신의 원천은 루터
의 종교개혁에서 찾을 수 있다. 종교개혁은 기독교 내부의 문제로 국한
된 것이 아니라 유럽인의 생활을 근본적으로 바꾼 계기였으며, 지금 시
대에는 세계인의 생활을 바꾼 계기가 되었다. 개혁은 개인의 내면적 변
화를 전제하지만 결코 개인 안에서 멈출 수 없다. 다른 사람과의 관계
를 배제한 개인의 변화는 변화로서 큰 의미를 지니지 못한다. 종교문화
가 갖는 변화와 비판의 힘은 개인의 삶을 넘어서 국가, 사회, 경제, 교
육, 학문, 예술, 철학에 이르기까지 미친다. 이런 맥락에서 헤겔은 종교
개혁을 당시의 유럽과 기독교의 틀을 넘어서 '근대적 주관성의 원리'로
까지 높이 평가한다. "루터교회에서는 개인의 주관성과 확신이 진리의
객관성과 똑같이 필연적이다. 루터교인에게 진리는 이미 형성되어 있
는 대상이 아니며, 주체 자신이 실체적 진리를 자기화함으로써 스스로

---

20 Scheliha, "Kultur und Religion", 123.

참된 존재로 변해야 한다."[21]

종교문화가 갖는 비판의 힘은 종교 이외의 현실뿐만 아니라 종교 내부에도 영향을 미친다. 제2장에서 살펴본 바와 같이, 현실에 대한 비판은 종교 자체의 초월적 철저성에서 가능하다. 철저성은 엄격함을 포함한다. 종교가 초월적인 힘을 상실한다면, 그것은 현실을 향해 아무런 비판을 수행할 수 없다. 비판을 한다 하더라도 그것은 공허한 울림에 그치며, 이 때문에 현실로부터 나오는 반비판을 피할 수 없다. 따라서 종교문화의 비판은 종교 자체에 대한 비판을 수반해야 한다. 종교 자체에 대한 비판은 곧 종교의 새로운 형성으로 연결된다. 종교문화의 힘은 현실에 대한 비판임과 동시에 종교 자체에 대한 비판으로서 양자의 새로운 형성을 가능하게 한다. 폴 틸리히가 '비판'을 '형성'과 함께 다룬 것도 이러한 맥락에서 이해할 수 있다.[22] 비판이 새로운 형성으로 이어질 때 문화는 연속성을 지닐 수 있다. 이 연속성은 창조적 변화의 형성을 전제로 한다.[23] 비판과 형성은 동전의 양면과 같다. 반면에 종교문화가 비판 활동을 중지할 때 종교문화는 물론이고 종교 자체가 몰락할 수 있다. 운동력을 상실한 존재가 소멸된다는 사실은 자명하다.

---

21 G. W. F. Hegel, *Vorlesungen über die Philosophie der Geschichte*, Frankfurt 1986, 496.

22 P. Tillich, *Der Protestantismus als Kritik und Gestaltung*, Stuttgart 1962 (Gesammelte Werke, Bd. 7) 참조.

23 "Kontinuität als Variation". M. Moxter, *Kultur als Lebenswelt. Studien zum Problem einer Kulturtheologie*, Tübingen 2000, 401 이하 참조.

3. 문화해석학으로서의 종교철학

초월적 존재에 대한 형이상학적 탐구가 전통의 종교철학이라면 변화된 시대의 종교철학은 종교해석학과 문화해석학이 된다. 존재 자체에 대한 철학적, 신학적 탐구가 삶의 의미에 대한 해석으로 바뀐 것이다. 여기서 삶의 의미는 당연히 초월과 관계하는 의미를 가리킨다. 삶은 역사와 뗄 수 없다. 삶과 역사는 전승을 만들어 낸다. 면면히 이어지는 삶의 전승은 시대를 결정하는 고유한 문화로 나타난다. 만약 종교가 계속해서 '종교 일반'의 공허한 개념파악에 집착한다면 삶과 종교의 연관이 사라질 뿐 아니라 종교 자체가 무의미하게 된다. 그러나 종교가 삶의 한복판에서 맞닥뜨리게 되는 불확실성과 불안, 연약함과 죽음에 대해 위로와 안정을 준다면 이것은 종교문화의 형식을 통해 이루어진다.[24] 여기서 종교는 딱딱한 교리 체계로서가 아니라 삶의 문화적 현상으로 자리 잡는다. 종교문화는 문화종교의 모습으로 나타난다. 이 책이 규명하고 있는 생활종교도 문화종교의 범주에 속한다.

　종교문화는 기독교와 근대 사이에 형성된 긴장의 산물이다. 근대의 진행과 더불어 등장한 계몽의 정신은 전통적인 종교를 더 이상 동일한 틀에서 받아들일 수 없었다. 종교적 도그마와 학문 간의 긴장, 종교적 계시와 인간의 자율성 간의 긴장, 종교적 경건과 자율적 주관성 간의

24　그동안 종교문화에 대한 한국 종교학계의 연구는 주로 '종교 속의 문화'와 '문화 속의 종교'라는 두 차원에서 전개되었다. 이러한 연구 경향의 기저에는 '종교문화'를 통해 '종교'라는 용어를 대신하려는 의도가 깔려 있다. 이것은 생활종교가 문화적 성격을 지니고 있다는 본 연구의 종교해석학적 관점과 다르다. 종교해석학과 종교철학의 관계는 본서에서 거의 최초로 시도된다. 장석만, 「종교문화 개념의 등장과 그 배경. 소전 정진홍의 종교문화 개념의 의미」, 『종교문화비평』, 24집, 2013; 김대열, 「종교문화(宗教文化)와 그 다원성(多元性) – 또 하나의 시각」, 『종교문화비평』, 24집, 2013 참조.

긴장은 종교문화의 매개를 통해 완화될 수 있었다. 앞에서 살펴본 바와 같이 문화과학이 의미내용을 중심으로 한다는 막스 베버, 인간의 활동성을 객관화한 것이 문화자산이라는 게오르크 짐멜, 인간의 의미부여 활동이 문화로 형성된다는 카시러는 이구동성으로 문화를 '의미 차원'과 '해석 차원'에서 설명한다. 아놀드 겔렌은 인간이 '해석에 대한 욕구'를 갖고 있다고 말하기까지 한다. 문화는 해석에 대한 욕구에서 나온다.

일반적으로 문화해석학은 생활세계에 대한 이해에서 구성된다. 생활세계에서 발생하는 제반 사실은 경험 주체에게 단순하게 각인되지 않는다. 계몽의 과정을 통과한 현대인에게 모든 사실은 관점적인 것이 되며, 이 판단은 경험에 대한 해석과 의미부여로 이어지기 때문이다. 이러한 과정에서 개인은 자신의 정체성을 확인하고 이를 새롭게 형성한다. 더 나아가 현실 경험에 대한 해석은 개인을 사회적 차원으로 이끈다. 해석과 의미부여는 개인의 고유한 기준에서 이루어지지만, 그 출발과 결과는 생활세계의 연관 속에 있다. 해석과 의미부여를 통해 개인은 해석 활동 이전보다 더 적극적으로 사회와 관계를 맺는다. 그러므로 문화해석학은 문화공동체의 기록 속에 깃들여 있는 의미 체계를 해석해야 한다.

문화해석학으로서의 종교철학은 이러한 사회적 관계를 초월적 세계로 확장한다. 새로운 종교철학은 종교적 체험을 문화적으로 해석한다. "종교는 종교적 체험이며 종교적 체험은 해석학적으로 구성되는 것으로서, 자기 시선과 세계 시선으로 형성되는 체험에 대한 해석이다."[25] 그러므로 변화된 종교철학은 전통의 자연신학과 교의학을 배제하지 않

---

25 Gräb, "Gelebte Religion als Thema der praktischen Theologie", 157.

는다. 오히려 양자의 내용을 생활세계에서 체험하면서 이를 그때마다 새롭게 해석한다. 예컨대 변화된 시대의 신학은 전승된 신학적 테마들을 그 자체로 다룬다기보다 이를 생활세계의 틀에서 해석하며 그 의미를 현재의 삶 속으로 투영한다. 이를 통해 개인은 초월에 대한 새로운 의미를 획득하며, 새로운 의미는 그의 삶을 더욱 생동적으로 변화시킨다. 초월적 가르침을 생활세계 가운데서 해석하는 것은 개인을 해석 이전의 상태보다 더욱 윤리적으로 만든다. 해석이 산출하는 새로운 의미는 현실 변화에 대한 개인의 책임을 구체적으로 환기시키기 때문이다. 해석은 개인을 현실 속에 있는 개인으로 일깨워 주며 현실 변화의 주체로 나서게 한다. 여기서 해석은 윤리적 구속성의 토대가 된다.

새로운 종교철학을 종교해석학과 문화해석학으로 간주하는 것은 인간의 유한성에 대한 철저한 반성에서 출발한다. 신 자체에 대한 개념적 탐구는 신을 신의 시선에서 보려는 시도와 다르지 않다. 근대 이전에는 인간 능력에 대한 비판 없이 신을 인식하려고 했다면, 칸트 이후에는 이성 비판의 토대 위에서 이를 시도한다. 그러나 신의 관점을 포기하지 않으려고 하는 것은 이성 비판 이후의 종교철학도 마찬가지다. 종교철학은 신의 관점에 도달할 때 비로소 신에 대한 완전한 개념을 얻을 수 있기 때문이다. 헤겔이 신을 개념적으로 파악함으로써 칸트를 뛰어넘으려 한 것은 이성 비판 이후에 등장한 이성의 한계를 극복하는 노력이었다. 헤겔에게 신 개념은 사물 X에 대한 개념과 전혀 다른 차원의 것이지만, 그럼에도 신의 관점은 필수적이다.

신의 관점에 도달하는 것은 유한한 인간의 이상이다. 이것은 종교철학뿐만 아니라 철학 일반의 목표이다. 그러나 변화된 시대는 신의 관점을 인간의 조건 안에서 추구할 것을 요구한다. 이 요구는 신을 생활세계에 반영된 모습으로 받아들이라는 요구와 같다. 생활세계에 반영

된 신은 인간에게 체험된 신이며, 체험된 신은 체험주체에게 해석된
신이다. 현대철학이 한목소리로 밝혀낸 것은 '인간의 유한성'이므로,
신은 결국 유한한 주체에 의해 체험된 신일 수밖에 없다. 이렇게 본다
면 신의 관점은 불가능하다. 가능하다고 하더라도 그것은 점진적 접근
의 대상일 뿐이다. 그러므로 현대철학은 한편으로 신학을 근원적으로
손상시키지만 다른 한편으로 생활세계 속에 살아 있는 종교를 가능하
게 한다. 자연신학의 근원적 손상은 역설적으로 생활종교의 출발점이
된다.

종교가 삶의 의미와 무관하지 않다면 종교는 자연스럽게 의미창출
및 의미해석을 다루는 문화해석학과 연결된다. 종교적 삶의 의미는 일
상생활이 추구하는 의미를 넘어선다. 일상생활의 의미가 삶의 필요에
대한 충족, 삶의 물음에 대한 대답, 일상적 의도의 실현에서 찾아진다
면 종교적 삶의 의미는 이런 일상적 의미 자체에 대한 의미, 즉 메타적
초월적 의미를 추구한다. 종교적 의미는 그 자체가 새로운 의미를 지향
할 뿐 아니라 기존의 의미를 가능하게 한 초월적 근거를 추구한다. 말
하자면 종교는 '의미 무조건성'을 지향하는 것이다. 의미의 무조건성은
신의 무한성, 전체성, 영원성 등에 토대를 두지만 유한성, 부분성, 시간
성과의 연관을 벗어나지 않는다. 종교적 문화해석학이 대두하는 이유
는 무엇보다 이러한 유한-무한, 부분-전체, 시간-영원의 연관에 있다.
"의미의 무조건성이라는 차원은 해석 영역 내에서 주관성이 자신의 세
계관계에 대해 근본관계(Grundverhältnis)를 적용하는 데서 나온다."[26]
인간의 세계관계와 근본관계의 연관은 일상적 세계관계를 초월적 의미
로 채운다. 그리고 근본관계에서 나오는 초월적 의미는 일상적 세계관

---

26 U. Barth, *Religion in der Moderne*, Tübingen 2003, 70.

계를 새로운 세계관계로 변화시킨다. 기존의 일상성을 새로운 일상성으로 바꾸는 힘은 근본관계에서 나오며 근본관계의 의미해석에서 비롯된다.

종교문화적 해석학에서 중요한 것은 초월적 세계와 현실 세계 사이에서 발생하는 의미와 이 의미의 소통에 있다. 초월과 현실 간의 관계에서 새로운 의미가 발생하며, 이 의미는 개인 간의 상징적 소통을 통해 새로운 종교문화를 형성한다. 따라서 해석학의 역할은 두 가지 차원에서 등장한다. 하나는 초월적 존재와의 관계에서 새로운 의미를 산출하는 해석이며, 다른 하나는 새롭게 산출된 의미를 소통의 과정에서 재창출하는 해석이다. 전자가 초월적 존재에 대한 개인의 원초적 해석이라면, 후자는 개인이 산출한 의미를 사회적 지평에서 재구성하고 재산출하는 해석이다. 종교문화는 삶에 대한 진정한 의미창출에서 출발하며, 이를 사회적 지평에서 매개할 때 하나의 독자적 문화로 완성된다. 삶에 대한 개인의 원초적 해석과 이 해석의 사회적 매개는 종교문화의 양대 축이다.

모든 해석은 언어 매개적이다. 인간의 세계관계가 언어로 이루어지며, 인간의 삶과 현실도 언어를 통해 구성된다. 그런데 인간의 세계관계는 무제약자와의 근본관계 안에서 형성되므로 세계관계와 근본관계의 연관도 언어를 통해 이루어질 수밖에 없다. 하이데거가 말하듯이 인간현존재가 존재와의 관계라는 토대 위에 서 있다면, 이 관계는 곧 현존재와 무제약자의 관계인 동시에 현존재와 종교의 관계이다. 그리고 이 관계의 토대에 언어가 자리 잡고 있다. 현존재와 무제약자의 관계, 현존재의 종교적 관계는 존재해석을 수반하며, 존재해석은 언어를 통해 일어난다. 따라서 종교는 경전 해석에 앞서는 종교적 체험의 해석이다. 체험을 해석의 토대로 간주하는 점에서 하이데거는 슐라이어마허

의 연장선상에 있다.[27]

실존이 현존재의 자기해석에 토대를 두고 있듯이 실존과 실존 간의 관계도 해석에 기인한다. 하이데거가 말하는 '공존재'(Mitsein)는 실존 간의 소통을 통해 이루어지며, 이 소통은 실존의 자기해석에 근거를 둔다. 그러므로 공존재는 자기해석과 자기해석 간의 소통 결과이다. 실존이 종교적 근거를 갖는다면 실존 간의 소통은 곧 종교적 자기해석 간의 소통이 된다. 그러므로 생활종교는 종교적 자기해석들 사이의 소통에서 발생한다. 내면에서 일어나는 종교적 의미는 그 자체가 하나의 종교적 잠재력이다. 그리고 이 잠재력은 언제나 종교적 잠재력을 지닌 다른 사람과 소통할 수 있다. "종교는 의사소통적 사실"[28]인 동시에 의미해석학적 사실이다. 종교문화적 해석학에서는 특히 대화를 통한 해석학적 공간의 확보가 절실하다.[29]

2000년대에 들어 신학을 해석학과 동일시하거나 해석학적 맥락에서 규정하려는 시도가 많이 등장했다. 예컨대 인골프 달페르트는 신학을 아예 "해석실천"(Interpretationspraxis)[30]으로 규정한다. 신학은 단순히 현실에 대한 해석이 아니라 해석들에 대한 해석이다. 다시 말해서 신학

---

27 한상연, 「슐라이어마허와 하이데거의 초월 및 실존 개념」, 『현대유럽철학연구』, 제 35집, 2014, 235-274 참조.

28 C. Landmesser, "Religion und Hermeneutik", in: B. Weyel/W. Gräb (Hg.), *Religion in der modernen Lebenswelt. Erscheinungsformen und Reflexionsperspektiven*, 239.

29 최성환은 문화해석학의 지향점을 '해석학의 학제적 연구'와 '대화를 통한 해석학적 공간 확보'에서 찾는다. 최성환, 「문화 해석과 해석 문화 : 합리적-합의적 문화 이해의 해석학적 기초」, 『문화와 해석학』, 해석학연구, 제7집, 철학과 현실사 2000, 36 이하 참조.

30 I. U. Dalferth, *Evangelische Theologie als Interpretationspraxis. Eine systematische Orientierung*, Leipzig 2004 참조.

적 생명현상에 대한 기독교적 해석들의 신학적 해석이라는 것이다.[31] 해석학이 전통적 신학이나 형이상학의 자리를 차지한 다음, 이러한 해석들에 대한 해석은 결국 "신의 자기해석"[32]으로까지 확대된다. 신앙인의 현실 해석과 자기해석과 무관한 신 존재는 애당초 불가지의 영역이며 그 자체가 해석의 대상이 될 수 없기 때문이다.

종교에서 해석학이 중요한 이유는 이해와 해석이 전혀 새로운 체험이나 사건에서 시작하기 때문이다. 이제껏 경험하지 못한 새로운 체험, 즉 초월적 존재와의 만남이 일어난다면 곧바로 이 체험을 어떤 방식으로든지 이해하고 해석하려고 한다. 초월의 체험은 내면 가운데 하나의 큰 사건으로 다가오며 아주 직접적으로 일어나고, 체험주체는 곧바로 이 사건의 의미를 파악하려고 한다. 말하자면 현재의 사건에 대한 이해의 욕구가 발생하는 것이다. 이해에서 발생하는 의미는 현재의 사건으로부터 규정되어야 한다. 이렇게 본다면 종교는 "사건(Widerfahren)에 대한 대답"이다. 종교는 그 자체로 시작하는 것이 아니라 "선행하는 사건들에 의해 불러내지고 유발되어진다."[33] 사건에 대한 대답은 곧 사건에 대한 해석이다. 그리고 이 해석은 종교적 삶의 지평에서 하나의 관점을 형성한다. 이 관점은 늘 부침하고 흩어져 버리는 또 하나의 의미로 끝나는 것이 아니라 사건을 경험한 주체에게 결정적인 의미를 부여한다.

31 Körtner, "Hermeneutik der Religion?", 36 참조.

32 Körtner, "Hermeneutik der Religion?", 36.

33 P. Stoellger, "Vom Nichtverstehen aus. Abgründe und Anfangsgründe einer Hermeneutik der Religion", in: Dalferth/Stoellger, *Hermeneutik der Religion*, 86.

4. 문화종교와 시민종교

무제약자에 대한 해석에서 유래하는 종교적 삶의 의미는 그때마다 문화종교로 나타난다. 문화종교는 개인의 고유한 삶에서 출발하기 때문에 특정 종교가 정한 제도적 원리의 경계를 넘어선다. 이렇게 형성된 개인적 삶의 방향은 다른 주체와의 소통을 통해서 공동체적 삶의 방향과 연결된다. 이것은 종교적 문화가 사회-정치적 체계 속으로 통합되는 것, 즉 무제약적인 삶의 의미가 공동체 가운데 내면화될 수 있다는 것을 뜻한다. 여기서 문화종교는 시민종교로 넘어간다. 무제약적인 삶의 의미가 사회제도 가운데 용해되고 특히 법률 속에 독자적인 표현으로 새겨진다면, 문화종교는 이미 시민종교의 테두리 안에 있다. 종교적 관용과 다양한 종교문화의 통합은 문화종교의 틀에서 가능해진다.[34]

뤼베는 시민종교를 아예 문화종교로 간주한다. "시민종교는 법체계나 국한된 헌법체계에서도 문화적 현재성을 갖는다."[35] 시민종교가 종교적인 보편 합의에 토대를 두고 있다면 이 합의는 시민의 공적(公的) 문화에 깃들여 있는 신앙에 기인한다. 공적 문화는 개인이 획득한 삶의 초월적 의미가 상호전달을 거쳐 확정된 것이다. 이것은 특정 종교기관의 신앙 내용을 넘어서서 다수 시민의 사회-정치적 문화로 자리 잡는다. 그러므로 문화종교로서의 시민종교는 종교적 내용에 토대를 두는 사회 통합의 이념을 간직한다. 현대사회는 정치적으로 통합을 유지하고 보존될 수 있기 위해서 종교라는 문화적 조건을 요구한다.

종교다원사회에서 종교문화의 통합을 이룰 수 있으려면 법, 경제, 학

---

34 Scheliha, "Kultur und Religion", 145 이하
35 H. Lübbe, *Religion nach der Aufklärung*, Graz/Wien/Köln 1986, 311.

문의 통일적 규정과 같은 통일적 목표 지향점을 발견할 수 있어야 한
다. 이러한 목표는 공동체의 모든 구성원들에게 설득력을 지니는 것이
어야 하며, 이러한 설득력은 신념의 공동체를 만들어 낼 수 있다. 이러
한 신념의 공동체는 의사소통을 통해 그때마다의 역사적 상황에 상응
하는 "에토스와 문화"를 정립한다.[36] 인간은 문화적 상호작용의 연관을
인식하며 이 연관 속에서 자신의 지위를 갖는다. 종교, 에토스, 문화의
상호연관에서 볼 때 종교는 행위의 보편적 조건을 만들어 내는 의사소
통과 밀접하게 관계한다. 이런 점에서 종교는 "공동체적으로 소통해 왔
고 소통 가능한 목표 지향적 인격들의 확실성이다."[37]

　문화적 의미 형식으로서의 종교에서 객관적인 구원 신앙의 특징은
점점 약해진다. 종교는 주관적이고 경험 연관적이며 개인적 정체성 확
인에 관심을 가지는 동시에, 개인적인 삶의 역사를 모든 단절과 우연에
비추어 보면서 이를 통합적인 해석연관에서 파악하려고 한다. 문화종
교는 삶의 전체적 의미연관에 관심을 둔다.[38] 여기서 전체적인 의미연
관은 자연스럽게 문화적 형식을 띤다. 문화적 의미로서의 종교는 종래
의 교리나 도덕이 의무론적으로 해결해 주지 못하는 문제들을 새롭게
해석해 주며 생활세계에서 불가피하게 부딪치는 문제들에 대해 해석의
가능성을 열어 준다. 종교는 생활세계에서 일어나는 문제들에 대해 개
인이 공감할 수 있는 방식으로 의미를 깨닫게 해 주는 해석문화이다.

　해석문화로 이해되는 종교는 애당초 인간의 현실적 활동과 뗄 수 없

36　E. Herms, "Zivilreligion. Systematische Aspekte einer geschichtlichen Reali-
tät", in: *Theologische Quartalschrift*, Vol. 183, 2003, 127 참조.
37　Herms, "Zivilreligion", 101.
38　W. Gräb, "Religion und die Bildung ihrer Theorie – Reflexionsperspektiven",
in: B. Weyel/W. Gräb (Hg.), *Religion in der modernen Lebenswelt. Erscheinungs-
formen und Reflexionsperspektiven*, Göttingen 2006, 197 참조.

는 것이다. 종교가 문화로 이해될 때 그것은 초월자를 초월적 지평에서
말하는 것이 아니라 현실적 삶과 연관된 초월의 의미를 말하는 것이다.
"문화는 그 속에서 자신을 표현하고 살아가는 인간과 함께 있는 것이며
바로 그 인간에게 해당하는 것이다." "문화는 인간의 노동의 사건 가운
데서만 존재한다."[39]

　문화종교와 시민종교는 타자와 소통하는 생활종교의 범주 안에 있
다. 생활종교는 생활세계 안에 공존하는 타자를 향한 삶의 지향 없이
형성되지 않는다. 이 지향은 현재적인 동시에 역사적이다. 여기서 타자
는 전혀 근접할 수 없는 차이성으로 나타날 수 있다. 생활종교에서 경
험할 수 있는 타자의 차이성은 타자가 경험하는 무한자에 대한 고유한
해석에서 비롯된다. 그러나 타자만의 고유한 무한자 해석을 용인한다
하더라도 그와의 소통 가능성은 열려 있다. 왜냐하면 해석의 주체는 다
르지만 해석의 대상은 동일한 무한자이기 때문이다. 소통의 쌍방은 각
각 고유한 종교의식을 가질 수 있지만 무한자의 동일성을 매개로 각자
의 고유성과 차이성을 극복할 수 있다. 종교적 차이의식은 소통을 통해
공동적 의식으로 이행한다.

　공동적 의식은 무한자에 대해 공유하는 의미이며 이로부터 획득하는
공동체적 삶의 의미이다. 무한자를 의식할 때 깨닫게 되는 종교적 진리
는 그에 대한 단편적 해석으로 끝나지 않고 각자의 삶의 의미로 각인된
다. 이 의미는 일상에서 얻는 의미와 달리 무한자에서 나오는 무조건적

39　F. D. E. Schleiermacher, *Kurzdarstellung des theologischen Studiums zum Behuf einleitender Vorlesungen*, Leipzig 1910, Bd. III, 598. M. Moxter, *Kultur als Lebenswelt. Studien zum Problem einer Kulturtheologie*, Tübingen 2000, 246에서 재인용. 카를 바르트는 슐라이어마허의 이러한 사유를 수용하면서 교의학도 문화의 일부로 보며, 바울서신의 해석을 "최종적이고 가장 심오한 문화요건"이라고까지 규정한다. Moxter, *Kultur als Lebenswelt*, 247.

의미로서 개인의 삶을 근본적으로 변화시킨다. 이 의미는 소통을 통해 공동체의 의미로 확대되며, 공동체적 의미는 그 시대의 문화로 연결된다. 종교는 이러한 문화적 틀 속에서 발생하고 확대된다. 생활 속에 문화로 자리 잡는 의미는 추상적인 교리나 개념이 아니며 각자의 삶 속에서 살아서 작용하는 힘이다. 이 힘의 근간은 무엇보다 무한자에 대한 내적 확신이며 내적 확신에서 나오는 생명력이다. 그러므로 문화로서의 종교는 삶의 원동력이며 결코 간과할 수 없는 공동체적 활력의 원천이다.

문화종교와 시민종교의 관계는 한 국가의 테두리 안에서만 작동되는 것이 아니라 국가들 간의 관계에서도 작동될 수 있다. 예컨대 평화는 조약에 의해 달성된다기보다 국가들의 내적인 발전을 통해, 즉 국가들 간의 문화적, 의사소통적 관계망을 통해 달성되는 경우가 적지 않다. 국제 관계의 실효성은 국제법적 테두리에서보다 문화적 관계망을 통해 더 크게 나타날 수 있다.

9

종교적 가치의 공유와 비판적 종교철학

1. 종교의 개념과 종교의 다양성

종교와 종교들의 관계에 대한 대표 이론은 슐라이어마허의 『종교론』 '다섯째 강연'에서 확인할 수 있다. "인간은 유한하고 종교는 무한하기 때문에 누구도 종교를 전적으로 소유할 수 없다."[1] 종교를 부분적으로 소유하는 데서 여러 가지 종교현상들이 발생한다. 다수의 종교와 그 다양한 규정은 종교사가 보여 주듯이 실제의 사실이다. 하나의 특정 종교 안에서도 끊임없이 새로운 종교현상이 발생한다. 슐라이어마허는 자신이 개신교 신학자임에도 기독교 안에 이러한 현상이 있음을 인정한다. "그리스도교는 다양성을 무한자에 이르기까지 내적으로 산출하며 그러한 다양성을 그리스도교 바깥에서도 직관하고자 한

---

[1] F. D. E. Schleiermacher, *Über die Religion*, 『종교론』, 기독교서회 2002, 201.

다."[2] 진정한 종교는 늘 새롭게 생기하는 데서만 찾을 수 있으므로 다양성을 피할 수 없다. 따라서 종교철학은 인간 가운데 현상하는 "여러 종교들 가운데서 종교 자체를 드러내야 한다."[3]

'종교의 다양성과 통일성'은 여전히 활발하게 논의되고 있는 종교철학의 핵심 주제에 속한다. 다양한 종교들은 종교의 역사이면서 현재이다. 다양한 종교들의 관계는 개인과 개인의 관계와 마찬가지로 결코 회피할 수 없는 인간 삶의 사실이다. 종교의 다양성과 통일성을 설명하는 이론 가운데 여전히 활발하게 논의되고 있는 것은 '포괄주의'(Inklusivismus)이다. 최근의 포괄주의 논의에서는 흥미롭게도 슐라이어마허와 헤겔이 함께 등장한다. 최근 문헌은 슐라이어마허를 포괄주의적 종교신학의 유형으로 다루며[4], 헤겔을 '비판적 포괄주의'[5]로 해석한다. 양자의 공통점은 실정종교의 필연성과 다양성을 종교의 개념에서 도출하는 데 있다. 슐라이어마허에게 무한자는 "차별화된 통일성"[6]이다. 무한자는 개인의 종교적 의식 가운데 차별화된 모습으로 각인되지만 차별성을 관통하여 통일성을 견지한다. 헤겔에게 종교의 역사는 종교의 개념에서 현상한다. 여기서 종교의 개념은 일자(一者)에서 다자(多者)로 현상하고 다시금 일자로 복귀하는 절대정신의 개념이다. 새로운 헤겔

---

2 Schleiermacher, 『종교론』, 252.

3 Schleiermacher, 『종교론』, 199.

4 C. König, "Schleiermachers inklusivistische Religionstheologie der *Reden*", in: F. Hermanni/ B. Nonnenmacher/ F. Schick (Hg.), *Religion und Religionen im Deutschen Idealimus*, Tübingen 2015, 37-64 참조.

5 M. Wendte, "Der kritische Inklusivismus und die opake Identität von Denken und Sein. Überlegungen zum Umgang mit dem Religionspluralismus in Auseinandersetzung mit Hegel", in: Hermanni/Nonnenmacher/Schick (Hg.), *Religion und Religionen im Deutschen Idealimus*, 185-209 참조.

6 König, "Schleiermachers inklusivistische Religionstheologie der *Reden*", 42.

해석은 교조적 포괄주의와 구별되는 비판적 포괄주의를 주장함으로
써 절대정신의 논리를 상대화시킨다. 존재와 사고의 과정적 매개는
완전히 관점 초월적일 수 없으며 이미 시간 공간의 제약 속에 있다.
절대정신의 논리는 현실에 대한 실재철학적(realphilosophisch) 설명
에 꼭 맞아떨어지지 않는다. 현재적 논의에서 보이는 슐라이어마허와
헤겔의 공통점은 종교적 주체를 시간 공간의 제약 속에서 파악하는
데 있다.

슐라이어마허의 종교이론은 종교의 다양성을 명쾌하게 설명한다. 종
교의 본질을 직관과 감정으로 간주할 때 종교는 곧 체험이다. 체험은
직접적이고 개인적이며 관점적이고 우연적이므로 늘 상이한 형태를 띤
다. 종교적 직관과 감정은 무한하게 펼쳐질 수 있기 때문에 종교는 원
칙적으로 다양하며 다원적이다. 그리고 종교적 체험의 주체가 개인인
한에서 종교는 다수의 개인처럼 다양하게 현상한다. 체험에 기초하는
실정종교는 항상 변양된 형태를 만들어 낸다. 그러므로 실정종교는 합
리적 원리에 의해 형성된다기보다 인간에게 계시되는 무한자의 활동
에 의해 형성된다. 종교는 자신을 향한 무한자의 활동을 조용히 받아
들일 때 형성되며 이전 시대에 형성된 종교적 직관을 수용할 때 새롭
게 형성된다. 그때마다 다른 모습으로 나타나는 실정종교는 애당초 역
사적이다.

포괄주의가 주목하는 부분은 종교의 다양성과 통일성이다. 다양한
종교들은 각각 고유한 진리를 소유하고 있지만 그 자체의 보편적 타당
성을 주장하지 않는다. 만약 한 종교가 그 자체의 보편적 타당성을 요
구한다면 여기서 (종교신학적) '배제주의'(Exklusivismus)가 등장한
다. 슐라이어마허의 포괄주의는 이러한 배제주의에 맞서서 모든 실정
종교들의 총체적 타당성을 요구한다. "개체는 다른 많은 개체와 연합할

때에만 전체를 드러낼 수 있다."[7] 포괄주의는 개별 실정종교들의 전체
를 중시한다. 그런데 이 전체는 상위에서 개념적으로 주어지거나 배타
적인 하나의 종교에서 나오지 않으며, 오히려 "실정종교들의 총체적 타
당성 요구"에서 나온다.[8] 이러한 요구는 다양성 속에서 통일성을 발견
하고 개별성 가운데서 보편성을 찾아낼 때 성취된다. 이것은 종교 다원
적 현상 속에서 종교 자체를 발견하라는 요구와 같다.

　종교적 다원성에 대한 최근의 철학적 논의는 실정종교 간의 차이에
대한 논의를 넘어서서 자신의 종교적 믿음에 대한 질문이 타당성을 지
닐 수 있는지 묻고 있다.[9] 종교적 배제주의자라 하더라도 자신의 종교
에서 스스로 동의하지 않는 불일치에 비추어 자신의 종교를 테스트할
의무가 있다는 것이다. 이로부터 같은 종교 안에서 발견되는 다른 관점
을 인정할 수 있으며 더 나아가 다른 종교에 대한 존중과 관용이 시작
될 수 있다. 자신의 종교에 대한 거리 유지는 자신의 신앙에 대한 포기
라기보다 이를 보다 확고하게 할 수 있는 방법이다. 비판적 거리 유지
는 자신의 믿음에 대한 배제주의적 선언에서는 결코 얻을 수 없는 태도
이며 더 높은 차원의 진리에 도달하는 첩경이다. 포괄주의적 관점은 당
연히 자신의 종교를 지지하지만 이를 넘어서서 다른 종교에서 진리의
가능성을 테스트하고 이로부터 무엇인가를 배울 수 있다는 열린 태도
를 갖는다.

　열린 태도는 신앙인의 근원적 반성에서 나온다. 슐라이어마허에 의

7　Schleiermacher, 『종교론』, 219.
8　König, "Schleiermachers inklusivistische Religionstheologie der *Reden*", 48.
9　K. Schilbrack, "Religious Diversity and Closed Mind on Robert McKim's Religious Ambiguity and Religious Diversity; Paul J. Griffiths's Problems of Religious Diversity, and David Basinger's Religious Diversity: A Philosophical Assesment", in: *The Journal of Religion*, Vol. 83, 2003, 100-107 참조.

하면 인간 의식에는 사고의 매개에 앞서서 근원적 반성이 자리 잡고 있다. 이것은 사고 이전에 작동하는 감각과 존재의 통일성에서 이루어지는 경험이다. 모든 경험은 의식적이고 반성적이다. 인간은 대상과 의식적으로 관계하는 동시에 대상과 관계하는 자신에 대해서도 의식한다. 직접적 자기의식은 근원적 반성으로서 인간의 모든 자기관계와 현실관계를 동반한다.[10] 근원적 반성은 다른 종교를 향한 비판이 아니라 종교 내부적 비판으로 이어진다. 슐라이어마허는 기독교도 근원적 반성을 회피할 때 쇄락할 수 있다고 주장한다.[11] 기독교의 탁월성을 언급한다면 그것은 자기를 비판하는 기독교의 자기의식에 근거한다는 것이다. 구원도 종교적 자기의식의 소유 여부에 달려 있으며, 진정한 구원은 유한자 속에 있는 비종교적 원리를 극복한 상태이다. 근원적 반성에 입각한 자기비판은 열린 태도로 이어진다.

열린 태도는 자신의 종교를 인정하면서 동시에 그 한계도 인정하는 겸손이다. 종교적 겸손은 타 종교에 대한 관용으로 이어진다. 종교적 관용은 상호인정으로 나아가는 개방적 소통에서 가능하다. 각 종교가 수행하는 세계해석과 자기해석은 종교적 대화를 통해 공동의 세계해석과 자기해석이 된다. 종교 간의 공동 해석은 각 종교의 해석이 갖는 한계를 일깨워 주며 각자의 해석을 보다 풍부하게 만들어 준다. 종교적 관용은 상대 종교의 수용에 그치지 않으며 관용을 보이는 종교가 갖는 결핍을 메워 준다. 타 종교에 열린 태도와 종교적 관용은 자기 종교의 정체성을 훼손하지 않으면서 이를 새롭게 확장할 수 있다.

종교는 역사적이고 현사실적이기 때문에 한 종교가 종교의 모든 것

---

10 Schleiermacher, *Der christliche Glaube*, Berlin 1984, 최신한 옮김, 『기독교신앙』, 한길사 2006, 69 이하 참조.
11 Schleiermacher, 『종교론』, 249 이하 참조.

을 소유한다고 주장할 수 없다. 한 종교는 전체의 일부만 소유하고 있으므로 다른 종교에 대해 "아름다운 겸손과 친절하게 초대된 인내"[12]가 필요하다. 다른 종교에 대해 개방적일수록 이를 더 진지하게 받아들일 수 있으며, 자신의 종교에 대해 진지할수록 다른 종교에 대해 더 개방적일 수 있다.[13] 겸손과 인내와 개방성은 종교현상들 간의 만남과 종교 간의 대화를 위한 전제조건이다. 한 종교 안에 있으면서 모든 종교들 너머에 있는 관점을 획득한다는 것은 결코 용이한 일이 아니다. 이것은 종교를 인간의 조건 속에서 파악하려는 시도의 한계이지만, 이러한 노력은 '종교적인 것 자체'의 실현 계기가 된다는 점에서 의미가 있다.

자신이 가진 종교에 집착하고 이를 중심으로 다른 종교와 관계하려는 태도는 종교 자체의 본성에 맞지 않는다. 종교는 폐쇄적 집착보다 개방을 요구하며 늘 새롭게 형성되는 창조적 정신을 지향한다. 무로부터 새로운 것을 형성할 수 있는 종교가 진정한 종교인 것이다. 창조적이고 생동적인 종교는 성스러움을 소유한 종교이다. 성스러운 종교는 고독하지 않다. 슐라이어마허는 종교의 성스러움과 성인의 공동체를 강조한다. 생동적인 종교의 전개와 더불어 개인은 "성인의 공동체에 들어선다. 이 공동체는 모든 종교를 받아들이며 모든 종교는 오로지 이 공동체에서만 번영할 수 있다."[14] 교리나 정치적 지향의 유사성 때문에 함께할 수 있는 것이 아니라 모든 속된 것을 뛰어넘는 성스러움 때문에 함께할 수 있다. 종교적 대화의 출발 지점과 목적지는 성스러움에

12 Schleiermacher, 『종교론』, 65.
13 R. Bernhardt, *Wahrheit in Offenheit. Der christliche Glaube und die Religionen*, Bern 2007 참조.
14 Schleiermacher, 『종교론』, 253.

있다.

성스러움은 개별종교에서 나타날 수 있는 "종교의 보편적 요소"[15]이다. 그러나 종교적 보편은 하나의 종교 안에서 온전하게 발견되지 않는다. 한 종교가 종교적 보편을 주장하면 불가피하게 배제주의에 빠진다. 이를 피하기 위해 여러 종교에서 공통분모를 추출하는 것도 종교적 대화에 도움이 되지 않는다. 추출된 공통분모는 종교적 탐구의 결과가 될수 있지만 개인의 삶과 사회를 통합시키는 힘으로 연결될 수는 없다. 하나의 종교가 종교의 전체 영역을 자기화할 수 없는 현실을 받아들인다면, 모든 종교는 자체 내의 결핍을 메워 줄 수 있는 요소를 (자기 밖에서라도) 찾아야 한다. 이것은 모든 종교가 지향하는 성스러움이다. 각 종교에서 현실화되지 않은 성스러움을 찾는 데서 종교 간의 대화는 실질적으로 출발할 수 있다. 개별종교가 전체종교의 파편에 지나지 않는다면 각 종교가 추구하는 성스러움을 통해 파편의 조각은 이어질 수 있다. 파편의 모자이크는 종교 간에 이루어진 대화의 결과로서 분열된 삶을 통합시킬 수 있는 토대가 된다.

2. 종교 간 대화의 원칙과 실제

종교 간의 만남과 대화에서 통합의 계기를 발견하는 것은 결코 쉽지 않다. 통합의 이념과 실질적 통합 사이에는 언제나 괴리가 있을 수 있기 때문이다. 현실 속에 있는 다양한 종교들은 상황에 따라 대립할 수 있으며 갈등에 빠질 수 있다. 그럼에도 대화를 시도하는 것은 대립과 갈

---

15   Schleiermacher, 『종교론』, 232.

등 너머의 지평을 기대하기 때문이다. 여러 종교들을 묶어 줄 수 있는 보편적 이념이 각 종교에게 수용된다면 종교 간의 대화는 쉽게 이루어질 수 있다. 종교 간의 대화는 개별종교를 초월하는 관점과 개별종교의 관점을 매개할 수 있어야 한다. 이 매개는 초문화적 이성과 특수한 문화 관점을 동시에 요구한다.[16] 더 분명하게 표현한다면 이것은 보편과 특수의 관계를 요구한다.

보편과 특수의 관계에 관한 한 헤겔의 종교철학은 유익한 시사점을 보여 준다. 헤겔은 여러 종교들을 종교의 개념과 연관하여 설명한다. "종교의 완성은 그 스스로 종교의 개념을 산출하며 이 개념을 대상화하는 데 있다."[17] "신 개념 자체가 종교 자체로 나타난다. 신 개념은 스스로 객관화되고 객관화하는 그의 이념이다."[18] 이 두 인용문은 종교나 신의 개념이 스스로를 특수화하고 현실화하며 이를 통해 완성된다는 것을 보여 준다. 종교 개념의 특수화는 종교가 역사 속에서 실정종교들로 현상함을 뜻한다. 여러 종교들은 궁극적인 것의 현상이라는 점에서 같은 뿌리를 갖고 있다.

헤겔에 의하면 종교는 신 일반에 대한 의식이며, 철학은 신에 대한 연구이다. 이런 점에서 "철학은 곧 신학이며 신학에 대한 몰두이다. 신학에 몰두하는 철학은 그 자체가 예배이다."[19] 철학은 종교를 설명함으로써 자신의 규정을 얻으며, 종교도 철학을 설명함으로써 자신의 내용을 규정한다. 종교와 철학의 상호성은 종교 개념의 역사적 전개에서 구

---

16   P. Cobben, *Das Gesetz der multikulturellen Gesellschaft. Eine Aktualisierung von Hegels „Grundlinien der Philosophie des Rechts"*, Würzburg 2002, 20 참조.

17   G. W. F. Hegel, *Religions-Philosophie*, Hamburg 1987, 최신한 옮김, 『종교철학』, 지식산업사 1999, 49.

18   Hegel, 『종교철학』, 42.

19   Hegel, 『종교철학』, 12.

체적으로 드러난다. 역사적으로 등장한 여러 실정종교들은 신 개념과 종교 개념에서 특수화된 것이다. 그리고 특수화된 종교들은 개념으로 복귀할 때 그 완전한 형태를 획득한다. 실정종교들을 종교 개념이 특수화된 것으로 간주한다면 실정종교는 종교 개념에서 발생한 것이다. 그러므로 동일한 종교 개념에서 발생한 종교들은 서로 소통할 수 있으며 이를 통해 공동의 가치를 찾을 수 있다.

종교 개념에서 특수화된 실정종교는 그 공동체를 통해 유지된다. 종교 개념의 특수화는 실제로 개별 종교의 공동체와 제의로 이루어진다. "신은 근본적으로 그의 공동체 가운데서 하나의 공동체를 소유한다."[20] 그러므로 종교 간의 대화는 종교공동체들 간의 대화이며, 동일한 종교 개념을 나누어 가진 상이한 공동체들 간의 대화이다. 종교 간의 대화를 종교공동체들 간의 대화로 풀이한다면 이 대화는 실질적이다. 이것은 교리와 교리의 만남이 아니라는 점에서 대화의 성공 가능성을 높인다. 종교공동체는 구성원의 진리 고백과 고상한 삶으로 이루어진다는 점에서 교리보다 훨씬 구체적인 마당이다. 종교공동체 간의 대화는 진리를 추구하는 신앙인들의 생생한 대화로 이루어지므로 결실을 맺을 가능성이 높다. 이 대화는 상대 공동체 속에서 자기가 속한 공동체의 진리를 재발견할 수 있을 때 최고점에 도달한다. 이것은 특수화된 종교 개념 속에서 종교 개념 자체에 도달하는 것이다.

보편에서 특수를 거쳐 보편으로 복귀하는 논리에 의하면, 실정종교들은 운동하는 개념의 중간 단계이다. 실정종교들은 하나의 종교 또는 종교 개념에서 발생한 여러 종교들이다. 그리고 실정종교는 종교 개념을 특수하게 표상하는 신앙인의 공동체로 유지된다. 표상은 신에 대한

20　Hegel, 『종교철학』, 42.

표상이며 진리에 대한 표상이다. 실정종교들 간의 대화는 결국 하나의
신을 향한 대화 내지 진리 자체를 향한 대화가 되어야 한다. 성스러움
이 모든 종교의 지향점인 것과 같이 진리가 또한 모든 종교의 목표이
다. 진리는 표상의 단계를 넘어서야 한다. 표상은 그 가운데 표상 주체
의 신앙이 반영되어 있기 때문에 구체적이며 생생한 반면, 진리 전체를
대변할 수 없는 한계를 갖는다. 종교 간의 대화는 표상과 표상의 만남
에 머물 때 부분과 부분의 만남에 그친다. 전체의 진리는 표상의 단계
를 넘어설 때 획득할 수 있다. 표상하는 신앙인이 자신의 표상을 반성
할 때 표상은 개념으로 이행한다. 또한 한 종교의 표상이 다른 종교의
표상 속에 비추어질 때 각 종교의 표상은 개념으로 이행할 수 있다. 여
기서 개인의 표상이 전체의 개념으로 바뀌며 개별 실정종교의 표상이
종교 자체의 개념으로 바뀐다.

　종교 개념이 운동한다는 사실은 신을 정신으로 파악할 때 이해할 수
있다. 정신은 보편에서 특수로, 특수에서 다시금 보편으로 운동한다.
무한한 형식을 가진 정신은 유한한 형식의 실정종교들 가운데 나타나
며 이를 넘어서 다시금 무한한 형식으로 복귀한다. 종교 간의 대화는
유한한 형식을 지닌 정신들의 관계로서 정신 자체의 무한한 형식을 향
해 나아간다. 이러한 방향성을 상정하지 않는 한 종교 간의 대화는 유
의미한 결과에 도달할 수 없다.

　이러한 정신의 운동은 특정 테두리 안에서 라인홀트 베른하르트의
상호포괄주의와 통한다. 그는 신의 보편성을 종교 간의 상호관계성을
규정하는 근거로 보고 이것을 종교 간 대화의 근거로 간주한다. 베른하
르트는 종교적 진리를 이성적이고 논리적 의미의 진술로 보지 않는다.
오히려 "신이 '실재적 현존 사건'에서 인간 실존을 변화시키는 존재론
적이고 실존적 의미의 진술로 이해한다."[21] 베른하르트에게 상호포괄주

의는 종교적 정체성을 형성하기 위한 대화의 방법이다. 이 방법은 윌프
레드 켄터웰-스미스의 해석학적 포괄주의와 구별된다. 해석학적 포괄
주의는 자신의 종교적 입장에서 다른 종교 전통을 이해한다. 그것은 다
양한 종교들을 통합적으로 파악하기는 하지만 기독교 중심의 해석학적
입장을 지향한다는 점에서 한계를 지닌다. 베른하르트가 볼 때 해석학
적 포괄주의는 다른 종교를 자신의 전통으로 흡수하는 일방성을 피할
수 없다. 이에 반해 상호포괄주의는 자기 종교의 정체성을 견지하면서
도 다른 종교 전통과 교류할 수 있다. 이러한 교류를 가능하게 하는 것
이 바로 상호관계적 대화이다.

종교 간의 대화는 이웃 종교에 대한 일방적 선포가 되어서는 안 된
다. 오히려 상호 이해를 바탕으로 대화에 참여하는 종교들이 각자의 정
체성을 새롭게 마련하는 계기가 되어야 한다. 베른하르트는 이를 정초
할 수 있는 이론적 근거로 자신의 고유한 삼위일체론을 제시한다.[22] 그
의 삼위일체론은 종교신학의 개념적 틀로서 다른 종교와의 관계성을
근거 짓는다. 기독교의 정체성을 다른 종교와의 상호관계 속에서도 파
악할 수 있다는 것이다. 모든 종교는 개별 신앙인에게 일어나는 초월자
의 재현을 인정한다면 이러한 재현은 삼위일체적 통합력을 갖는다. 예
컨대 그리스도의 구원 사건은 기독교인에게만 해당하는 것이 아니라
모든 종교인의 고백이 될 수 있다. 이러한 맥락에서 종교 간의 대화는
신이 현재 속에 영적으로-정신적으로 현존하는 상태이다.

대화는 원칙적으로 개방적이어야 한다. 특히 논쟁적인 문제에 대해

---

21 최태관, 「종교들의 대화의 방법으로서의 라인홀트 베른하르트의 상호포괄주의 연
구」, 『신학논단』, 제29집, 2015, 378.
22 최태관, 「종교들의 대화의 방법으로서의 라인홀트 베른하르트의 상호포괄주의 연
구」, 385 이하 참조.

서로 마음을 여는 태도가 중요하다. 개방적 태도는 자신의 주장에 대한 비판적 관점과 더불어 상대방의 주장을 객관적으로 이해하려는 노력을 요구한다. 자신의 관점을 관철시키려고 하거나 상대방의 관점을 무력화시키려는 데서는 대화가 출발할 수 없다. 오히려 자기비판과 타자 이해의 노력이 서로 다른 두 관점의 만남을 가능하게 한다. 비판과 이해는 상호성과 개방성을 위한 덕목이다. 상호성과 개방성은 자연스럽게 종교적 관용으로 이어진다. 관용은 상대방의 주장 가운데 인정할 수 없는 것이 있음에도 불구하고 이를 평가하고 인내하는 것을 뜻한다.[23] 자신의 입장에서 가치 평가와 존중의 대상이 아닐 수 있지만 이를 판단하지 않고 참아 낼 때 대화를 시작할 수 있다. 대화의 한계는 언제든 등장할 수 있지만, 관용은 예기치 않은 대화의 결실을 기대할 수 있다.

종교 간의 대화는 '대화의 원칙'[24]을 요구하며 더 나아가 '대화적 명법'[25]을 요구한다. ① 대화에서는 말하기보다 듣기가 중요하다. 성공적 대화를 위해 다른 종교의 주장에 귀를 기울여야 한다. ② 대화의 주제를 명확하게 알고 말해야 한다. 자기 종교와 상대방의 종교에 대해 명확하게 알지 못한 상태에서 이루어지는 대화는 종교적 지평의 확대 대신 혼동으로 끝날 수 있다. 혼동으로 끝난 대화는 자기 종교의 정체성을 훼손할 수 있으며 타 종교를 오해할 수도 있다. ③ 대화의 목표보다 대화의 과정이 더 중요하다. 목표를 앞세우는 대화는 대화와 선교를 혼동할 수 있으며 상대방을 개종시키려 할 수 있다. 대화의 과정은 오히

23 P. Schmidt-Leukel, *Gott ohne Grenzen. Eine christliche und pluralistische Theologie der Religionen*, Gütersloh 2005, 181 이하 참조.

24 C. Meister (ed.), *The Oxford Handbook of Religious Diversity*, Oxford 2011, 106 이하 참조.

25 R. Bernhardt (Hg.), *Horizontüberschreitung : die pluralistische Theologie der Religionen*, Gütersloh 1991, 57 이하 참조.

려 새로운 발견을 가능하게 한다. 대화의 과정에서 상대방을 재발견할
수 있으며 자기의 오류와 폐쇄성을 되돌아 볼 수 있다. 비판적 태도를
견지하는 종교는 "선언적 확신의 모드보다 갈망과 동경의 모드에 의해
인도된다."[26] 자기비판과 동경의 태도는 새로운 진리를 경험할 수 있게
해 준다. ④ 대화는 진정한 인간성의 발견을 향해 나아가야 한다. 상호
이해의 대화는 각자의 강점과 가치뿐만 아니라 약점과 문제점을 발견
함으로써 진정한 인간성에 도달할 수 있게 한다.

종교적 대화는 진리의 독점보다 그 균형적 소유를 고려한다. 개인과
실정종교의 진리 주장은 양자의 자유에 속한다. 종교를 통해 개인이 정
신적 자유를 획득한다는 것은 그가 특정 종교를 고백함으로써 새로운
정신세계를 맛볼 수 있기 때문이다. 그러나 이러한 자유는 다른 종교의
자유와 부딪칠 때 한계에 이른다. 개인의 종교적 자유에서 나오는 종교
의 다양성은 대화를 통해 종교의 통일성으로 연결되어야 한다. 그렇지
않을 때 개인의 종교적 자유가 위협받을 수 있다. 종교에서 획일성은
애당초 요구될 수 없지만 다양성의 한계는 현실적 문제로 드러난다. 이
한계를 넘어서기 위해서 종교 간의 대화가 필요하다. 종교 간의 대화는
고백의 일치를 지향하지 않는다. 오히려 개인의 자유가 공동체와 조화
를 이루어야 하는 것과 같은 균형을 지향한다.[27] 이런 점에서 종교 간의
대화는 교리적 문제라기보다 사회적 문제이다.

종교적 대화의 어려움은 타종교에 대한 개방과 자기 종교에의 헌신
사이에 형성되는 긴장에 있다. 자신을 타종교에 개방하지 않는 한 종교

---

26 K. Schilbrack, "Religious Diversity and the Closed Mind", in: *The Journal of
Religion*, vol. 83, Chicago 2003, 102.

27 R. Trigg, *Religious Diversity: Philosophical and Political Dimensions*, Cam-
bridge 2014, 143 참조.

적 대화는 출발할 수 없지만 이러한 개방은 자기 종교의 정체성에 영향을 미친다. 완전한 헌신에서 확인되는 자기 종교의 정체성은 타종교에 대한 개방성에서 흔들릴 수 있다. 이것은 낮은 단계의 정체성에서 나오는 동요이다. 이러한 개방과 헌신 간의 긴장은 오히려 종교적 대화의 올바른 수행에서 완화될 수 있다. 더 적극적으로 말한다면 이러한 긴장 없이는 종교 간의 성공적 대화가 불가능하며 자기 종교의 정체성이 흐려질 수 있다. 자기 종교의 정체성에 충실한 신앙인일수록 타종교에 대해 보다 개방적일 수 있으며 타종교에 개방적일수록 자기 종교의 정체성을 더 강화할 수 있는 것이다. 이러한 힘은 자기 종교에 대한 깨어 있는 확신에서 나오며, 이러한 확신은 종교 간의 대화에서 더 심화된다. 자기 종교에의 헌신에만 의존하는 폐쇄성을 극복할 때 낮은 단계의 정체성을 벗어날 수 있다. 이른바 다종교적(multireligious) 정체성은 자기 종교의 정체성을 버리고 타종교의 정체성과 혼합되는 것이 아니다. 다종교적 정체성은 혼합주의가 되어서는 안 된다. 중요한 것은 대화와 통합을 통해 신앙인이 자기 종교의 진정한 정체성을 획득하는 것이다.[28] 정체성 안의 조심스러운 변화는 정체성의 양적 확장이 아니라 질적 심화가 되어야 한다.

종교적 대화를 통해 정체성의 질적 심화가 이루어진다는 사실은 종교의 개체적 특성에 토대를 둔다. 이것은 신앙인이 자기 종교의 정체성을 남에게 의지하지 않고 자신의 힘으로 확인하고 확장한다는 사실을 가리킨다. 종교의 개체적 특성은 종교적 개인주의로 표현될 수 있다. 종교적 정체성은 종교적 진리 체험 없이 확인될 수 없으며 획득될 수도

---

28 P. Schmidt-Leukel, *Transformation by Integration. How Inter-faith Encounter Changes Christianity*, 2009 London 참조.

없다. 종교적 진리는 공동체적으로 일반적으로 확인되는 것이 아니라 개인적으로 개성적으로 확인된다. 신앙인은 최종적으로 자기 안에서 종교적 진리를 확증해야 한다. 종교적 진리의 전달 통로는 개인이든 공동체이든 다양할 수 있지만 전달된 내용이 곧바로 진리가 되지 않는다. 전달된 내용이 진리로 상승하는 길은 오로지 이 내용을 접하는 개인의 확증 과정을 통해 열린다. 베네딕트 16세는 교황이 되기 전 이 문제에 대해 언급한 적이 있다. "우리는 내가 곧 길이라는 그리스도의 말씀을 갖고 있다. 궁극적으로 하나의 길이 있으며 신을 향한 하나의 길에서 모든 사람은 예수 그리스도의 길 위에 있다. 그러나 이것은 의식과 의지의 모든 레벨에서 모든 길이 동일하다는 의미가 아니다. 정반대로 하나의 길은 인간 각자가 진짜 자기만의 개인적 길을 가는 큰 길이다."[29]

맹목적으로 추종하는 길보다 신앙인 개인이 깨달은 진리의 길이 중요하다. 베네딕트 16세의 지적은 계몽된 신앙의 진면모를 잘 지적하고 있다. 자신이 이해하지 못한 '예수의 길과 진리'를 진리로 암송하고 이에 복종하는 것이 신앙의 전부가 아니다. 진정한 신앙은 이와 같은 직접성의 단계를 넘어서는 데 있다. 이를테면 성자의 길을 곧 자신의 길로 의식하고 그 의미를 체현하는 삶이 중요하다. 나의 길이 진리라면, 이 진리는 상대방이 깨달은 길에 대한 열린 마음과 존중을 수반한다. 길과 길의 만남은 교리의 혼합이 결코 아니다. 오히려 그 길이 인도한 초월적 지평의 나눔이며 그 성스러움의 교환이고 이를 통해 새로운 초월을 경험하는 것이다.

---

29 Schmidt-Leukel, *Transformation by Integration. How Inter-faith Encounter Changes Christianity*, 57.

3. 생활종교와 비판적 종교철학

생활세계에서 이루어지는 종교 간 대화는 그 자체가 사회적 성격을 갖는다. 종교현상이 사회적 사건이라는 것은 종교가 공동체의 소통에 토대를 두는 집단적 활동이라는 사실에서 쉽게 확인할 수 있다. 종교공동체 속에서 상호전달이 이루어지며, 상호전달을 통해 개인의 신념이 다중의 신념으로 자리 잡는다. 종교적 의사소통은 개별종교 안의 관계뿐 아니라 종교 간의 관계도 형성한다. 개별종교에서 보이는 집단적 동일성은 종교 간의 관계에서 더 큰 동일성으로 확대된다. 종교의 집단적 동일성은 유동적이지만, 이 유동성은 종교를 에워싸고 있는 사회와 국가의 환경과 무관하지 않다. 종교의 사회적 형태는 사회 일반의 발전과 함께 변화한다.

종교적 가치를 공유하는 것은 개별종교의 공통분모를 찾아내는 것으로 만족하지 않는다. 이것은 종교들의 이론적 공유점을 찾는 것보다 현실의 실제적 문제를 해결할 수 있는 공통의 가치를 찾는 것이다. 공통의 가치는 비판적 활동을 통해 드러날 수 있다. 종교철학의 관점에서 볼 때 종교 간 대화는 상이한 형태의 개별종교와 종교공동체에 대한 비판적 파악이다. 비판적 파악은 "비판적 지성"[30]을 요구한다. 비판적 지성은 개별종교에서 비판 능력을 확인하고 이를 타종교 속에서도 발견하려고 한다. 종교에서 확인되는 비판 능력은 앞서 상술한 바 있는 성스러움의 능력이다.

성스러움은 무엇보다 현실을 초월적 기준으로 테스트하며 그 대안을

---

30 A. C. Dole, *Schleiermacher on Religion and the Natural Order*, Oxford 2010, 203.

제시한다. 성스러움의 본질이 비판 정신에 있는 한 현실에 안주하거나 현실 논리를 내세우는 종교는 더 이상 의미 있는 종교로 인정할 수 없다. 이러한 종교에서 인륜적 가치를 발견할 수 없는 것은 자명하다. 성스러움을 상실하고 현실에 안주하는 종교에서 공유할 만한 가치를 찾는 것은 무익한 일이다. 개별종교 안에서 성스러움은 현실을 아예 초월할 수 있다. 현실에 초연한 태도가 이를 대변한다. 그러나 종교 간의 대화가 추구하는 가치는 현실을 변화시킬 수 있는 인륜적 가치이다. 이것은 역사 및 문화와 관련된 가치로서 현실 속에서 새로움을 추구하는 가치이다.

종교 간의 대화는 종교적 인륜성을 발견하고 이를 통해 사회적 삶과 현실을 변화시키려고 한다. 종교적 인륜성은 합리적 인륜성과 일맥상통하지만 합리적 인륜성의 범위를 넘어선다. 종교적 인륜성의 근거가 초월자에게 있다는 사실은 현실 변화를 성스러움에 비추어 달성하려는 관점에서 확인된다. 구체적인 사례는 『신앙론』과 더불어 『기독교 도덕론』을 강조한 슐라이어마허이다. 그는 학문 이론의 관점에서 양자의 분리를 주장하지만 동시에 양자의 유비를 간과하지 않는다. "도덕론과 신앙론의 분리는 양자의 유비를 지양하는 데로 나아가서는 안 되며 이로부터 출발하고 이를 토대로 삼아야 한다."[31]

종교적 인륜성은 삶에 토대를 둔다는 특징을 갖는다. 여기서는 종교적 삶과 합리적 삶이 동시에 가치의 원천이 된다. 칸트처럼 초월적 이성의 형식에서 윤리적 기준을 찾는 것이 아니라 삶과 역사의 한복판에서 새로운 가치를 찾는다. 이것은 윤리적 선과 종교적 삶을 함께 고려

---

31   F. D. E. Schleiermacher, *Christliche Sittenlehre. Einleitung*, Herausgegeben von Hermann Peiter, Stuttgart 1983, 4.

하는 관점이다. 이것은 인간의 자유를 종교적 성스러움의 연관에서 고
려하며, 더 나아가 인간의 자유를 신앙의 터전에서 찾는 관점이다. 그
러므로 종교적 가치를 공유한다는 것은 각 종교의 신앙 속에서 공통적
가치 내지 공통적 선의 항목을 발견하는 것을 가리킨다. 이것은 이를테
면 공격 전쟁, 사형, 노예제도, 노동자의 비인간화, 국수주의, 도박 등
을 거부하고, 사회 개방성, 인간의 평등성 및 상호성을 요구하며, 만인
공동체인 신의 통치에 참여하는 선을 공통의 가치로 발견하는 일이다.[32]

　종교적 인륜성이 선을 공통의 가치로 간주한다면 그것은 최고선와
무관할 수 없다. 최고선이야말로 모든 현실 종교를 관통하는 가치가 될
수 있기 때문이다. 최고선이 현실 초월적인 것이 아니라 현실 속에서
작동된다는 사실은 현실 비판 및 현실 변화에서 확인할 수 있다. 예컨
대 슐라이어마허에서 최고선은 신의 나라로 표현되며 윤리적 행위는
신의 나라에 미치는 행위이다. "신의 나라를 향한 행위는 확산적이며
정화적이고 서술적이다."[33] 확산적으로 작용하는 행위는 긍정적이며,
정화적으로 작용하는 행위는 비판적이고, 서술적 행위는 신의 나라를
드러내는 현시적 행위이다.

　신의 나라는 아직 완성되지 않았으며 완성을 향한 도정에 있다. 아직
성취되지 않은 신의 나라는 무엇보다 정화적 행위를 요구한다. 정화적
행위는 비판과 개혁으로 나타난다. 신의 나라는 의무로 요구되는 단계
를 넘어서야 한다. 의무는 자발적 동의를 얻지 못할 때 충돌로 이어질

────────────
32　Dole, *Schleiermacher on Religion and the Natural Order*, 263 참조.
33　F. Schleiermacher, "Zur christlichen Sittenlehre", S. 1. *Schleiermacher-Nachlass der Berlin-Brandenburgischen Akademie der Wissenschaften (Archiv)*. Neue Signatur: 76, H. Peiter, *Christliche Ethik bei Schleiermacher. Gesammelte Aufsätze und Besprechung*. 2010 Eugene, 138에서 재인용.

수 있다. 의무론적 윤리는 의무를 인식하고 이를 자발적으로 행동하는 계기가 보충될 때 비로소 의무의 과제를 달성할 수 있다. 의무의 실행은 현실을 정화하며 변화시키는 생활종교로 나타난다.

현실 가운데 뿌리내리고 있는 종교는 교리에 종속된 종교가 아니라는 것은 충분히 논의되었다. 생활종교는 이미 확정된 교리를 맹종하는 종교가 아니며 현실 속에서 새롭게 생기는 의미를 추구하고 획득하고 실행하는 종교이다. 현실 속에 있는 종교의 모습, 곧 종교현상은 종교적 의미의 현상이다. 이 의미는 개인적 삶의 의미일 뿐 아니라 동시대 공동체의 의미이기도 하다. 이 의미는 허무주의가 지배하는 세상을 관통하여 개인의 삶과 공동체의 삶을 바로 잡아 준다. 그러므로 현실종교는 삶의 실천을 배제할 수 없는 생활종교이다. 삶의 실천에서 개인은 자기만의 고유한 의미를 추구하므로 생활종교는 통일성을 지닐 수 없다. 그렇지만 개인의 생활종교도 공동체가 추구하는 의미와 소통하는 한에서 공동체성을 지닌다. 생활종교의 내용은 개인적 의미와 동시대적 의미 사이에서 구성된다.

생활종교는 생활세계의 종교이지만 초월성을 상실해서는 안 된다. 생활종교의 초월성은 현실에 대한 비판 없이 보존될 수 없다. 삶의 초월적 의미는 기존의 것일 수 없으며 이를 비판하고 새로운 가능성을 추구할 때 비로소 획득할 수 있다. 그러므로 생활종교의 비판적 활동은 생활종교를 가능하게 하는 힘인 동시에 그 자체를 폐기할 수 있는 동력이기도 하다. 이 지점에서 생활종교는 비판적 종교철학과 만난다. 비판활동이 정지된 생활종교에서 더 이상 새로운 삶의 의미가 발생할 수 없다. 그리고 현실에 대해 비판적으로 거리를 두는 생활종교는 이미 비판적 종교철학의 영역에 들어서 있다.

종교철학은 철학적 태도와 무관하지 않는 한에서 종교철학적 이성을 갖는다. 비판적 종교철학의 이성은 보편타당한 이성이라기보다 실존적 인간에게 진리를 현시하는 이성이다. 모든 진리를 대변하는 이성, 예외 없이 구속력을 지니는 이성, 신의 이성은 인간과 학문에게 영원한 이상이다. 기독교의 율법과 이성의 상관관계도 이러한 맥락에서 이해되어야 한다. 생활세계에 대한 이성적 관심은 삶의 실천에 대한 비판과 수정을 수반한다. 종교적 삶의 실천은 그 안에 이미 자기해석의 요소를 갖고 있지만 비판적 종교철학은 이러한 자기해석에 대한 상위의 비판과 수정이다. 이것은 현재의 생활세계가 최종적 현실지평이 아니라는 비판이며 이 가운데서 발견되는 초월성이 초월성 자체가 아니라는 비판이다. 비판적 종교철학은 현실 가운데서 새로운 가능성을 탐색하며 현실을 가능성의 조명하에서 늘 새롭게 판단한다. 이러한 맥락에서 종교철학은 비판적 사고의 결과가 아니라 그 과정이며 실행이다. 이 실행이 생활종교의 현상으로 나타난다면 비판적 종교철학과 생활종교는 동전의 앞뒤와 같다. 거시적으로 본다면 이것은 철학과 종교의 만남이자 상호작용이다.

생활종교의 진정성은 초월성과 생명성에 있다. 일상에 물든 종교는 초월을 상실한 종교이며 타락을 넘어 이미 종교가 아니다. 현실 속에 있으면서 현실을 넘어설 때 생활종교는 진정한 종교가 된다. 현실 속에 있으면서 현실을 초월하는 종교는 자기비판 없이 불가능하다. 자기를 비판하는 것은 이미 철학적 활동이므로 생활종교는 비판적 종교철학과 같은 길을 간다. 여기서 비판은 해석학적 특징을 지닌다. 현실 속에서 현실을 초월하는 활동은 자기해석을 수반하기 때문이다. 자기해석은 현실과 초월에 개방되어 있는 인간의 현사실적 조건이다.

인간은 현실 속에서 초월과 접촉할 때 새로운 생명력을 얻으며 생동적 존재가 된다. 이러한 생동성은 결코 완결되지 않는 해석학적 수행에서 가능하다. 생명력과 생동성은 운동을 요구하는데 이 운동은 자기를 비판적으로 성찰하는 해석학적 수행에서 나온다. 자기해석의 개방성과 연속성은 생활종교의 가능성이며 비판적 종교철학의 현실성이다. 생활 종교와 연결된 종교철학은 비판적이며 해석학적이다. 결국 비판적 종교철학의 다른 이름은 '해석학적 종교철학'[34]이 된다.

비판적 종교철학 또는 해석학적 종교철학은 변형된 종교철학이다. 이것은 현실 속에서 이루어지는 종교와 철학의 만남이며 현실 속에서 확인되는 초월의 현상이다. 그러므로 사람들의 삶에 영향을 미치며 현실을 변화시키는 종교는 한편으로 성스러움을 간직한 생활종교이며, 다른 한편으로 비판적 종교철학의 수행 결과이다. 참된 종교성을 유지하지 위해 생활종교의 초월성은 철학의 비판을 통과해야 하며, 비판을 거친 초월성은 이전과 구별되는 새로운 생활종교가 된다. 종교의 성스러움은 현실 세계를 초월하는 반사실적 준거인 반면, 종교철학은 현실에 반영된 성스러움을 비판적으로 파악한다. 성스러움에 대한 비판적 파악은 새로운 종교철학이 떠맡은 제1과제이다.

앞서 다루었던 종교에 대한 문화해석학적 파악도 성스러움에 대한 비판적 파악에 속한다. 문화가 자연에 대한 변형이라면 종교문화도 자연에 대한 변형, 즉 성스러운 신의 나라에 대한 변형이 되어야 한다. 그렇지 않는 한 문화 일반이나 종교문화가 자연이나 존재의 원형에 대한 잘못된 형성이 될 수 있다. 자연은 원형적 존재로서 이에 대한 인간의 행위는 이를 드러내고 기술하는 데 있다. 자연에 대한 새로운 형성은

---

34 I. U. Dalferth, *Die Wirklichkeit des Möglichen. Hermeneutische Religionsphilosophie*, Tübingen 2003 참조. "결코 완결되지 않는 해석학적 수행 없이는 종교철학의 비판적 과제가 충족될 수 없다"는 달페르트의 주장도 같은 맥락이다. Dalferth, *Die Wirklichkeit des Möglichen*, 114.

자연을 제대로 드러내지 않는 것이 될 때 잘못된 형성이 된다. 잘못된 형성도 형성에 속하지만 그것이 만들어 낸 문화는 비판에 맡겨져야 한다. 자연의 형성에서 나오는 문화는 잘못된 형성일 경우 문화 비판으로 이어져야 한다. 그러므로 문화와 문화 비판의 근간은 원형적 존재인 자연이다. 문화 비판은 잘못 나타난 자연을 올바른 자연으로 재생하는 것이다.[35]

---

35 H. Peiter, "Gesetz und Evangelium als Interpretament der sog. Vernunft des Glaubens (1984)", in: Peiter, *Christliche Ethik bei Schleiermacher. Gesammelte Aufsätze und Besprechung*, 410 참조.

10

생활종교와 인공지능의 도전

1. 인공지능과 트랜스휴머니즘

최근 연구에 의하면 인공지능은 가까운 미래에 계산하는 기계를 넘어서서 감정을 소유하고 스스로 판단하며 행동을 결정할 수 있다고 한다. 기술 낙관론자이자 미래학자인 커즈와일은 인류가 21세기 초중반에 유전자 혁명, 나노기술 혁명, 로봇공학 혁명을 경험하며, 이를 통해 생물학적 인간 본성은 더 이상 유지될 수 없다고 본다. "2030년대 이후의 기계들은 무척 복잡하고 풍부한 구조를 지닐 것이라 그 행동을 보면 감정적 반응, 열망, 물론 역사까지 느낄 수 있으리라는 것이다."[1] 이렇게 해서 인간의 생명은 자연적인 것에서 인위적인 것으로, 생물학적인 것에

---

1 R. Kurzweil, *The Singularity is Near: When Humans transcend Biology*, 2005. 김명남, 장시형 옮김, 『특이점이 온다』, 김영사 2005, 665.

서 생물학 이후의(postbiological) 것으로 옮겨 간다.

인공지능 및 컴퓨터와 인간의 접속은 지능을 획기적으로 확장할 수 있다. 몸 안으로 들어온 기계 또는 마음 안으로 들어온 기계는 인간의 지능을 지금까지와는 전혀 다른 지평의 지능으로 만들 수 있다. 인공지능, 즉 비생물학적 지능이 인간의 지능보다 수조 배의 수조 배만큼 강력해진다. 이것은 "놀랄 만한 결과를 가져오는 특이한 사건을 의미하는" 특이점(singularity)이다.[2] 특이점을 통과한 기계는 유기체와 큰 차이가 없다.

유발 하라리는 이러한 혁명을 일컬어 자연 선택을 지적 설계로 대체하는 일이라고 한다. "호모 사피엔스가 자연 선택의 법칙을 깨고 이를 지적 설계의 법칙으로 대체함으로써 스스로의 한계를 초월하려 하고 있다."[3] 자연적 인간의 혁명은 인간의 신체적 한계를 뛰어넘는 것으로서 궁극적으로는 죽음을 극복하고 불멸성을 추구한다. 불멸하는 인간은 과학기술에 의해 새로운 인간, 즉 신과 같은 인간이 된다. 이것은 물론 하나의 기획이다. 그러나 이러한 기술 낙관론은 종래의 자연적 인간이 상상할 수 없는 영역으로 인간을 몰아가고 있다. 기술 낙관론에 따르면 컴퓨터는 언젠가 인간성을 모방하고 윤리학까지 발전시킬 수 있다. 인간의 지능을 능가하는 인공지능은 도덕과 윤리를 인간보다 더 잘 이해할 수 있으며 이를 제정할 수도 있다. 슈퍼 인공지능은 인간이 안고 있는 기아, 전쟁, 질병 같은 현재의 문제들을 훌륭하게 극복할 수 있다.

인공지능의 급속한 발달은 이제 인간을 트랜스휴머니즘의 틀에서 파악할 것을 요구한다. 인공지능을 장착한 인간은 전통적인 인간 이해의

---

2   Kurzweil, 『특이점이 온다』, 53.
3   유발 하라리, 『사피엔스』, 김영사, 2013, 561.

틀로 파악할 수 없기 때문이다. 새로운 유형의 인간은 트랜스휴먼 또는
포스트휴먼으로 불린다. 과학과 기술이 변화시킨 새로운 인간은 육체
와 정신에서 이미 자연적 인간과 다른 차원에 있다. 슈퍼 인공지능으로
무장한 기계는 문제로 얼룩진 현실과 역사를 탈출하여 사이버세계에서
현실의 한계를 극복하려고 한다. 현실의 한계초월은 인간의 마음을 인
공지능을 통해 강화하는 방식으로 이루어진다. 그리고 인공지능을 통
해 강화된 슈퍼마음은 질병과 고통과 같은 신체의 한계를 벗어난 마음
이다. 신체의 한계를 벗어난 슈퍼마음은 트랜스휴먼의 최고 가치이다.

  그렇지만 현재의 연구 경향에 따르면 특이점 이후의 인간은 낙관적
이라기보다 회의적이다. 과학기술의 성과와 철학적 성찰은 다르다. 과
학기술은 세계에 대한 기술적 지배에 집중하며 무엇보다 실용성과 경
제성의 극대화를 추구한다. 그러나 철학적 성찰은 인간과 세계의 참모
습을 통일적 관점에서 파악하려고 하며 인간존재의 가치와 존엄성을
중시한다. 인공지능 기술의 진보에 대해 의문을 가지는 철학자는 인간
의 인간성을 염려한다. 그는 인공지능의 본성과 정체에 대해 존재론적
으로 논구하면서 인공지능의 등장으로 인해 달라지는 인간의 생활세계
를 예상하고 여기서 생겨나는 새로운 윤리적 문제를 검토해야 한다.[4]

  그러나 인공지능은 이미 생활세계에 침투해 있고 앞으로 그 영향을
더 확대할 것이 틀림없다. 약한 인공지능은 인간의 행동을 대신하거나
도와줄 수 있다. 인간의 명령에 타율적으로 복종하는 약한 인공지능은
인간의 삶을 보다 편리하고 풍요롭게 할 수 있다. 그런데 인공지능이
스스로 목표를 성찰하고 새로운 목표를 설정하며 자율적으로 판단하고

---

4 손동현, 「다시 묻는 인간다움의 조건」, 『인공지능 시대의 인간관』, 철학연구회 2017
년 춘계학술대회 대회보, 16 참조.

결정한다면 상황은 달라진다. 행동의 자율성을 갖는 인공지능이 등장할 때 인간 세상은 심각한 혼란에 빠질 것이다. 이러한 인공지능은 예측할 수 없는 것이므로 인간의 삶에 심각한 위험을 초래할 수 있다. 자율주행 자동차와 같이 인간에게 편리성을 가져다주는 자율적 인공지능은 공학적 맥락에 국한되어야 한다. 인공물의 자율성을 사회적 윤리적 차원에서 허용하는 것은 비현실적이며 부적절하다.[5]

그런데도 연구자들은 인간과 인공지능의 상호작용을 위하여 인공지능에 인간의 감정을 장착하려고 한다. 실제로 감정을 인식하고(소프트뱅크의 Pepper), 감정을 표현하고(와세대 대학의 Kobian), 감정을 생성하는(MIT의 Kismet) 로봇이 등장하고 있다. 그러나 인공감정이 인간의 감정과 같은 것이 되기 위해서는 ① 인간 이상의 일반 지능을 가지고 ② 생명체들이 가진 신체와 유사한 신체를 가지고 ③ 복잡하고 예측 불가능한 환경에 놓여 있으면서 이에 적응할 수 있어야 한다.[6] 그렇지만 이러한 인공지능과 인공감정을 가진 감정로봇은 실현되기 어렵다. 기술적으로 이 단계에 도달한다 하더라도 인간 사회는 이러한 감정로봇을 필요로 하지 않을 것이다. 인간이 과연 인간과 다른 낯선 존재를 인간 삶 가운데 받아들이고 심지어 감정로봇을 사랑할 수 있을까? 인공지능의 자율성과 인공감정의 일방성은 기술적 달성 여부와 상관없이 인간에게 부정적 인상을 준다.

더 나아가 로봇이 과연 인격을 가질 수 있는지 물음을 제기해야 한다. 인간적 특성을 갖게 된 기계가 영혼을 가질 수 있는가? 전통적인

---

5 고인석, 「인공지능이 자율성을 가진 존재일 수 있는가?」, 『철학』, 제133집, 2017, 182 이하 참조.
6 천현득, 「인공지능에서 인공감정으로. 감정을 가진 기계는 실현 가능한가?」, 『철학』, 제131집, 2017, 231 참조.

몸/영혼 이원론은 대안이 될 수 없다. 인공지능을 몸의 확장으로 볼 수 있는가 하면, 슈퍼 인공지능을 영혼으로 볼 수도 있다. 인공지능은 몸의 한계를 극복하는 기계라는 점에서 몸의 확장이다. 슈퍼 인공지능이 몸의 문제를 완전히 해결한다면 몸과 몸의 한계는 아예 문제 되지 않으며 남는 것은 지능적인 것이다. 여기서 슈퍼 인공지능은 영혼의 영역에 진입한 것일까? 인공지능은 기계로서 영혼의 세계까지 지배하려는 힘이라고 말할 수 있다. 그렇다면 이 힘을 인격이라고 말할 수 있는가? 인공지능이 인격을 갖는다는 논의에 앞서 인간의 인격과 진화한 기계의 경계에 대한 성찰이 필요하다. 양자의 경계에 대한 성찰은 몸과 영혼의 이원론을 뛰어넘는 일원론이나 전체론에 대한 성찰을 요구한다.[7]

몸과 영혼, 신체와 정신의 상호관계에 대한 성찰은 양자에 대한 이원론적 파악을 능가한다. 일원론이나 전체론은 근대 이후 계속 다루어져 왔으며, 신체와 정신의 문제를 넘어 자연과 정신, 세계와 인간의 관계 문제로 파악되어 왔다. 예컨대 헤겔에게 정신은 자연과 변증법적으로 관계하며 양자의 관계는 신의 실체적-주체적 운동 속에서 이루어진다. 그러므로 인간의 정신과 영혼은 자연 및 신체와 무관한 활동성이 아니다. 인간의 인격성은 이미 몸과 영혼의 관계 속에 있다. 절대정신의 운동을 묘사하는 헤겔의 전체론은 자연과 몸을 배제하는 정신철학이 아니라 자연과 정신의 교호적 관계론이다. 자연과 가장 밀접하게 연관되어 있는 정신은 인간학의 대상인 '혼' 또는 '자연 정신'이다. "혼은 단지 대자적으로 비물질적인 것이 아니라, 자연의 보편적 비물질성이자 자연의 단순한 관념적 생명이다."[8] 이러한 맥락에서 인간의 영혼은 '체

---

7 김윤성, 「인공지능과 인격. 2001 Space Odyssey에서 A.I.까지」, 『종교문화연구』, 제5호, 2013.10, 36 이하 참조.

8 G. W. F. Hegel, *Enzyklopädie der philosophischen Wissenschaften III*. §389 주해.

화된(embodied) 혼'이다.[9]

슐라이어마허는『변증법』에서 인간의 사고가 애당초 지성적 기능과 감관적(感官的 organisch) 기능의 종합으로 이루어져 있다고 파악한다. 지성적 사고는 몸의 감관적 기능과 분리된 것이 아니다. 감성은 몸의 기능이며 욕구도 몸에서 나온다. 따라서 슐라이어마허에게 사고는 애당초 체화된 사고이며 몸과 분리될 수 없다. 이러한 맥락에서 인격도 몸과 분리되지 않는다. "모든 인격은 한편으로 이성의 대변자이면서 다른 한편으로 이성의 기관이다."[10] 기관(Organ)은 몸을 가리키므로 인격과 몸은 분리될 수 없다. 몸과 영혼의 관계도 불가분리적이다. 생리학적 영역과 정신적 영역은 구별되지만 분리되지 않는다.

이러한 전통에서 보면 인공지능이 인격을 갖는다는 사실은 받아들이기 어렵다. 인공지능은 확장된 지성이지만 그 안에는 몸의 요소가 아예 없다. 생물학적 연관이 없는 지능은 체화된 혼이나 감관적 기능과 결합된 지성과 다르다. 인공지능이 인공감정처럼 인격을 흉내 낸다 하더라도 그것은 몸의 요소가 결핍된 지성의 변형에 지나지 않는다. 이러한 인공지능은 그야말로 인공물에 불과할 뿐이며 생명을 지닌 인간적 존재로 인정될 수 없다. 식물에도 영혼이 있다고 주장하는 막스 셸러에게 영혼은 생명과 통일되어 있다. 인공지능의 인격을 말하려면 그에게 생명을 주입해야 한다. 인공지능과 로봇공학에 대한 인간학적 성찰은 생명을 둘러싸고 종교철학적 성찰과 연결된다.

---

9 최일규,「헤겔《인간학》에서 혼의 신체화. '자연적 혼'을 중심으로」,『철학논총』, 제83집, 2016.1. 참조.

10 F. D. E. Schleiermacher, *Ethik (1812/13) mit späteren Fassung der Einleitung, Güterlehre und Pflichtenlehre*, Hamburg 1981, 41.

2. 인공지능 종말론과 종교철학

로봇공학과 인공지능이 인류와 세계를 종말론적으로 완성할 수 있다는 주장은 과학과 종교의 연관에서 나온다. '종교-과학'이라는 새로운 학문이 전통 신학과 종교학을 대치하려고 한다. 이러한 변화의 물결 속에서 종교철학은 종교를 대치하려고 하는 '과학 속의 믿음'이 어떤 것인지 규명해야 하며 이러한 상황을 정확하게 평가해야 하는 과제를 안고 있다. 트랜스휴머니즘의 유사-종교적 특성을 밝혀야 하며, 이것이 전통 종교와 어떤 점에서 다르며 그 의미는 무엇인지 추적해야 한다.

종교와 과학은 특이점에서 개념적으로 만난다. "만약 신이 가장 강력한 특이점으로 존재한다면 그는 이미 순수하게 조직된 지능을 갖고 있음이 확실하다."[11] 인공지능 종말론에 따르면 "인공지능은 모든 사물에 마음을 장착하는 과정, 또는 마음이 모든 사물에 스며드는 과정"[12]이다. 모든 존재에 깃든 거대한 마음은 신적 마음일 수 있다. 그래서 관련 연구자들은 특이점 이후의 신을 세계 영혼 또는 마음들의 집합체로 이해하기도 한다.

인공지능 종말론은 기독교의 종말론적 계시 신앙을 변용한다. 가상 현실은 기독교의 구원을 염두에 두고 있다. 종말론적 계시 신앙에 의하면 신은 새 하늘과 새 땅을 창조하고 새로운 왕국을 건설한다. 새 하늘과 새 땅에 대한 종말론적 비전은 요한계시록에 명기되어 있다. "모든 눈물을 그 눈에서 닦아주시니 다시는 사망이 없고 애통하는 것이나 곡

---

11 Zoltan Istvan, https://www.theguardian.com/technology/2017/sep/28/artificial-intelligence-god-anthony-levandowski

12 이창익, 「인간이 된 기계와 기계가 된 신. 종교, 인공지능, 포스트휴머니즘」, 『종교문화비평』, 제31권, 2017, 242.

하는 것이나 아픈 것이 다시 있지 아니하리니 처음 것들이 다 지나갔음
이러라."(요한계시록 21:4)

그런데 종말론적 인공지능 지지자들은 미래에 다가올 새 하늘과 새
땅이 신적 능력에 의존하지 않는다고 생각한다. 종말론적 인공지능은
유대교와 기독교가 말하는 천년왕국 대신 가상의 천년왕국을 도래하게
한다. 인공지능 종말론을 신봉하는 사람들은 갑작스러운 혁명, 즉 종교
적 특이점을 기대한다. 이 특이점에서 역사는 끝나고 신세계가 시작한
다. 이것은 사이버스페이스가 여는 혁명의 왕국이다. 불완전함에서 완
전함으로 나아가려는 진화의 사유는 혁명의 사유와 함께 작동한다. 인
간의 제한된 두뇌가 아니라 인간 지능보다 더 똑똑한 지능이 진화를 넘
어 혁명을 이룬다.

가상세계, 가상의 천년왕국은 가상적으로 구원과 불멸을 보증한다.
진화가 혁명이 되는 특이점에 대한 아이디어는 종교적이거나 유사-종
교적이다. 기독교의 종말론에서는 신이 악에 대한 선의 승리를 보증한
다. 인공지능 종말론에서는 진화가 무지와 비효율성의 힘에 대한 승리
를 보증한다. "신과 진화가 미래를 초월적으로 보증하지만 둘의 도덕
적 지위는 각각의 역사적 목표에 영향을 미친다."[13] 인류의 미래는 종
교적 구원과 인공지능 진화의 구원을 통해 전혀 다른 역사를 기록할 것
이다.

인공지능 종말론은 트랜스휴머니즘의 옷을 입고 등장한다. 앞서 말
했듯이 트랜스휴머니즘은 인간의 한계를 넘어서려는 담론으로서 질병
과 죽음에 대해 저항한다. 인간은 끊임없이 고통을 극복하려고 하며 고

---

13 R. M. Geraci, "Apocalyptic AI: Religion and the Promise of Artificial Intelli-
gence", in: *Journal of the American Academy of Religion*, March 2008, Vol. 76, No.
1, 159.

통의 원인인 인간의 한계를 넘어서려고 한다. 트랜스휴머니즘이 구현된 세계에서는 더는 질병이 없으며 인정 투쟁이 만들어 내는 소외도 없다. 소외는 세계의 사악함에서 나오는 것이 아니라 무지와 불충분에서 나온다. 무지가 인공지능의 진화를 통해 해결된다면 개인의 질병과 사회적 소외 문제가 더는 존재하지 않게 된다.

포스트휴먼은 모든 질병과 노화와 죽음의 고통을 겪지 않으려고 하며 탁월한 인지력과 보다 섬세한 감정을 갖추기 원한다. 미래를 완전한 시간으로 갖기를 원하는 포스트휴먼의 이상은 종교적 이상과 일치한다. 완전한 시간으로서의 미래를 추구하므로 시간은 이제 역사의 시간이 아니며 역사 너머의 시간이다. 그러나 트랜스휴머니즘은 전통 철학 및 전통 신학의 주장과 전혀 다르다. 특히 죽음을 인간의 유한성 및 죄와 상관없는 것으로 보려고 하기 때문이다.

이렇게 보면 트랜스휴머니즘도 일종의 세속화 담론이다. 전통적인 종교적 믿음을 인공지능의 차원으로 끌어내리고 종교의 지평을 기술-합리적으로 설명하려고 하기 때문이다. 트랜스휴머니즘은 한편으로 인간의 한계를 극복해야 한다는 목표를 갖지만 다른 한편으로 절대적 구원의 부담을 지지 않으려 한다. 트랜스휴머니즘의 이러한 면모는 세속화보다는 탈세속화의 도정을 가는 것으로 보인다.[14] 기독교의 세속화 과정은 맹목적 풍요에 대한 요구를 비판하는 반면, 트랜스휴머니즘은 기독교의 전통과 달리 유한성과 죽음의 극복을 탈세속화하고 이를 신성시한다. 이것은 자연주의와 종교의 기형적 조합이다. 합리적인 세속화

---

14 T. Moos, "How Transhumanism Secularizes and Desecularizes Religous Visions", in: J. B. Hurlbut, H. Tirosh-Samuelson (eds.), *Perfecting Human Futures. Transhumanism Visions and Technological Imaginations*, Wiesbaden, 2016, 174 참조.

를 추구하면서 종말론적 희망을 버리지 않으며 합리성의 증진과 종교적 구원을 동시에 추구하기 때문이다.

트랜스휴머니즘은 기술의 증진과 종교적 구원을 반반 섞은 모습이다. 기독교가 합리성의 진보와 종교적 구원을 구별하는 능력을 갖고 있다는 사실에 비추어 보면, 트랜스휴머니즘은 결과적으로 기독교의 세속화 능력에 미치지 못한다. 기독교가 종교적 구원의 의미를 끊임없이 밝히려고 노력한 것에 반해 트랜스휴머니즘은 구원과 기술의 진보를 구별하지 않은 채 양자를 혼합하고 있기 때문이다.

이러한 혼합은 트랜스휴머니즘의 패러독스로 귀결된다. 트랜스휴머니즘은 종교에서 비합리적인 요소를 배제하는 대신 반성적이고 인지적인 잠재성을 혁명의 목표로 삼는다. 비합리적인 요소가 대부분 신체의 욕구와 관련된다고 보고 신체에 대해 적대적 태도를 보인다. 그런데 유한성을 극복하려는 합리적인 자기통제에서 인간은 통제하고 통제당하는 양면적 두뇌의 조정자가 된다. 자기 안에서 자기를 복제하려는 이러한 시도는 자기를 주체가 아닌 객체로 전락시키게 되고, 급기야 주관성 없는 자기가 될 수 있다. 주관성 없는 자기는 사실상 합리성이 결핍된 자기이다.[15] 이것은 종교를 모방한 트랜스휴머니즘의 패러독스, 즉 '신과 함께 만들어 낸 신 없는 자기의 패러독스'이다. 이것을 패러독스로 간주하지 않는다 하더라도 인간 삶의 우연성과 특수성은 완전한 자기 컨트롤에 의해 극복될 수 없다.

---

15 Moos, "How Transhumanism Secularizes and Desecularizes Religous Visions", 169 이하 참조.

3. 인공지능을 능가하는 영성적 생활종교

생활세계가 기술 문명에 노출되어 있는 한에서 생활종교도 인공지능 및 기계와 무관할 수 없다. 신앙인의 일상생활이 기술 문명에 노출될수록 종교적 삶과 영성이 약해지고 신과의 관계가 표피적인 모습으로 바뀔 수 있다. 이것은 단순한 염려를 넘어서 생활종교 자체를 위협하는 요인으로 작용할 수 있다.

생활세계에서 인공지능의 진보를 불가피한 것으로 수용하는 관점은 종교와 과학의 역전 현상을 인정한다. 레반도브스키는 인공지능에 토대를 두는 신성을 발전시키고 촉진하는 일이 중요하며, 심지어 이러한 신을 이해하고 경배할 때만 사회의 개선이 가능하다고 주장한다. R. 미니콜라는 성서를 학습한 인공지능이 신학자보다 더 나은 성서 해석을 내놓을 수 있다고 말한다.[16] 이렇게 되면 인간은 인공지능이라는 새로운 신을 섬겨야 할지 모른다. 급속도로 발전하는 인공지능은 현재의 종교를 무의미하게 만들 것이며 현재 종교공동체가 하는 일을 대신하게 된다. 인공지능을 과연 '대체–종교'로 간주해야 하는가?

그러나 우리가 생활종교에서 강조한 것은 구체적인 삶의 현장에서 초월을 경험하고 그 가운데서 새로운 삶의 의미를 발견하는 것이었다. 그러나 삶의 관심이 질병과 죽음으로부터의 자유에 국한되거나 일상의 편리성에 집중한다면 인공지능의 발전과 함께 신앙적 초월에 대한 관심은 줄어들 것이다. 그리고 이러한 경향은 기술이 종교를 대체하는 결과에까지 이를 수 있다. 인간 지능의 확대를 통해 종교와 종교적 초월

---

16 https://news.rpi-virtuell.de/2017/11/08/gott-ist-ein-bot-kuenstliche-intelligenz-und-religioese-bildung/

이 더는 삶의 근본 문제로 떠오르지 않는다면 이러한 종교는 빈약하기 이를 데 없다. 오히려 인공지능의 발전에 반비례하여 인간의 실존적 가치가 더욱 고유한 모습으로 드러나야 한다. 이 가치는 인간의 유한성을 기계를 통해 극복하는 계산 가능한 물질적 가치가 아니라 기계가 범접할 수 없는 깊은 차원에서 삶의 초월을 가능하게 하는 정신적, 영적 가치이다. 인간 지능의 확대가 인간의 절대화와 신의 불필요성으로 이어지는 대신 확대된 지능의 한계를 새롭게 발견하면서 정신의 미지 영역을 확인할 수 있어야 한다.

인공지능의 도움으로 신앙인은 다양한 신학 이론과 탁월한 설교에 체계적으로 접근할 수 있으며 무엇보다 성서에 대한 체계적 이해에 도달할 수 있을 것이다. 그러나 이것에 의존하는 신앙인은 성서의 심오한 영적 세계 대신 인공지능이 정리해 준 세계를 이해하는 것으로 만족할 것이다. 더 나아가 인공지능은 종교가 초자연적 존재에 의존하지 않음을 보여 줌으로써 종교가 초자연적 정보의 학습과 공유에 불과하다는 이해를 확산할 것이다. 이러한 환경에 노출된 사람들은 더는 전통 종교를 인정하지 않을 수 있다.

그러나 인공지능이 기존의 경전 해석과 구별되는 유의미한 해석을 독자적으로 수행할 수는 없다. 인공지능을 이용하면서도 인공지능을 넘어서는 활동은 인간만이 수행할 수 있는 고유한 해석 활동이기 때문이다. 문법의 공간을 넘어서는 예료적, 예언적(divinatorisch) 해석은 인공지능이 범접할 수 없는 영역이며, 바로 여기에서 정신과 영의 창조적 공간이 마련된다. 인간의 능력은 인공지능이 설명하는 세계를 능가하는 새로운 영적 세계를 조망할 수 있다. 새로운 영적 세계는 기억의 능력과 용량에 의해 마련되는 것이 아니라 이를 능가하는 창조적 직관과 해석에서 실현된다.

그러므로 약한 인공지능을 이용하되 강한 인공지능을 경계해야 한다는 견해(호킹, 머스크)는 종교를 염두에 두지 않았다 하더라도 주목해야 할 주장이다. 강한 인공지능은 극단적인 인간중심주의나 지능중심주의에 토대를 두고 있다. 슈퍼 인공지능이 대체-종교가 될 수 있다는 주장은 인간이 만들어 낸 신에 대한 담론일 뿐이며 전통적인 종교 담론을 벗어난다. 배국원은 육체의 질곡을 벗어 버리고 전뇌(電腦)공간에서 영생을 추구하며 신의 자리에까지 도달하려는 이 시대의 욕망을 영지주의적이라고 평가한다.[17] 대체-종교는 새로운 이교의 등장이다. 그러므로 새로운 종교철학은 생활세계의 급격한 변화에 관심을 기울여야 하며 급속히 발전하는 기술과 강한 인공지능의 등장에 대비해야 한다. "신학과 교회의 역할은 현존재들의 고통에 공감하며, 지금-여기의 유한성을 드러내고, 현실의 대안적 해체가 필연적임을 증언하는 것이며, 신학과 신학자가 현대사회에서의 지능의 진정한 자리매김을 찾아 나아가야 할 필요성이 있다."[18]

유연한 태도는 종교와 과학의 조화를 찾는 데 있다. 과학기술의 성과를 받아들이면서 이를 지혜롭게 사용하는 것은 종교와 인공지능기술의 조화가 될 수 있다. 인공지능기술을 수용하면서 삶에 대해 겸손한 태도를 갖는 것은 종교와 과학의 조화를 가능하게 하는 토대가 된다. 인공지능기술이 주는 새로운 세상에 대한 희망, 즉 죽음과 육체의 고통에서 해방될 수 있다는 희망과 더불어 인공지능기술이 신의 영역을 대신할 수 없다는 겸손은 종교와 과학의 지평을 조화롭게 보존할 수 있다.

---

17 배국원, 『현대종교철학의 프리즘』, 대장간 2013, 173 참조.
18 이경민, 「인공지능 시대의 신학」, 『학술대회: 인공지능시대의 신학』, 한신대학교 학술원 신학연구소, 2016.6.7., 전철, 「사물의 인공적 지능과 인간의 종교적 지능」, 『2017년도 한국종교교육학회 춘계학술대회 대회보』, 81에서 재인용.

새로운 종교철학은 종교와 과학의 조화를 추구하는 동시에 인공지능 시대에서 종교 고유의 영역을 재확인할 필요가 있다. 이어령은 인공지능과 신앙의 관계에 대해 우려 섞인 진단을 한다. "기독교는 그동안 이교도 및 마귀와 싸웠는데 이제는 인공지능이라는 가장 큰 도전을 받게 됐다." "앞으로는 인공지능에 의해 인간이 행동하고 OS가 신처럼 되어서 그가 시키는 대로 하는 상황이 올 수도 있다."[19] 그러나 인공지능은 인간의 지성을 능가할 수는 있어도 인간의 영을 결코 대체할 수 없다. 인공지능은 인간처럼 시와 소설을 쓸 수 없으며 무엇보다 신앙을 갖는 일은 불가능하다.

인공지능이 지성을 확장하고 심지어 이를 지배하는 데까지 나아갈 수 있다 하더라도 그것이 영성을 대체할 수는 없다. 영성은 몸과 기계를 넘어서는 인간존재만의 고유한 능력이다. 종교는 무엇보다 영성의 영역에 속하며, 오직 영성에 속할 때만 인간적 타락을 회피할 수 있다. 종교의 초월성은 영성에 의해서만 보존되고 확장될 수 있다. 영성은 애당초 몸과 기계의 영역을 넘어서서 종교 본연의 영역으로, 즉 신과 초월의 세계로 비상할 수 있다. 그런데 인공지능이 영성의 영역에까지 침투한다면 종교는 초월성을 유지할 수 없다. 이 말은 인공지능이 종교를 파괴하는 위력을 지닌다기보다 영성을 상실한 인간에게 종교가 사라진다는 의미이다. 영성을 지성으로 대체하면서 인공지능에 의존하는 인간은 더는 자율적 인간이 아니다. 자율성을 상실한 인간은 종교적 주체는커녕 도덕적 주체도 될 수 없다.

그러나 생활종교가 인공지능과 구별되는 영적 세계를 보여 주지 못

19 이어령, 인공지능과 신앙의 영성, http://www.pckworld.com/news/articleView.html?idxno=70991

한다면 종교는 소멸할 수 있다. 이 문제는 생활종교의 현장에 있는 목회자들에게 새로운 과제를 던지고 있다. 인공지능 시대의 목회자에게 중요한 것은 "올바른 영적 권위의 회복이자 세움이다. 앞으로의 인공지능 시대는 목회자의 영적 권위가 더욱 요청되는 시대일 것이기 때문이다."[20] 영적 권위가 사라진 목회자는 과학과 인공지능에 노출된 현대인에게 종교적 비전을 제시할 수 없다. 인공지능이 대체할 수 없는 고유한 능력은 지성을 능가하는 영성에 있기 때문이다.

수많은 연구가 밝혀냈듯이 인간의 주관성(subjectivity)은 지성, 지능, 합리성, 반성 능력으로만 환원될 수 없다. 인공지능의 도전은 이들 능력을 기계적으로 확장하려는 시도이다. 그런데 주관성이 갖는 제3의 능력이 있다. 이것은 인공지능이 결코 재현할 수 없는 전(前)반성적(präreflexiv) 능력이다.[21] 반성 활동 이전에 작동하고 있는 주관성은 고유성과 개성 그리고 초월성을 갖는다. 물리적 환원주의는 전반성적 능력을 설명할 수 없다. 환원주의에 토대를 두는 인공지능은 결코 개성적일 수 없으며 반성의 틀을 벗어날 수 없다. 따라서 전반성적 특성은 인공지능 시대에 종교의 독립성을 주장할 수 있는 내면성의 능력이다. 우리가 강조하는 영성도 전반성적 능력을 매개로 내면적 근거를 마련할 수 있다.

인공지능 기계가 주관성의 전반성적 능력을 모방할 수 없는 이유는 자명하다. 모방을 위해서는 모방의 대상이 특정되어야 하며 이러한 특정은 반성 활동을 요구하기 때문이다. 그러나 모방 대상을 특정하기에 앞서 작동하는 능력은 반성 활동의 전제로서 반성에 앞서 영향을 미친

---

20 김동환, 『신앙세계』, 2017.6.
21 최신한, 「슐라이어마허의 전반성적 주체와 직접적 자기의식」, 『철학연구』 제34집, 철학연구회, 1994; M. Frank, *Ansichten der Subjektivität*, Berlin 2012 참조.

다. 따라서 반성에 선행하는 이 능력은 항상 현실 초월적이며 새로운 현실에 개방되어 있다. 이처럼 전반성적 능력은 그 자체가 초월적이다. 종교와 초월은 상호 뗄 수 없는 관계 속에 있으므로 종교는 전반성적 능력과 함께 인간의 내면에 자리 잡을 수 있다. 종교는 오로지 내면성에서 '늘 새롭게' 발생한다. 인공지능은 늘 새롭게 발생하는 종교현상을 따라잡을 수 없다. 그것은 이미 있는 것을 재현하는 데 그친다.

인공지능 연구자들은 대체로 의식, 주관성, 자아에 대해 '골치 아픈 문제'라 부르며 대답하기를 어려워한다. 주관적인 영역을 객관적으로 답하기 어렵다는 식으로 얼버무리거나 인간에게 의식이 있다는 것을 하나의 가정으로 치부한다. 그리고 '나'를 의식에 바탕을 둔 실체가 아니라 진화하는 패턴으로 간주한다.[22] 여기가 바로 철학 및 종교가 인공지능 과학과 분리되는 지점이다. 각각 고유의 영역이 있다. 인공지능은 철학과 종교를 대체할 수 없으며 대체해서도 안 된다. 주관성 철학과 영성 신학은 과학이 쉽게 넘볼 수 없는 특별한 영역이다.

---

22 커즈와일, 『특이점이 온다』, 521, 536 참조.

: 참고문헌

강성훈, 「루소사상에서 정치적 이데올로기로서의 '종교' : 플라톤과의 비교를 중심
　　으로」, 『교육철학』, 제49집, 2010, 1-24.

고인석, 「인공지능이 자율성을 가진 존재일 수 있는가?」, 『철학』, 제133집, 2017.

공진성, 「루소, 스피노자, 그리고 시민종교의 문제」, 『정치사상연구』, 제19집 1호,
　　2013.

김대열, 「종교문화(宗敎文化)와 그 다원성(多元性) - 또 하나의 시각」, 『종교문화
　　비평』, 24집, 2013.

김동하, 「시민종교와 정치통합. 헤겔의 규범적 통합이론의 문화론적 재구성」, 『한
　　국정치연구』 제21집 제2호, 2012.

김동환, 『신앙세계』, 2017.6.

김문조, 「시민 종교론」, 그리스도교 철학연구소(편), 『현대사회와 종교』, 서광사,
　　1987.

김성건, 「종교의 미래: 사회학적 전망」, 『담론201』, 제19권 1호, 한국사회역사학회
　　2016, 103-126.

김윤성, 「인공지능과 인격. 2001 Space Odyssey에서 A.I.까지」, 『종교문화연구』,
　　제5호, 2013.

배국원, 『현대종교철학의 프리즘』, 대장간, 2013.

손동현, 「다시 묻는 인간다움의 조건」, 『인공지능 시대의 인간관』, 철학연구회 2017년 춘계학술대회 대회보.

안택윤, 『현대 기독교사상과 포스트모더니티 신학』, 대한기독교서회, 2010.

이경민, 「인공지능 시대의 신학」, 『학술대회: 인공지능시대의 신학』, 한신대학교학 술원 신학연구소, 2016.6.7.

이창익, 「인간이 된 기계와 기계가 된 신. 종교, 인공지능, 포스트휴머니즘」, 『종교 문화비평』 제31권, 2017.

장석만, 「종교문화 개념의 등장과 그 배경. 소전 정진홍의 종교문화 개념의 의미」, 『종교문화비평』, 24집, 2013.

조규훈, 「니클라스 루만의 종교이론: 지구사회의 자기생산적 소통으로서의 종교」, 『종교문화비평』, 제26집, 2014.

주연수, 「실천신학의 학문적 발달에 대한 고찰과 포스트모던 상황에서의 방향성 모색」, 『신학과 실천』, 제42호, 2014, 7-36.

천현득, 「인공지능에서 인공감정으로. 감정을 가진 기계는 실현 가능한가?」, 『철 학』, 제131집, 2017.

최성환, 「문화 해석과 해석 문화: 합리적-합의적 문화 이해의 해석학적 기초」, 『문 화와 해석학』, 해석학연구, 제7집, 철학과현실사 2000.

최신한, 「종교적 진리와 철학적 진리」, 『헤겔철학과 종교적 이념』, 한들출판사 1997.

_____, 「슐라이어마허의 전반성적 주체와 직접적 자기의식」, 『철학연구』 제34집, 철학연구회, 1994, 329-347.

_____, 「헤겔의 삼위일체론」, 『기독교사상』, 1999년 7월호 (487호), 대한기독교 서회, 90-111.

_____, 「세속화의 변증법」, 『동서철학연구』, 제31호, 2004, 123-140.

_____, 「형이상학의 미래와 새로운 신화학」, 『헤겔철학과 형이상학의 미래』, 서광사 2015, 311-336.

_____, 「후기세속사회의 종교담론」, 『헤겔연구』, 33집, 193-213 ; 『헤겔철학과 형이상학의 미래』, 서광사 2015, 179-201.

_____, 「종교는 체험이다」, 근대철학회, 『종교철학』, 문학과 지성사 2015.

최일규, 「헤겔《인간학》에서 혼의 신체화. '자연적 혼' 을 중심으로」, 『철학논총』, 제83집, 2016.

최태관, 「종교들의 대화의 방법으로서의 라인홀트 베른하르트의 상호포괄주의 연구」, 『신학논단』, 제29집, 2015.

폴 틸리히, 남정우 옮김, 『문화신학』, 대한기독교서회 2002.

한상연, 「슐라이어마허와 하이데거의 초월 및 실존 개념」, 『현대유럽철학연구』, 제35집, 2014, 235-274.

황필호, 『종교변호학·종교학·종교철학』, 철학과현실사, 2004.

S. Altmeyer, *Von der Wahrnehmung zum Ausdruck. Zur ästhetischen Dimension von Glauben und Lernen*, Stuttgart 2006.

D. Andersen, *Hegel after Habermas. Speculation, Critique and Social Philosophy*, Saarbrücken 2008.

C. Axt-Piscalar, *Ohnmächtige Freiheit. Studien zum Verhältnis von Subjektivität und Sünde bei August Tholuck, Julius Müller, Sören Kierkegaard und Friedirch Schleiermacher*, Tübingen 1996.

U. Barth/C.-D. Osthövener, (Hg.), *200 Jahre „Reden über die Religion ". Akten des 1. Internationalen Kongresses der Schleiermacher-Gesellschaft Halle, 14. - 17. März 1999*, Berlin, 2000 (Schleiermacher-Archiv, Bd. 19).

_____, "Die Umformungskrise des modernen Protestantismus", in : U.

Barth, *Religion in der Moderne*, Tübingen 2003.

_____, "„Letzte Gedanke". Ihr epistemischer Status in Religion und Philoso-
phie", in: D. Korsch/J. Dierken (Hg.), *Subjektivität im Kontext*, Tübin-
gen 2004.

U. Barth/Ch. Danz/W. F. Graf/W. Gräb (Hg.), *Aufgeklärte Religion und
ihre Probleme*, Berlin 2013.

W. Becker, *Hegels Phänomenologie des Geistes*, Stuttgart 1977.

R. N. Bellah, "Civil Religion in America", in: *Daedalus* 96 (1), 1967, 1-21.

_____, "Zivilreligion in Amerika", in: H. Kleger/A. Müller (Hg.), *Religion
des Bürgers*, Berlin 2011, 19-41.

_____, "Die Religion und die Legitimation der amerikanischen Republik",
in: H. Kleger/A. Müller (Hg.), *Religion des Bürgers*, Berlin 2011.

R. N. Bellah/E. Phillip, *Varieties of Civil Religion*, San Francisco 1980.

R. Bernhardt (Hg.), *Horizontüberschreitung: die pluralistische Theologie der
Religionen*, Gütersloh 1991.

_____, *Ende des Dialogs? Die Begegnung der Religionen und ihre theologische
Reflexion*, Zürich, 2005.

_____, *Wahrheit in Offenheit. Der christliche Glaube und die Religionen*, Bern
2007.

O. F. Bollnow, "Religionswissenschaft als hermeneutisches Disziplin", in:
Zeitschrift für Religions- und Geistesgeschichte, Bd. 231, 1979, 225-239
und 366-379.

_____, *Studien zur Hermeneutik Bd. II*. Freiburg/ München 1983.

_____, "Versuch über das Beschreiben", in: http://www.otto-friedrich-boll-
now.de/doc/Beschreiben.pdf.

_____, "Über den Begriff der ästhetischen Wirkung bei Josef König", in: *Dilthey-Jahrbuch für Philosophie und Geschichte der Geisteswissenschaften* Band 7/1990-91, Göttingen 1991.

G. Betz, D. Koppelberg, D. Löwenstein (Hg.), *Weiter denken - über Philosophie, Wissenschaft und Religion*, Berlin, 2015.

H. Busche, "Öffentliche Verbindlichkeit ohne normative Positivität. Zum Problem einer staatsbürgerlichen Religion bei Rousseau und Hegel", in: H. F. Fulda/R.-P. Horstmann (Hg.), *Rousseau, die Revolution und der junge Hegel*, Stuttgart 1991, 141-159.

W. Braungart/G. Fuchs/M. Koch (Hg.), *Ästhetische und religiöse Erfahrungen der Jahrhundertwenden. I: um 1800*, Paderborn/München/Wien/Zürich 1997.

J. Casanova, "Die Erschließung des Postsäkularen: Drei Bedeutungen von „säkular" und deren mögliche Transzendenz", in: Lutz-Bachmann (Hg.), *Postsäkularismus. Zur Diskussion eines umstrittenen Begriffs*, Frankfurt 2015.

E. Cassirer, *Zur Metaphysik der symbolischen Formen*, Hamburg 1995.

P. Cobben, *Das Gesetz der multikulturellen Gesellschaft. Eine Aktualisierung von Hegels „Grundlinien der Philosophie des Rechts"*, Würzburg 2002.

P. Cornehl, *Die Zukunft der Versöhnung. Eschatologie und Emanzipation in der Aufklärung bei Hegel und in der Hegelschen Schule*, Göttingen 1971.

F. Creuzer, *Symbolik und Mythologie der alten Völker*, Leipzig/ Darmstadt 1819-1823

I. U. Dalferth, *Die Wirklichkeit des Möglichen. Hermeneutische Religionsphi-*

losophie, Tübingen 2003.

_____, *Evangelische Theologie als Interpretationspraxis. Eine systematische Orientierung*, Leipzig 2004.

I. U. Dalferth/H.-P. Großhans (Hg.) *Kritik der Religion. Zur Aktualität einer unerledigten philosophischen und theologischen Aufgabe*, Tübingen 2006.

I. U. Dalferth/P. Stoellger (Hg.), *Hermeneutik der Religion*, Tübingen 2007.

I. U. Dalferth/A. Hunziker (Hg.), Gott denken - *ohne Metaphysik? Zu einer aktuellen Kontroverse in Theologie und Philosophie*, Tübingen 2014.

J. Derrida, "Glauben und Wissen. Die beiden Quellen der „Religion" an den Grenzen der bloßen Vernunft", in: Derrida, J./Vattimo, G. (Hg.), *Die Religion*, Frankfurt 2001.

J. Dierken, "„Bewußtes Leben" und Freiheit. Zum Zusammenhang von Subjektivität und Metaphysik", in: D. Korsch/ J. Dierken (Hg.), *Subjektivität im Kontext. Erkundungen im Gespräch mit Dieter Henrich*, Tübingen 2004.

_____, *Selbstbewusstsein individueller Freiheit*, Tübingen 2005.

_____, "Philosophische Theologie als Metaphysik der Endlichkeit", in: Danz, C./Dierken, J./Murrmann-Kahl, M. (Hg.), *Religion zwischen Rechtfertigung und Kritik*, Frankfurt 2005.

_____, "Individualität und Identität. Schleiermacher über metaphysische, religiöse und sozialtheoretische Dimensionen eines Schlüsselthemas der Moderne", in: *Journal for the history of modern theology*, Vol. 15/No. 2 (2008).

_____, *Ganzheit und Kontrafaktizität. Religion in der Sphäre des Sozialen*,

Tübingen 2014.

A. C. Dole, *Schleiermacher on Religion and the Natural Order*, Oxford/ New York 2010.

E. Durkheim, *The Elementary Forms of the Religious Life*, 1912.

M. Frank, *Conditio moderna*, Leipzig 1993년, 최신한 옮김, 『현대의 조건』, 책세상 2002.

_____, *Ansichten der Subjektivität*, Berlin 2012.

A. Franz/W. G. Jacobs (Hg.), *Religion und Gott im Denken der Neuzeit*, Paderborn/München/Wien/Zürich 2000.

H.-G. Gadamer, "Die Hermeneutik und die Diltheyschule", in: *Philosophische Rundschau*, 38 (1991).

W. Gantke, "Die religionsphilosophische Relevanz der Hermeneutik von Otto Friedrich Bollnow", in: F. Kümmel (Hg.), *Otto Friedrich Bollnow. Rezeption und Forschungsperspektiven*, Hechingen 2010.

R. M. Geraci, "Apocalyptic AI: Religion and the Promise of Artificial Intelligence", in: *Journal of the American Academy of Religion*, March 2008, Vol. 76, No. 1.

K. Giel, "Umrisse einer hermeneutischen Philosophie. Zwischen Phänomenologie und Lebensphilosophie", F. Kümmel (Hg.), *O. F. Bollnow: Hermeneutische Philosophie und Pädagogik*, Freiburg/München 1997.

W. Gräb, "Von der Religionskitik zur Religionshermeneutik", in: W. Gräb (Hg.), *Religion als Thema der Theologie*, Gütersloh 1999, 118–143.

_____, *Lebensgeschichten, Lebensentwürfe, Sinndeutung. Eine praktische Theologie gelebter Religion*, Gütersloh 2000.

_____, "Gelebte Religion als Thema der praktischen Theologie", in: Ch.

Danz/J. Dierken/M. Murrmann-Kahl (Hg.), *Religion zwischen Recht-fertigung und Kritik*, Frankfurt 2005

_____, *Religion als Deutung des Lebens. Perspektiven einer Praktischen Theo-logie gelebter Religion*, Gütersloh 2006.

_____, "Religion in der Moderne", in: *Religion-Metaphysik(kritik)-Theologie im Kontext der Moderne/Postmoderne*, Berlin 2012.

_____, "Die anfängliche Ausbildung des Kulturbegriffs in Schleiermachers Hallenser Ethik", in: A. Arndt (Hg.), *Friedrich Schleiermacher in Halle 1804-1807*, Berlin 2013.

_____, *Predigtlehre. Über religiöse Rede*, Göttingen 2013.

F. W. Graf, "Kreationismus: Ein Kapitel aus der Religionsgeschichte der Moderne", in: Lutz-Bachmann (Hg.), *Postsäkularismus. Zur Diskus-sion eines umstrittenen Begriffs*, Frankfurt 2015.

D. Graz/K. Kraimer, *Die Welt als Text*, Frankfurt 1994.

A. Gron, "Im Horizont des Unendlichen. Religionskritik nach Nietzsche", in: Dalferth, I./ Grosshans, H.-P., *Kritik der Religion*, Tübingen 2006.

J. Habermas, *Glauben und Wissen*, Frankfurt/M. 2001.

_____, "Die Grenze zwischen Glauben und Wissen. Zur Wirkungsgeschichte und aktuellen Bedeutung von Kants Religionsphilosophie", in: J. Habermas, *Zwischen Naturalismus und Religion*, Frankfurt 2009.

_____, "Vorpolitische Grundlage des demokratischen Rechtsstaates", in: Ders, *Zwischen Naturalismus und Religion*, Frankfurt 2009, 106-118.

_____, "Vorpolitische Grundlagen des demokratischen Rechtsstaates?", in: Habermas und J. Ratzinger, *Dialektik der Säkularisierung. Über Vernunft und Religion*, Freiburg/Basel/Wien, 2005.

Y. N. Harari, Sapience, 조현욱 옮김, 『사피엔스』, 김영사, 2013.

H. Hastedt, "Existenzphilosophische Topoi einer Philosophie der Praxis", in:
G. Betz, D. Koppelberg, D. Löwenstein (Hg.), *Weiter denken – über Philosophie, Wissenschaft und Religion*, Berlin, 2015.

G. W. F. Hegel, *Frühe Schriften*, Frankfurt 1970.

_____, *Phänomenologie des Geistes*, Frankfurt 1970.

_____, *Vorlesungen über die Philosophie der Religion I*, Frankfurt 1982.

_____, *Enzyklopädie der philosophischen Wissenschaften I*, Frankfurt 1970.

_____, *Enzyklopädie der philosophischen Wissenschaften III*, Frankfurt 1983.

_____, *Vernunf in der Geschichte*, 임석진 옮김, 『역사 속의 이성』, 지식산업사 1992.

_____, *Vorlesungen über die Philosophie der Geschichte*, Frankfurt 1986.

_____, *Religions-Philosophie*, Hamburg 1987;『종교철학』, 지식산업사 1999.

J. Heinrichs, *Die Logik und Phänomenologie des Geistes*, Bonn 1974.

D. Henrich, *Fluchtlinien. Philosophische Essys*, Frankfurt 1982.

_____, "Religion und Philosophie —letzte Gedanken — Lebenssinn", in: D.
Korsch/J. Dierken (Hg.), *Subjektivität im Kontext. Erkundungen im Gespräch mit Dieter Henrich*, Tübingen 2004.

J. H. Hick, *Philosophy of Religion*, 1973, Prentice-Hall. 황필호 역편, 『종교철학개론』, 종로서적, 1992.

H. Hutter, "Die Verwandschaft von Philosophie und Religion. Erinnerung an ein verdrängtes Sachproblem", in: *Neue Zeitschrift für Systematische Theologie und Religionsphilosophie*, 2010, Nr. 52, 2.

V. Gerhardt, *Der Sinn des Sinns. Versuch über das Göttliche*, München 2014.

C. Glimpel, "Religionsphilosophische Begründung des Dialogs zwischen

Christentum und Vernunft unter Aufnahme einiger Überlegungen aus Hegels Phänomenologie des Geistes", in: M. Gerten (Hg.), *Hegel und die Phänomenologie des Geistes. Neue Perspektiven und Interpretationsansätze*, Würzburg 2012.

W. Herberg, "Religion in a Secularized Society", in: *Review of Religious Research*. Vol. 3. Number 4 (1962).

E. Herms, "Sein und Sollen bei Hume, Kant, Schleiermacher", in: Herms, *Menschsein im Werden*, Tübingen 2003.

D. Horster, *Niklas Luhmann*, München 1997.

W. Jaeschke, "Das absolute Wissen", in: A. Arndt, E. Müller(Hg.), *Hegels 'Phänomenologie des Geistes' heute*, Berlin 2004.

W. James, *The Varieties of Religious Experience. A Study in Human Nature*, 1902.

M. Jung, *Der bewusste Ausdruck. Anthropologie der Artikulation*, Berlin 2009.

F.-X. Kaufmann, *Religion und Modernität*, Tübingen 1989.

I. Kant, *Kritik der reinen Vernunft*, Hamburg 1956.

_____, *Kritik der Urteilskraft*, Hamburg 1974.

_____, *Kritik der praktischen Vernunft*, Hamburg 1985.

_____, *Grundlegung der Metaphysik der Sitten*, Frankfurt 2007.

S. Kierkegaard, *Krankheit zum Tode*, Gütersloh 1985.

H. Kleger/A. Müller, "Vorwort zur 2. Auflage: Von der atlantischen Zivilreligion zur Krise des Westens", in: H. Kleger/A. Müller (Hg.), *Religion des Bürgers. Zivilreligion in Amerika und Europa*, Berlin 2011.

H. Kleger/A. Müller, "Mehrheitskonsens als Zivilreligion? Zur politischen

Religionsphilosophie innerhalb liberal-konservativer Staatstheorie", in: *Religion des Bürgers. Zivilreligion in Amerika und Europa*, Berlin 2011.

H. Klueting, "H. Lehmann (Hrsg.), Säkularisierung, Dechristianisierung, Rechristianisierung im neuzeitlichen Europa. Bilanz und Perspektiven der Forschung", in: *Historische Zeitschrift*, Nr. 268, 1999.

J. König, *Sein und Denken. Studien im Grenzgebiet von Logik, Ontologie und Sprachphilosophie*, Halle 1937.

_____, "Die Natur der ästhetischen Wirkung", in: J. König, *Vorträge und Aufsätze*. Hrsg. v. G. Patzig, Freiburg i. B. 1978, 256-337.

_____, *Der logischer Unterschied theoretischer und praktischer Sätze und seine philosophische Bedeutung*, Freiburg/ München 1994.

C. König, "Schleiermachers inklusivistische Religionstheologie der *Reden*", in: F. Hermanni/ B. Nonnenmacher/ F. Schick (Hg.), *Religion und Religionen im Deutschen Idealimus*, Tübingen 2015, 37-64.

D. Korsch, *Dogmatik im Grundriss*, Tübingen 2000.

U. H. J. Körtner, "Hermenetik der Religion?", in: G. Figal (Hg.), *Hermeneutik der Religion. Internationales Jahrbuch für Hermeneutik*, Bd. 5, Tübingen 2006.

D. Korsch/J. Dierken (Hg.), *Subjektivität im Kontext. Erkundung im Gespräch mit Dieter Henrich*, Tübingen 2004.

D. Krieger, *Das interreligiöse Gespräch. Methodologische Grundlage der Theologie der Religionen*, Zürich 1986.

V. Krech, "Wiederkehr der Religion? Und nach welcher Säkularisierung? Beobachtungen zur religiösen Lage im 20. und zu Beginn des 21. Jahrhunderts", in: Lutz-Bachmann, M. (Hg.), *Postsäkularismus. Zur Dis-*

kussion eines umstrittenen Begriffs, Frankfurt 2015.

J. König, *Der logischer Unterschied theoretischer und praktischer Sätze und seine philosophische Bedeutung*, Freiburg/ München 1994.

F. Kümmel, F. Kümmel, *Logik und Hermeneutik*, Hechingen 2013.

_____, *Spricht die Natur?*, Hechingen 2014, 최신한 옮김, 『자연은 말하는가?』, 탑출판사 1995.

H. Küng, *Projekt Weltethos*, München 1990.

_____, *Wozu Weltethos? Religion und Ethik in Zeiten der Globalisierung. Im Gespräch mit Jürgen Hoeren*, Freiburg 2002.

M. Kumlehn, *Symbolisierendes Handeln. Schleiermachers Theorie religiöser Kommunikation und ihre Bedeutung für die gegenwärtige Religionspädagogik*, Gütersloh 1999.

R. Kurzweil, *The Singularity is Near: When Humans transcend Biology*, 2005. 김명남, 장시형 옮김, 『특이점이 온다』, 김영사 2005.

C. Landmesser, "Religion und Hermeneutik", in: B. Weyer/W. Gräb (Hg.), *Religion in der modernen Lebenswelt. Erscheinungsformen und Reflexionsperspektiven*, Göttingen 2006.

J. Lauster, *Religion als Lebensdeutung. Theologische Hermeneutik heute*, Darmstadt 2005.

S. M. Lipset, *Religion and american values*, New York 1964.

H. Lübbe, *Religion nach Aufklärung*, Graz/Wien/Köln 1986.

_____, "Staat und Zivilreligion. Ein Aspekt politischer Legitimität", in: H. Kleger/A. Müller (Hg.), *Religion des Bürgers*, Berlin 1986.

Th. Luckmann, *Die unsichtbare Religion*, Frankfurt/M. 1991.

N. Luhmann, "Grundwerte als Zivilreligion. Zur Wissenschaftliche Karriere eines Themas", in: H. Kleger/A. Müller (Hg.), *Religion des Bürgers*, 1986.

_____, *Die Kunst der Gesellschaft*, Frankfurt 1999.

_____, *Gesellschaftsstruktur und Semantik. Studien zur Wissenssoziologie der modernen Gesellschaft*, Bd. 1, Frankfurt 1998.

_____, *Die Religion der Gesellschaft*, Frankfurt 2000.

_____, "Grundwerte als Zivilreligion", in: H. Kleger/A. Müller (Hg.), *Religion des Bürgers. Zivilreligion in Amerika und Europa*, Berlin 2011.

M. Lutz-Bachmann, *Metaphysikkritik, Ethik, Religion*, Würzburg 1995.

_____, "Postmetaphysisches Denken? Überlegungen zum Metaphysikbegriff der Mephysikkritik", in: *Zeitschrift für philosophische Forschung*, Vol. 56/No. 3 (2002), 414-425.

C. Meister (ed.), *The Oxford Handbook of Religious Diversity*, Oxford 2011.

G. Misch, "Die Idee der Lebensphilosophie in der Theorie der Geisteswissenschaften", in: *Österreichische Rundschau*, Nr. 20, 1924, 359-372.

_____, *Lebensphilosophie und Phänomenologie. Eine Auseinandersetzung der Diltheyschen Richtung mit Heidegger und Husserl*. Darmstadt 1967.

_____, *Der Aufbau der Logik auf dem Boden der Philosophie des Lebens*, Freiburg/ München 1994.

T. Moos, "How Transhumanism Secularizes and Deseculariszes Religous Visions", in: J. B. Hurlbut, H. Tirosh-Samuelson (eds.), *Perfecting Human Futures. Transhumanism Visions and Technological Imaginations*, Wiesbaden, 2016.

M. Moxter, *Kultur als Lebenswelt. Studien zum Problem einer Kulturtheologie*, Tübingen 2000.

H. Nagl-Docekal, "Eine entgleisende Modernisierung. Aufkärung und Religion bei Habermas und Hegel", in: H. Nagl-Dockekal/W. Kaltenbacher/L Nagl(Hg.), *Viele Religionen - eine Vernunft? Ein Disput zu Hegel*, Berlin 2008.

B. Nonnenmacher, *Hegels Philosophie des Absoluten*, Tübingen 2013.

G. Oberhammer, *"Begegnung" als Kategorie der Religionshermeneutik*, Wien 1989.

W. Pannenberg, *Questioni fondamentali di teologia sistematica* (Fundamental Questions of Systematic Theology), tr. it. Brescia 1975.

_____, "Wahrheit, Gewißheit und Glaube", in: Pannenberg, *Grundfragen systematischer Theologie. Gesammelte Aufsätze Bd. 2*, Göttingen 1980.

H. Peiter, "Gesetz und Evangelium als Interpretament der sog. Vernunft des Glaubens (1984)", in: Peiter, *Christliche Ethik bei Schleiermacher. Gesammelte Aufsätze und Besprechung*, Oregon 2010.

T. Peterson, "Religion civile, Volksreligion und Protestantismus. Rousseauismus beim alten Hegel?", in: H. F. Fulda/R.-P. Horstmann (Hg.), *Rousseau, die Revolution und der junge Hegel*, 169.

M. Quante, "Reflexionen der entgleisenden Modernisierung", Nagl-Docekal, in: H. Nagl-Dockekal/W. Kaltenbacher/L Nagl(Hg.), *Viele Religionen - eine Vernunft? Ein Disput zu Hegel*, Berlin 2008.

B. Reichenbach, D. Basinger, M. Peterson, W. Hasker, *Reason and Religious Belief*, 1991, Oxford. 하종호 옮김, 『종교철학』, 이화여자대학교 출판부.

F. Ricken, *Religionsphilosophie*, Stuttgart 2003. 이종진 옮김, 『릭켄의 종교철학』, 하우, 2010.

G. Rohrmoser, *Glaube und Vernunft am Ausgang der Moderne. Hegel und die*

Philosophie des Christentums, St. Ottilien 2009.

R. Rorty/G. Vattimo/S. Zabala, "Die Zukunft der Religion nach der Metaphysik. Ein Gespräch", in: Zabala, (Hg.), *Die Zukunft der Religion*, Frankfurt/Leipzig 2009.

J.-J. Rousseau, *Du Contrat social*, Paris, 1964, 이환 옮김, 『사회계약론』, 서울 대학교출판문화원 1999.

R. Schaeffler, *Religionsphilosophie*, Freiburg/München 1983.

A. v. Scheliha, "Kultur und Religion", in: B. Weyel/W. Gräb (Hg.), *Religion in der modernen Lebenswelt. Erscheinungsformen und Reflexionsperspektiven*, Göttingen 2006

R. Schieder, "USA: Säkularer Staat mit Zivilreligion", Ch. v. Braun/W. Gräb, J. Zachhuber (Hg.), *Säkularisierung. Bilanz und Perspektiven einer umstrittenen These*, Berlin 2007.

K. Schilbrack, "Religious Diversity and Closed Mind on Robert McKim's Religious Ambiguity and Religious Diversity; Paul J. Griffiths's Problems of Religious Diversity, and David Basinger's Religious Diversity: A Philosophical Assesment", in: *The Journal of Religion*, Vol. 83, 2003, 100-107.

F. D. E. Schleiermacher, *Der christliche Glaube. Nach den Grundsätzen der evangelischen Kirche im Zusammenhange dargestellt*, Berlin 1960.

_____, *Über die Religion*, Göttingen 1967; 최신한 옮김, 『종교론』, 기독교서회 2002.

_____, *Hermeneutik und Kritik*, Frankfurt 1976, 최신한 옮김, 『해석학과 비평』, 철학과현실사 2000.

_____, Ethik (1812/13) *mit späteren Fassung der Einleitung, Güterlehre und*

Pflichtenlehre, Hamburg 1981.

_____, *Brouillon zur Ethik*, Hamburg 1981.

_____, *Christliche Sittenlehre*. Einleitung, Herausgegeben von Hermann Peiter, Stuttgart 1983.

_____, *Der christliche Glauben(1821/22)*, Berlin 1984: 최신한 옮김, 『기독교신앙』, 한길사 2006.

_____, *Dialektik*, hrg. v. M. Frank, Bd II, Frankfurt 2001.

M. Schlette, M.Jung (Hg.), *Anthropologie der Artikulation: Begriffliche Grundlagen und transdisziplinäre Perspektiven*, Würzburg 2005.

P. Schmidt-Leukel, *Gott ohne Grenzen. Eine christliche und pluralistische Theologie der Religionen*, Gütersloh 2005.

_____, *Transformation by Integration. How Inter-faith Encounter Changes Christianity*, London 2009.

H. Schnädelbach, "Metaphysik und Religion heute", in: Lutz-Bachmann, M. (Hg.), *Metaphysikkritik, Ethik, Religion*, Würzburg 1995.

G. Scholtz, "Ethik als Theorie der modernen Kultur. Mit vergleichendem Blick auf Hegel", in: G. Scholtz, *Ethik und Hermeneutik*, Frankfurt 1995.

V. Schürmann, *Die Unergründlichkeit des Lebens. Lebens-Politik zwischen Biomacht und Kulturkritik*, Bielefeld 2011.

P. Stoellger, "Vom Nichtverstehen aus. Abgründe und Anfangsgründe einer Hermeneutik der Religion", in: Dalferth/Stoellger, *Hermeneutik der Religion*, Tübingen 2007.

C. Taylor, *The Malaise of Modernity*, 송영배 옮김, 『불안한 현대사회』, 이학사 2001.

_____, *Die Formen des Religiösen in der Gegenwart*, Frankfurt 2013.

E. Teufel (Hg.), *Was hält die moderne Gesellschaft zusammen?*, Frankfurt/M. 1996.

P. Tillich, *Der Protestantismus als Kritik und Gestaltung*, Stuttgart 1962 (Gesammelte Werke, Bd. 7).

A. Tocqueville, *Democracy in America*, Vol. 1, New York 1954.

R. Trigg, *Religious Diversity: Philosophical and Political Dimensions*, Cambridge 2014.

M. Theunissen, *Hegels Lehre vom absoluten Geist als theologisch-politischer Traktat*, Berlin 1970.

_____, *Negative Theologie der Zeit*, Frankfurt 1991.

E. Tugendhat, *Anthropologie statt Metaphysik*, München 2010.

G. Vattimo, "Das Zeitalter der Interpretation", in: Zabala, S. (Hg.), *Die Zukunft der Religion*, Frankfurt/Leipzig 2009.

_____, "Die Spur der Spur", in: Derrida/Vattimo (Hg.), *Die Religion*, Frankfurt 2001.

F. Wagner, *Was ist Religion? Studien zu ihrem Begriff und Thema in Geschichte und Gegenwart*, Gütersloh 1986.

_____, "Kann die Religion der Moderne die Moderne der Religion ertragen? Religionssoziologische und theologisch-philosophische Erwägungen im Anschluß an Niklas Luhmann", in: *Religion zwischen Rechtfertigung und Kritik. Perspektiven philosophischer Theologie*, Frankfurt 2005.

J. Wahl, "Kommentar des Abschnitts 'unglückliches Bewußtsein'", in: *Phänomenologie des Geistes*. Mit einem Nachtwort von Georg Lukás, Text-Auswahl und Kommentar zur Rezeptionsgeschichte von Gerhard

Göhler, Frankfurt, 1970.

B. Vedder, "Eine Interpretation der Gegebenheit", in: I. U. Dalferth/P. Stoellger (Hg.), *Hermeneutik der Religion*, Tübingen 2007.

B. Welte, *Religionsphilosophie*, Freiburg, 1978, 오창선 옮김, 『종교철학』, 분도출판사, 1998.

M. Wendte, "Der kritische Inklusivismus und die opake Identität von Denken und Sein. Überlegungen zum Umgang mit dem Religionspluralismus in Auseinandersetzung mit Hegel", in: Hermanni/Nonnenmacher/Schick (Hg.), *Religion und Religionen im Deutschen Idealimus*, 185-209.

F. F. Wetz, "Metaphysik nach dem Ende der Metaphysik?", in: *Religion-Metaphysik(kritik)-Theologie im Kontext der Moderne/* Postmoderne, Berlin 2012.

F. Wittekind, "Dogmatik als Selbstbewusstsein gelebter Religion. Zur Möglichkeit theologiegeschichtlicher Beschreibung der reflexiven Transformation der Religion", in: Ch. Danz/J. Dierken/M. Murrmann-Kahl (Hg.), *Religion zwischen Rechtfertigung und Kritik*, Frankfurt 2005.

L. Wittgenstein, *Tractatus logico-philosophicus*, Werkausgabe Bd. 1, Frankfurt 1984.

: 찾아보기